P2P

真实的P2P网贷

创新、风险与监管

THE REAL PEER-TO-PEER LENDING:
INNOVATION, RISK AND SUPERVISION

主　编：杨　涛
副主编：李　鑫
王　铼

经济管理出版社
ECONOMY & MANAGEMENT PUBLISHING HOUSE

图书在版编目（CIP）数据

真实的 P2P 网贷：创新、风险与监管/杨涛主编．—北京：经济管理出版社，2016.7
ISBN 978－7－5096－4469－0

Ⅰ.①真…　Ⅱ.①杨…　Ⅲ.①互联网络—应用—借贷—研究　Ⅳ.①F830.49

中国版本图书馆 CIP 数据核字（2016）第 139450 号

组稿编辑：宋　娜
责任编辑：宋　娜　张艳玲
责任印制：黄章平
责任校对：超　凡

出版发行：经济管理出版社
（北京市海淀区北蜂窝 8 号中雅大厦 A 座 11 层　100038）
网　　址：www.E－mp.com.cn
电　　话：（010）51915602
印　　刷：三河市延风印装有限公司
经　　销：新华书店
开　　本：720mm×1000mm/16
印　　张：17.5
字　　数：261 千字
版　　次：2016 年 7 月第 1 版　　2016 年 7 月第 1 次印刷
书　　号：ISBN 978－7－5096－4469－0
定　　价：68.00 元

主要编撰者介绍

中国社会科学院产业金融研究基地，是由中国社会科学院批准设立的院级非实体性研究单位，专门从事产业金融理论、政策、行业、技术等方面的重大问题研究。研究基地的学术委员会主席为国家金融与发展实验室理事长、中国社会科学院学部委员李扬研究员，研究基地的理事长为中国社会科学院金融所所长、中国社会科学院学部委员王国刚研究员，研究基地的主任为中国社会科学院金融所所长助理杨涛研究员，副主任为钱学宁副研究员。

成立研究基地的目的：一是为了围绕中国国情，把产业组织理论、产业优化理论、公共政策理论等与金融发展结合起来，从而实现学科建设与理论前沿的突破；二是为了在国内外新形势下进一步探讨金融如何服务于实体经济的问题；三是为了加强与产业、企业的联系，从而广泛拓展金融政策分析的微观基础，增加金融研究的应用范围；四是针对政府产业政策与金融政策的有效结合，提供更多具有建设性的政策意见，从而充分发挥“政府智囊”的作用。

研究基地的主要学术活动包括：第一，依托研究基地，针对产业金融的分支领域展开深入的理论和政策研究，争取保持前沿和领先地位，重点包括：①产业与金融的结合。在分析国内外产业金融发展的经验基础上，围绕当前中国经济社会发展的现状，重点研究产业与金融相结合的模式、重点、路径、政策保障等。②具体领域的产业金融。如科技金融、环境金融、能源金融等方面的金融机构、金融组织、金融产品、金融市场研究。第二，依托研究基地，为各级政府和公共部门提供政策咨询和研究服务。第三，依托研究基地，与各类企业展开应用型的研究合作，促进产学研结合。第四，依托研究基地，举办包括学术讨论会、培训班等在内的活动，促使基地能够成为国内产业金融理论与实践的重要先行者。第五，依托研究基地，与国内外学术机构展开全面的交流与合作。

研究基地网站：http：//www. rbif. org. cn/。

杨涛：男，1974 年生，山东淄博人，研究员，博士生导师。现任中国社会科学院金融研究所所长助理、产业金融研究基地主任、支付清算研究中心主任。主要研究领域为货币与财政政策、金融市场、产业金融、政策性金融、支付清算等。

李鑫：男，1983 年生，河北石家庄人，经济学博士，金融学博士后。现任中国社会科学院金融研究所支付清算研究中心副秘书长。主要研究领域为金融创新、互联网金融、支付清算等。

王铼：女，1969 年生，辽宁辽阳人，教授，博士生导师，二级警监。现供职于中国人民公安大学侦查学院，任北京市环球律师事务所顾问、兼职律师，微金融 50 人论坛成员。主要研究领域为经济犯罪侦查、职务犯罪侦查等。

董昀：男，1980 年生，江西吉安人，经济学博士，金融学博士后，副研究员。现任中国社会科学院金融研究所支付清算研究中心副秘书长。主要研究领域为发展经济学、经济政策、支付清算、互联网金融等。

林楠：男，1982 年生，天津人，经济学博士，金融学博士后，副研究员。现供职于中国社会科学院金融研究所国际金融与国际经济研究室。主要研究领域为汇率理论与政策、开放经济货币政策、国际货币体系改革等。

郭强：男，1984 年生，河南项城人，经济学博士，讲师。现供职于天津财经大学经济学院。主要研究领域为开放的宏观经济学与金融创新等。

徐唯燊：男，1987 年生，河北景县人，经济学博士，助理研究员。现供职于首都社会经济发展研究所。主要研究领域为国际贸易、国际投资等。

单丹：男，1987 年生，天津人，中国人民公安大学公安学侦查专业经济犯罪侦查研究方向博士生。现任北京市公安局西城分局经侦支队副主任科员。主要研究领域为P2P网贷及经济犯罪侦查等。

陈弘益：男，1989年生，台湾高雄人，日本国立名古屋大学法学研究科博士候选人。现任上海交通大学互联网金融法治创新研究中心助理研究员，曾任英国剑桥大学新兴金融中心2015年亚太地区网络替代金融基准报告共同作者及东亚地区负责人。主要研究领域为P2P网贷、众筹等。

赵佳：女，1983年生，天津人，金融学硕士。现为中国社会科学院产业金融研究基地科研助理，曾供职于百度、奇虎360等知名互联网企业。主要研究领域为互联网商业产品、互联网金融等。

赵瑞鹏：男，1991年生，山西阳泉人，中国人民公安大学硕士研究生。主要研究领域为贪污贿赂犯罪、P2P网络借贷相关犯罪等经济犯罪。

前 言

P2P 是 Peer - to - Peer 的缩写，表达了个人之间通过互联网交互，真正把中间商抛开的意思。网络借贷（以下简称“网贷”）平台的出现，本是为了让资金供求的交互拥有良好的信息甄别环境。

但在实践中，即便在信用环境健全的欧美，P2P 网贷平台也遇到挑战，因为其难以完全达到真正的 P2P 交易。当大量的机构投资者介入其中，并且 P2P 网贷平台纷纷争取上市融资之后，其已经开始与许多人的金融“乌托邦”梦想拉开距离，逐渐成为金融创新浪潮中的一种商业模式。

同时，许多 P2P 网贷行业发展中的违规现象也并非我国所独有，在国外也并不鲜见。例如，TrustBuddy 被誉为世界上第一家上市 P2P 平台，2011 年在纳斯达克 OMX 公开交易，其独特的短期贷款模式在欧洲占据巨大的优势。2015 年 9 月以来，TrustBuddy 的新任管理层调查发现，公司内部存在着包括挪用客户资金等严重不当行为，其实质就是“假标”和“自融”。再如，作为行业龙头的 Lending Club 在 2016 年 5 月 9 日发布声明称，CEO Renaud Laplanche 在确认一笔 2200 万美元的违规出售贷款之后辞职，5 月 16 日司法部介入对该公司的调查，其股价进一步大幅下跌。

回顾历史，Lending Club 横空出世之时，由于以更低的利率和简洁的流程满足了借款人的需要，所受赞誉颇多，美国前任财政部长 Larry Summers 曾称赞 Lending Club 在未来几十年内有深刻改变传统银行业的潜力。但任何新生事物的发展都并非一帆风顺，如今人们开始更多的反思，如 Ernest & Young 的一位估值分析师说，“回想起来，我认为 P2P 的商业模式这些年来或许被过誉了，这个板块内已经出现许多公司购买自己贷款产品的现象，久而久之让人联想到‘庞氏骗局’”。

在我国，P2P 网贷行业经历了一番更大的热潮和喧嚣。究其原因，除了技术因素的驱动之外，似乎更多的是我国特有的制度动因。从某种意义上说，其背后实际上是我国日渐活跃的民间融资活动借助于互联网“东风”的一次总爆发。归纳来看：一是现在民间融资对正规金融体系的补充作用更加突出，在金融市场化改革不断加速的背景下，政府对于民间融资的容忍度近年来不断上升；二是包括《放贷人条例》在内的民间融资市场的“顶层法律设计”一直缺位，导致没有有效的游戏规则，地方民间融资规章的探索效果不明显；三是与互联网有关的创新，总是会被人们在潜意识中放到“新经济”领域，而其平台的“华丽面纱”更容易使人迷惑乃至迷信；四是在利率市场化大潮中，多轨制下的资金交易高回报已经是“版本末期”，在投资亮点缺乏的中国经济体系中，民间始终丰盈而躁动的投资和投机资本，都试图赶上最后的“末班车”，从而起到推波助澜的作用。

所谓“橘生淮南则为橘，生于淮北则为枳”，一方面在全球 P2P 网贷本来就没有形成稳定的通行模式和一致的监管思路，另一方面在我国特殊的“土壤”下 P2P 网贷也产生了更多的问题和扭曲。由此，当前在经济周期、坏账、监管政策、社会环境的诸多约束下，许多 P2P 网贷平台也试图逐渐弱化和去“P2P”。

当然，这也并不意味着 P2P 网贷的生命力不再强盛。事实上，P2P 网贷的最大价值是弥补传统金融服务的短板，满足各类小额融资需求，促进小企业和个人增加金融交易信用建设与信息积累，有助于民间融资的“网上”阳光化。这就意味着，在解决民间直接借贷的信息不对称方面，P2P 网贷仍然有不可替代的作用。

而且，在大资管时代，P2P 网贷的信息服务功能可以进一步拓展，其直接提供理财产品的行为当然存在监管漏洞和风险，但是也可以着力实现各类规范金融产品与投资者的对接，构建更加丰富的金融信息集聚平台。在互联网技术的推动下，财富管理的“生产”和“销售”或许会有新的变化，各类大机构作为“生产厂商”，或许除了自己构建如投行、信托、资产管理等平台之外，也会更多依靠综合性的、更加专业的产品信息服务平台，实现场景的融合与分工。这使得 P2P 网贷平台完全可以在规范发展中，努力整合各金融“厂商”的融资、资本运作与资产管理、增值服务、消费与支付等产品，结合个人作为“金融个体户”的“生产或消费”需求，构建“金融与消费服务超市型”综合平台。由此看来，P2P 网贷只要在综合金融信息服务中做到机制更灵活、选择更透明、服务更到位、门槛更低等，就可以使原先只能被动接受金融机构财富管理服务的公众，以及难以投资门槛较高的财富管理产品的普通人都能够更加主动地进行财富管理，从而在大资管时代实现多方共赢。

无论如何，任何新兴行业和企业都要经历萌芽、扩张、收缩、稳定的生命周期，P2P 网贷也不例外。各国对于 P2P 网贷的定位和监管也截然不同，我国同样可以探索适合本土的 P2P 网贷运营与监管模式。应该说，目前并非 P2P 网贷行业的“寒冬”，而是已经能够听到使其迎来新生的“春天的脚步”。在行业整治和反思的过程中，我们亟须重新审视 P2P 网贷行业发展的理论与实践支撑，在对行业风险、行业状况、行业认识进行更多实证分析的基础上，厘清 P2P 网贷的理想与现实的差距，探究行业的转型与发展道路。

本书为中国社会科学院批准立项的社科国情调研重大项目“关于建立监测和防范互联网金融风险机制调研”成果之一。该项目由中国社科院金融所承担，王国刚为项目主持人，杨涛为第二主持人。鉴于课题研究需要，金融所课题组与中国人民公安大学王铼教授团队合作，共同完成课题研究，王铼任项目第三主持人，负责刑事风险部分的调研与写作工作。课题组实地走访了北京、广东、重庆、湖南、福建等地，调研对象涵盖典型 P2P 网贷平台、地方金融办、地方公安经侦部门以及相关行业协会等。为获取一手数据资料，课题组还针对 P2P 网贷的投资者开展问卷调查，同时与零壹财经等具有一定数据基础的机构开展合作。本书便是对调研所得资料进行深入加工整理，并结合理论分析与实证分析写作而成的。

全书共分九章。其中前两章首先为后面针对 P2P 网贷行业及其风险的研究奠定理论及现实基础。第一章是从理论角度对金融创新与风险之间的关系进行探讨，第二章则是从实务角度对中国互联网金融的发展和监管情况进行总体上的综述。

从第三章起正式进入对 P2P 网贷的探讨。第三章是对 P2P 网贷发展的技术和制度原动力进行探讨，其中对于技术原动力的探讨立足于国际，而对于制度原动力的探讨则是立足于国内。第四章对中国式的 P2P 网贷进行正反两方面的客观评述，一方面对于这种金融创新在中国现有金融体系下存在的意义进行总结，另一方面则对该行业存在的问题和风险进行了概览式的描述。

第五章至第七章分别从三个不同的市场参与者——投资者、借款者、P2P 网贷平台——的角度对 P2P 网贷进行更为深入的分析，着重把握其中可能存在的风险点。第八章在全书研究的基础上，针对 P2P 网贷行业的规范发展提出相应的政策建议。第九章为结束语。

本研究在调研和写作过程中得到了深圳市公安局经侦支队、重庆市公安局经侦总队、福建省公安厅经侦总队、湖南省公安厅经侦总队、北京市金融工作局、重庆市金融工作办公室、福建省金融工作办公室、长沙市金融工作办公室、北京市网贷行业协会、深圳市互联网金融协会等单位，以及配合调研的各家 P2P 网贷公司的大力支持。此外，零壹财经、好贷网为本研究提供了数据支持，经济管理出版社宋娜女士提供了认真细致的编辑支持，在此一并表示诚挚的感谢。

本书由王国刚担任学术顾问，对于全书的研究方向与重点问题给予全面指导；杨涛担任主编，负责全书的组织编写、部分章节的撰写以及统稿和审定工作；李鑫担任副主编，负责部分章节的撰写及统编工作；王铼担任副主编，负责部分章节的撰写及全书刑事风险相关内容的统编工作。各部分执笔人分别为：前言，杨涛；第一章，李鑫；第二章，董昀；第三章，陈弘益、李鑫；第四章，李鑫、王铼、单丹、赵佳、赵瑞鹏；第五章，林楠、王铼、赵瑞鹏、赵佳；第六章，徐唯燊、王铼、赵瑞鹏；第七章，郭强、王铼、单丹；第八章，杨涛、赵佳、王铼、单丹、林楠、赵瑞鹏；第九章，杨涛、董昀。

客观地说，包括 P2P 网贷在内的我国互联网金融探索，在经历实践探索和理论完善之后，借助监管与政策的完善、行业文化与理性的健全，完全能够走出自己的特色，成为金融体系的重要补充。但在此过程中，一方面，要避免各种夸大和扭曲，更不应把商业模式与金融普惠等道德层面的“高大上”纠缠起来。在狂热的时候，需要泼点儿冷水，促使P2P网贷回到应有的价值轨道。另一方面，在出现问题的时候，也不要“一棍子打死”，而是在更加良性的基础环境支撑和外部监管约束下，使其从“躁动、叛逆且偶尔有恶行的青少年”，转变为“成熟、理性、有益社会且自身可持续的中青年”。

本书在推动P2P网贷行业健康发展方面做出了一些研究努力和尝试，当然受限于时间、精力和行业实践深入程度的不足，我们的研究也有许多未尽如人意的地方。在众多关于P2P网贷的研究中，本书的特色是更加聚焦于行业与平台的风险问题，我们希望本书更多地起到“抛砖引玉”的作用，从而引发对P2P网贷的更深层次研究，促使其真正回归于能够实现罗伯特·希勒心目中“金融与美好社会”的互联网金融创新大潮。

目　录

第一章　P2P网贷发展的理论背景：金融创新与风险

第一节　文献综述

一、金融创新与风险化解

在次贷危机之前，学界的主流观点是认为金融创新有助于化解风险。其中，学者们探讨最多的就是金融创新如何更好地再分配风险。专门针对此问题进行较早的研究来自 Allen 和 Gale①，不过在他们自己认为，阿罗 1953 年便已经对此有所涉及。而实际上，在 Allen 等人之前，学者们（包括阿罗）的研究虽然涉及了风险分散，但其目的主要是研究证券投资组合，在这些研究当中，相对来讲，Merton 的引入不完全信息的资产市场均衡模型或许与这里所探讨之问题更为相关，因为其模型的构建确实是充分考虑了罗杰斯的创新扩散理论。② Allen 等的研究系统地考察了金融创新，尤其是探讨了其与分散风险之间的关系。他们重点考虑的是引入新证券的作用，强调在不完全的市场环境中，企业和政府在一些约束条件下（例如对于卖空机制的限制等），为了更好地分散投资者风险而具有金融创新需求。Chen 模型化了金融中介在原有证券基础上衍生出新证

---

① Allen, F. and D. Gale (1994), *Financial Innovation and Risk Sharing*, Cambridge, Mass: The MIT Press.

② Merton, R. C. (1987), "A Simple Model of Capital Market Equilibrium with Incomplete Information", *The Journal of Finance*, 42.

券的机制，他同样是考虑了 Allen 等人研究中的卖空限制，并指出金融创新可以通过降低市场的摩擦成本而为创新者带来利润，而摩擦成本的降低使得市场得以朝着更加完全的方向改进，也因此使得投资者能够更好地分散风险。① 虽然上述两个研究都只是考虑了金融产品创新，但是其研究是建立在一般均衡的基础上，因此可以说是在将金融创新纳入主流经济理论体系的道路上迈出了比较坚实的一步。其他一些与证券创新相关的研究虽然或多或少也能体现出创新促进风险分散的论点，但其研究重点却是在于证券设计。②

除了分散风险外，其他的探讨领域还有：金融创新有利于解决代理问题，对于企业外部的投资者来讲，这意味着可以帮助他们更好地控制投资风险。Ross 指出代理问题使得借款成本高昂且受到限制，外部投资者很难评估一些资产的价值，尤其是一些劣质资产，但随着经济环境的变化，金融机构发现销售这些劣质资产变得有价值，这时投资银行便可以通过金融创新来为这些资产开辟新的融资渠道。③ Harris 和 Raviv 认为解决代理问题是证券设计需要考虑的一个关键因素，由于对公司的控制将会给管理者带来私人的利益，因此使其有动机为了获取公司控制权而降低公司的市值，这必然带来管理者与投资者之间的利益冲突，而有针对性的证券设计则试图解决相应的利益冲突，以最大化公司价值。④ 另外，也有学者另辟蹊径地模型化了金融创新降低操作风险的作用机制。⑤

除了理论上的探讨外，学者们还通过某个特定的创新事例来进行分析。由于金融创新有助更好地控制风险的观点比较普及，因此与之相关

---

① Chen, Z. (1995), "Financial Innovation and Arbitrage Pricing in Frictional Economies", *Journal of Economic Theory*, 65 (1).

② Duffie, D. and M. O. Jackson (1989), "Optimal Innovation of Futures Contracts", *Review of Financial Studies*, (2), 275 – 296; Cuny, C. (1993), "The Role of Liquidity in Futures Market Innovations", *Review of Financial Studies*, 6 (1).

③ Ross, S. A. (1991), "Presidential Addresss: Institutional Markets, Financial Marketing and Financial Innovation", *Journal of Finance*, 44 (3).

④ Harris, M. and A. Raviv (1989), "The design of securities", *Journal of Financial Economics*, 24.

⑤ Philippas, D. T. and C. Siriopoulos (2009), "Influence of Financial Innovation to the Validation of Operational Risk", *Managerial Finance*, 35 (11).

的案例研究不在少数，一本比较好的著作来自于梅森等[①]，他们提供了足够多的案例以帮助人们理解金融创新与控制风险之间的关系，包括控制发行者面临的风险以及管理投资风险。特别需要提及的是一个有趣的相反逻辑的论证，它来自于 Rogalski 和 Seward[②]。他们通过外汇兑换权证（Foreign Exchange Currency Warrants）的案例来说明金融创新与风险管理之间的关系。从传统的莫迪利亚尼—米勒理论进行扩展，会认为对冲和风险管理行为对公司价值并无影响，但 Rogalski 等则认为如果投资者高估了创新的公司证券的价值，则公司便可通过对冲和风险管理技术将由此带来的净收益保存住，因此，他们认为公司增加对冲及风险管理行为是金融创新的直接后果。

另一个角度则是强调金融创新在识别风险、解决信息不对称问题方面的作用，这在诸多基于历史的研究中均有所体现，例如研究美国 19 世纪的铁路融资[③]或美国“二战”后风险投资的逐渐兴起[④]。一个对于金融发展与企业资金筹措的历史的梳理，可参见巴斯金与小米兰蒂的《公司财政史》[⑤]。

二、金融创新的风险来源

次贷危机后，学界对于金融创新与风险之间关系的认识似乎在一夜之间发生逆转，传统的认为金融发展降低投资者风险的看法近来备受抨击，然而其中绝大部分学者针对的仍然只是证券化这种特定的金融创新

---

① 斯科特·梅森、罗伯特·默顿、安德鲁·佩德罗、彼得·图法诺（2001）：《金融工程学案例：金融创新的应用研究》，东北财经大学出版社。

② Rogalski，R. J. and J. K. Seward（1991），“Corporate Issues of Foreign Currency Exchange Warrants：A Case Study of Financial Innovation and Risk Management”，*Journal of Financial Economics*，30.

③ Chandler，A. D. Jr.（1954），“Patterns of American Railroad Finance，1830－50”，*The Bussicess History Review*，28（3）；Chandler，A. D. Jr.（1965），“The Railroads：Pioneersin Modern Corporate Management”，*The Bussicess History Review*，39（1）；Tufano，P.（1997），“Business Failure，Judicial Intervention，and Financial Intervention：Restructuring U. S. Railroads in the Nineteenth Century”，*The Business History Review*，71.

④ Gompers，P. and J. Lerner（2001），“The Venture Capital Revolution”，*The Journal of Economic Perspectives*，15（2）.

⑤ 乔纳森·巴伦·巴斯金、保罗·J. 米兰蒂（2002）：《公司财政史》，中国经济出版社。

形式。[①] 不过本章旨在研究的并非某种特定的金融创新所带来的特定的风险，而是希望从更抽象的层面上来考虑金融创新的风险源自何处。

从风险的根源上讲，金融创新与其他创新存在共性，那便是引入新事物可能带来的后果的不确定性，即人们（包括创新者也包括使用者或其他相关者）对于创新认识不清。有证据证明，许多家庭并不真正了解其所购买的金融产品。[②] 由于许多金融创新本身便是针对于处理实体经济风险的，于是对金融创新的认识不清也就意味着对创新产品所代表的实际经济风险认识不清。例如，Montesano 指出金融创新尤其是场外交易市场产品本身很难得到足够的风险评估，有时候对其销售者来讲也一样。[③] Pagano 和 Volpin 则指出对于创新产品的评级注水与投资者的天真共同导致了大量对于风险的错误估价，而对错误的改正则直接触发危机。[④] 事实上，对于上述学者们提出的逻辑，至少有两个方面值得深入探究：第一，简单用人们的认识不清是否足够解释投资者的“天真”；第二，专业的金融机构为什么同样会“犯错”。

有两种观点可以增进对投资者“天真”的认识。一种观点来自于 Piazza[⑤]，他援引标准的道德风险的分析视角，认为金融创新恰是给予投资者更大的保险，这减少了投资者（被保险者）主动采取避免风险的行动的动机。另一种更具代表性的观点则是考虑尾部风险。Gennaioli 等认为由于市场摩擦的存在，投资者倾向于局部思考（Local Thinking），往往将金融创新产品的极小可能性的风险视同零风险，这会使得创新产品发行

---

① Rajan, R. G. (2006), "Has Finance Made the World Riskier?", *European Financial Management*, 12 (4); Turner, A. (2010), "What do Banks Do? Why do Credit Booms and Busts Occur and What Can Public Policy Do about it?", In: A. Turner et al. (eds.), *The Future of Finance*, London School of Economics; Blommestein, H. J. (2012), "Financial Innovations and the Risk Paradox", SSRN working paper, No. 2033157.

② Capon, N., G. J. Fitzsimons and R. A. Prince (1996), "An Individual Level Analysis of the Mutual Fund Investment Decision", *Journal of Financial Services Research*, 10 (1).

③ Montesano, A. (2009), "Risk Allocateion and Uncertainy: Some Unpleasant Outcomes of Financial Innovation", *International Review of Economics*, 56 (3).

④ Pagano, M. and P. Volpin (2010), "Credit Ratings Failures and Policy Options", *Economic Policy*, 25.

⑤ Piazza, R. (2010), "Financial Innovation and Risk: The Role of Information", Temi di discussion (Economic working papers), Bank of Italy, No. 759.

过量。[①] 事实上，Rajan 更早提出了相似的观点，同时还指出随着创新产品的过量发行，会使得小概率风险的发生概率增大，不过 Rajan 并未对其思想进行模型化的分析。[②] 这种观点确实有事实根据，Acharya 等人便发现在次贷危机发生前些年，这种尾部风险在迅速累积。[③]

至于参与金融创新产品发行、交易过程之中的专业机构何以相继“犯错”？比较保守的解释指向模型问题，一个代表性的观点来自 Blommestein[④]，他抨击现代的风险管理模型是一种伪科学。他认为如今无论是金融中介、评级机构还是老练的投资者都过度依赖于这些被伪装成超出其实际风险管理能力的模型，并由此得出对于创新产品的错误认识。他指出虽然一些学者（如默顿）曾强调过这些模型只是对复杂现实的近似反映，在每一种特定的使用情况下都应谨慎地考虑其局限性及弱点，但众多受过训练的专业人士（包括学者和从业者）仍然不顾前人的警告。尤其是在高速的金融创新环境下，将这些模型用于金融工程更是存在巨大的风险。相似地，Caccioli 等也指出正是用于金融产品设计的套利定价理论带来了金融系统的不稳定。[⑤] 其实早在次贷危机以前，便有一些学者对于这些模型提出过质疑。例如，Mandelbrot 曾指出在投资组合理论背后的那些降低风险的公式存在着一系列错误的假设，如忽略了大规模的市场环境的变化，认为所有价格的变化在统计上是独立的，一个银行的投资组合与其他银行不相关，等等，因此，过分相信投资组合理论是危险的。[⑥] 对于专业机构“犯错”的较为激进的解释则是强调道德风险：对风

---

① Gennaioli, N., A. Shleifer and R. Vishny (2012), “Neglected Risks, Financial Innovation, and Financial Fragility”, *Journal of Financial Economics*, 104.

② Rajan, R. G. (2006), “Has Finance Made the World Riskier?”, *European Financial Management*, 12 (4).

③ Acharya, V., T. Cooley, M. Richardson and I. Walter (2010), “Manufacturing Tail Risk: A Perspective on the Financial Crisis 2007 – 2009”, *Foundations and Trends in Finance*, 4 (4).

④ Blommestein, H. J. (2012), “Financial Innovations and the Risk Paradox”, SSRN working paper, No. 2033157.

⑤ Caccioli, F., M. Marsili and P. Vivo (2009), “Eroding Market Stability by Proliferation of Financial Instruments”, http://arxiv.org/pdf/0910.0064.

⑥ Mandelbrot, B. B. (1999), “A Multifractal Walk down Wall Street”, *Scientific American*, 280 (2).

险认识更清楚的金融机构出于自身利益的考虑故意利用消费者对创新产品认识不清，甚至故意制造模糊的创新产品卖给投资者。在这方面学者们似乎更加有共识。[①] 从这个意义上说，这便不再是犯错，而是一种利用其专业优势及信息优势进行的机会主义行为或寻租行为。正如 Khwaja 和 Mian 所言，“（在此次金融危机过程中）金融创新沦为一种混淆、利用甚至创造扭曲从而为金融中介产生租金的行为”。[②]

此外，沿着金融创新带来人们认识不清进而带来风险这条逻辑，还有两类研究值得关注。第一类研究不仅是强调认识不清，更加强调由此带来的人们的信念分歧。例如，Simsek 认为金融创新产生信念分歧，而信念分歧则进一步增加了交易者的组合风险。他区分了产品创新和过程创新，并沿着如下逻辑建立模型：信念分歧是投机根源，产品创新会产生新的信念分歧，而过程创新则会加剧在原有分歧基础上的投机，而当信念分歧足够大时，这两种创新均会加剧交易者的组合风险。[③] 这符合很多人的直觉认识：虽然投机是形成有效市场的基础，但似乎现实中的投机活动确有些过度了。正如德鲁克曾经指出的：“在跨国经济中，90%或者更多的金融交易并不是在履行经济学家心目中的经济职能，而纯粹是在履行金融职能。”[④]

第二类研究则是强调对于金融创新风险的认识过程。上文提到 Gennailoli 等认为金融创新使得投资者忽略尾部风险，不过他们的研究更重要

---

① Rajan，R. G.（2006），“Has Finance Made the World Riskier?”，*European Financial Management*，12（4）；Acharya，V.，T. Cooley，M. Richardson and I. Walter（2010），“Manufacturing Tail Risk：A Perspective on the Financial Crisis 2007－2009”，*Foundations and Trends in Finance*，4（4）；Montesano，A.（2009），“Risk Allocateion and Uncertainy：Some Unpleasant Outcomes of Financial Innovation”，*International Review of Economics*，56（3）；Henderson，B. J. and N. D. Pearson（2011），“The Dark Side of Financial Innovation：A Case Study of the Pricing of a Retail Financial Product”，*Journal of Financial Economics*，100（2）；Keys，B. J.，T. Mukherjee，A. Seru and V. Vig（2010），“Did Securitication Lead to Lax Screening? Evidence from Subprime Loans”，*Quarterly Journal Economics*，125（1）.

② Khwaja，A. I. and A. Mian（2011），“Rent Seeking and Corruption in Financial Markets”，*Annual Review of Economics*，3.

③ Simsek，A.（2013），“Financial Innovation and Portfolio Risks”，*American Economic Review*，103（3）.

④ 彼得·德鲁克（1993）：《新现实》，中国经济出版社。

的贡献是模型化了这种小风险逐渐被认识到的过程，当人们对风险的认识更为清晰时，他们会迅速地将资产转移至安全领域，而这种突然的撤资是金融创新脆弱性的根源。[①] Thakor 的逻辑与之相似，只不过他强调的是信息不对称使得投资者起初难以认清金融机构的行为（实际上可归至道德风险一类），而 Gennailoli 等则并不关注金融机构的动机。[②]

综合上文可见，金融创新模糊了人们对于实体经济风险的认识，由此引发的一系列问题均指向了新的风险。由于整个金融体系构成一套转移资金的规则体系，金融创新更像是带来一种新的市场经济的游戏规则，因此，金融创新的风险便意味着“新规则”或许没能达到预期的目的，或者带来了负外部性——以一种意料不到的隐蔽方式累积实体经济风险。其中后者尤为重要，因为它将促使许多企业家才能被配置到“破坏”领域，前文提到的诸如投机、道德风险等均属此类。鉴于此，金融监管对金融体系，甚至于整个经济体系的良性发展便尤为重要。不幸的是，金融创新使得金融系统的复杂程度提高，同样给金融监管带来了挑战。[③]

三、金融创新与系统性风险

次贷危机明显加深了研究者及决策者对于系统性风险的认识，其中典型表现之一便是在监管领域从微观审慎升级到宏观审慎。很多学者将金融创新与系统性风险联系在一起，然而其中绝大多数研究只是重复一个较为普遍的观点，这个观点可以由两类研究做支撑，从而形成一个完整的逻辑链条：一是将一些特定的金融创新与过度的信贷或过高的杠杆率联系在一起，二是强调高信贷或高杠杆容易增加系统性风险或诱发危

① Gennaioli, N., A. Shleifer and R. Vishny (2012), "Neglected Risks, Financial Innovation, and Financial Fragility", *Journal of Financial Economics*, 104.

② Thakor, A. V. (2012), "Incentives to Innovate and Financial Crises", *Journal of Financial Economics*, 103 (1).

③ Ely, B. (1995), "Financial Innovation and Risk Management: The Cross – Guarantee Solution", paper for "The U. S. Financial Structure in the Years Ahead: Domestiv and International Issues", No. 141; Crockett, A. and B. H. Cohen (2001), "Financial Markets and Systemic Risk in an Era of Innovation", *International Finance*, 4 (1); Awrey, D. (2012), "Complexity, Innovation and the Regulation of Modern Financial Markets", *Harvard Business Law Review*, (2).

机。实际上这两类研究在学界几乎都是可以得到定论的。前者几乎可以从任何关于证券化或影子银行的研究中提炼出来，后者则更加具有共识，不仅从诸如信贷周期等方面的研究中能得到证实，并且人们在探索如何衡量系统性风险过程中主要就是围绕着信贷、杠杆等指标。但是，这种相对泛泛的认识存在明显的缺陷，那就是很难将其解释力进行扩展，从而试图理解创新本身（而不是某种特定的创新）对于系统性风险的影响。

仔细考察一些专门针对金融创新与系统性风险之间关系的研究是有帮助的，虽然这类研究数量很少。一个简单的解释是，在风险分担能力提高的情况下，银行倾向于承担更大的风险，但这带来的结果必然是每个银行的组合风险（Portfolio Risk）在增大。Kero 对此进行了细致的研究，在他那里金融创新被解释为银行更好地对冲风险的能力，这也是研究金融创新的学者们比较普遍的思考方式之一。① Kero 的研究基本上是沿着正统的金融学理论逻辑在思考，之所以称之为“简单”，是考虑到越来越多的学者对标准的金融学理论的质疑，尤其是斥责它在基本假设上未考虑更多更为现实的因素。Brock 等也是从对冲风险的角度考虑金融创新的，不过他们分析的是在市场中引入更多的对冲工具的影响。他们在异质性信念资产价格模型中考察增加阿罗证券数量所带来的影响，结果发现这将加剧市场的不稳定。这种不稳定归根结底是由交易者的信念分歧产生的。Brock 等进一步分析在市场中引入具有足够理性的机构投资者（在文中考虑为完全理性）是否可以缓解这种市场不稳定的状况，结果证明机构投资者并不必然能够成功地稳定市场，这取决于非理性交易者的分布情况以及收集信息的成本。②

Corsi 等也从对冲风险的角度考虑金融创新，在他们那里，金融创新被考虑为降低多样化（Diversification）的成本，这将带来银行部门更高的杠杆率以及银行之间反应的相关性。这二者增强了内生的反馈效应，即

① Kero, A. (2013), “Banks’ Risk Taking, Financial Innovation and Macroeconomic Risk”, *The Quarterly Review of Economics and Finance*, 54.

② Brock, W. A., C. H. Hommes and F. O. O. Wagener (2009), “More Hedging Instruments May Destabilize Markets”, *Journal of Economic Dynamics and Control*, 33 (11).

带来资产价格和银行部门总资产的急剧的上升或反过来急剧的下降。① 可以看出，与前面介绍的两个研究不同，他们不是静态的考虑创新带来某方面的改进增加了危机爆发的可能性，而是考虑危机爆发的强度。与之相似视角的研究还有 Boz 和 Mendoza②。他们在一个随机的家庭债务和土地价格的均衡模型中研究了金融创新、学习过程以及费雪债务—通缩机制之间的互动关系。他们的研究并未特别地探讨金融创新的作用机理，而是简单地用一种金融体制的转换来反映金融创新：金融创新的发生伴随着一种适合于更高杠杆率的金融体制的形成。不过他们研究了一个很重要的问题，那便是对于新体制的建立，人们要有一个认识的过程。他们将人们考虑为贝叶斯学习者，需要经历一个长期的观察才能认清体制转换概率。他们发现由于人们起初无法正确认识新环境的风险，因此，累积的乐观是金融创新的一个自然结果，这就造成了过度的借款。而随着人们认识的清晰，累积的乐观转化为累积的悲观，由此带来泡沫的崩溃，在这个过程中，费雪的放大机制发挥了重要作用。Gai 等则通过建立一个一般均衡模型来考察金融创新对宏观经济波动带来的影响。在他们的比较静态分析中，金融创新通过两个变量的改变起作用：一是增加抵押率，二是增加资本再出售的价值（原文是减少相应的折扣率）。他们发现金融创新对于系统性风险的影响是复杂的，一方面其降低了危机发生的概率，另一方面却增加了危机的破坏性。③

虽然上面总结的为数不多的细致研究有助于理解金融创新本身对于系统性风险的影响，但仍然很难解决另一个问题，那便是相比于其他创新，金融创新为何会带来如此巨大的危害性。若要理解这一点或许须放宽视野，借鉴一些能体现金融系统本身的某种特质的研究，特别需要参

① Corsi，F.，S. Marmi and F. Lillo（2013），"When Micro Prudence Increases Macro Risk：The Destabilizing Effects of Financial Innovation，Leverage，and Diversification"，SSRN working paper，No. 2278298.

② Boz，E. and E. G. Mendoza（2014），"Financial Innovation，the Discovery of Risk，and the U. S. Credit Crisis"，*Journal of Monetary Economics*，62.

③ Gai，P. and S. Kapadia（2010），"Contagion in Financial Networks"，Bank of England working paper，No. 383.

考有关传导机制的研究。[①]

第二节　金融部门的核心功能：风险管理

一、管理风险是金融部门专业性的体现

在主流的经济理论中，似乎资本的供给者与需求者之间可以自然地得到匹配，而金融部门无非在其中起到一个中介的作用，传递信息而已。在任何一本金融学教科书中，转移资金往往会被排在金融功能的第一位。如果说金融部门的核心功能只是在于提供一个资金转移的通道，那么在经济理论中将其忽略掉或许是个不错的选择。但是在现实中金融部门主导经济的作用，以及无论在产值还是就业方面日益膨胀的趋势，恰恰证明如此理解金融部门的核心功能未免过于简单了。在有效的分工，尤其是社会化大分工情况下，人们各司其职和各个部门之间紧密关联缺一不可，每一个经济部门能够分离出来，依赖于其所具有的专业性，同样意味着该部门在整个经济体系中执行着独特的功能，因此，在考察一个部门的核心功能时便可以采取逆向思维模式，试着去问如果没有该部门，现实经济将会出现何种困难，由此便可引申出，该部门存在的核心功能恰恰在于解决这种困难。

（一）风险评估与定价

究竟金融部门如何做到更好地支持实体经济？笔者认为这最主要体现在金融部门通过给市场注入理性的因素，从而促进资本的有效配置。因为如果没有金融部门的存在，资本市场虽然不见得不存在，但在其中相对来讲一定是缺乏理性的，并由此造成市场不活跃。

首先，资本的需求方在现实中通常表现得并不十分理性，特别是对

---

① Cifuentes, R., G. Ferucci and H. S. Shin (2005), "Liquidity Risk and Contagion", *Journal of the European Economic Association*, (3); Gai, P. and S. Kapadia (2010), "Contagion in Financial Networks", Bank of England working paper, No. 383; 富兰克林·艾伦、道格拉斯·盖尔(2010):《理解金融危机》，中国人民大学出版社。

于经济发展来说至关重要的企业家群体。不可否认，企业家往往比常人更有远见，更善于捕捉创新的机会，但这并不意味着他做出这些判断时一定进行了深思熟虑。现实中的企业家更加强调执着和坚定，这意味着即便在大多数人认为不可行的情况下，企业家仍会坚信自己的判断，从而执着甚至固执地走下去，而不会去过多考虑失败的概率，只要有成功的希望便勇往直前。退一步讲，或许一些企业家确实足够理性和冷静，但为了融资以及凝聚力量（如供应商、客户、员工等），其传递给他人的信息更多的是鼓舞人心的，客观地说是有偏向的，这尤其体现在新企业上。在这种情况下，企业家必然需要采用某些策略，如制造出一种可靠、可信的形象，强调好处并饰以浮华之辞等。

但事实是，创业创新风险通常比企业家自己预想及描述的要大得多，这直接体现在新企业的低存活率上，尤其是中小企业。2010 年民建中央发布的专题调研报告《后危机时代中小企业转型与创新的调查与建议》显示，中国中小企业平均寿命仅为 3.7 年；普华永道的《2011 年中国企业长期激励调研报告》中显示的数据则更低，为 2.5 年。发达国家的中小企业虽然表现要好一些，但仍然具有很高的失败率，例如 Phillips 和 Kirchhoff 估算结果显示，只有 39.8% 的小企业能够存活 6 年以上。①

虽然成熟的大企业与小企业的创新决策方式是不一样的，大企业在创新前更倾向于进行详尽的事前计划和研究，但是在大企业身上同样可以看到过于乐观的迹象。例如，有研究利用 2013 年国内 A 股上市公司发布的关于前次募集资金使用情况报告进行研究，发现在 297 家发布报告的公司中，排除掉未承诺效益、项目尚未投产、无法单独核算效益等情况的 63 家公司后，其余 234 家中仅有 90 家公司的募资项目实现了预期效益，实现比例为 38%。② 事实上，这种明显高估预期的情况还是在存在金融机构以及金融监管部门对其项目计划及后期执行情况进行指导、监督和审核的情况下出现的。

① Phillips, B. D. and B. A. Kirchhoff (1989), "Formation, Growth and Survival: Small Firm Dynamics in the U. S. Economy", *Small Business Economics*, 1 (1).

② 李鑫（2015）：《金融共生发展中的异化问题研究》，中国社会科学院研究生院博士学位论文。

或许由于企业家本身的非理性，或许是其故意表现得非理性，又或许各占几成，总之资本需求方在现实中确实容易表现出过于乐观的迹象。当然我们同样不能忽视的是，现实中还不乏冒充企业家的欺诈行为，这将给资本市场带来更大的混乱。

其次，资本的供给方——储蓄者——会更加缺乏理性的判断，而这也更容易被人理解。毕竟在信息不对称的资本市场中，相比于企业，储蓄者在信息方面本身就处于弱势地位，因此，如果没有金融机构的介入，其很容易表现出如下两种倾向：一是被企业家或其他企业人员所鼓动和说服，从而在缺乏对投资项目进行更多理性评判的情况下便投入资本；二是储蓄者难以判断各个企业传达的信息是否真实且准确，因此出于谨慎而盲目排斥。

第一种倾向必然使得资本的配置缺乏效率，因为储蓄者难以对每一个投资项目的风险与收益进行客观的衡量，进而也很难进行风险与收益二者的权衡。但长此以往，这必将使得第二种倾向变得更为普遍，从而使得资本市场的投融资活动难以进行，企业家所能得到的资本支持将极为有限。

由此可见，如果没有金融机构的存在，有效的资本市场是很难存在的。金融机构通过相对准确的评估投资风险，从而直接或间接地为风险定价，使储蓄者得以在风险—收益权衡取舍线上进行选择。

（二）风险转移与再分配

除了评估风险外，金融部门专业性的另一个表现方面体现在其通过转移与再分配风险，使得针对风险的供给与需求得以匹配。由于从整体来看金融部门是资金融通的中介，而资金转移的同时必然伴随着风险的转移，匹配资金供需的同时也就是在匹配风险的供需，因此金融部门承担风险转移的功能不难理解。对于许多投资项目来说，其供给的风险很难与需求者的偏好恰当地匹配，这时便需要金融部门发挥其专业性，通过各种再分配的措施，使得提供给需求者的产品更符合其风险偏好。

比如银行便是通过流动性转换和期限转换，使得偏好高流动性、短期产品的资金提供者能为低流动性、长期项目提供资金。在这个过程中，资金需求者供给的风险与资金供给者需求的风险完全不匹配，但是银行自身通过承担一定风险的形式，最终促成了资金的有效转移。因此，银行的功能表面上看来是融通资金，但其专业性更多地却体现在管理各种转换所带来的风险上面。事实上，银行只是金融中介中最典型的代表之一，金融中介普遍发挥着类似的匹配供需的作用。

如果我们抛开具体的实现形式，从更抽象的层面上看，资金从供给方经由金融系统到需求方的过程中，类似在银行中出现的这种流动性转换和期限转换可以通过多种形式实现，甚至并不需要有金融中介，譬如企业通过发行股票筹资用来支持长期的低流动性的投资项目，而二级市场的存在却可以使持有者手中的股票具有足够的流动性。金融系统通过许多类似的安排提供了多种转换的形式，可以显著拓宽创新资本的来源。

在资本市场融资领域，金融机构转移与再分配风险的专业性体现得更明显。以投资银行融资业务为例，虽然承销资本市场交易的投资银行往往以承销差价的方式收取费用，但是其专业性更多地却体现在之前的关于融资类型以及融资方案的考虑，而承销的成功与否事实上也是取决于此。投资银行在重点关注客户的流动性、现金利息保障倍数、负债收入比、资本成本以及信用评级机构关注事项等的基础上，对其是否应该进行融资以及应选择债务、权益还是混合证券提出融资建议，在做出融资类型的决策后，则会进一步考虑一系列融资方案以确定最佳的融资产品。① 通过融资类型及方案的设计，投资银行可以指导企业提供最适合市场需求的融资产品，也即提供最符合需求者偏好的风险。

最后再简单提及另一个至关重要的例子，那便是金融工程，在此领域更能体现出管理风险的专业性。金融创新产品的设计往往都是针对风险的再分配，更甚者是所有金融创新产品的设计都要依靠金融学领域的风险管理模型。

（三）事中事后的风险控制

除了上述两个最主要体现专业性的领域外，管理风险还体现为事中事后的风险控制，比如金融机构直接或间接协助股票持有者监控公司管理层，又比如银行在坏账发生时所进行的催收工作。通过事中事后的风

① 戴维·斯托厄尔（2013）：《投资银行、对冲基金和私募股权投资》，机械工业出版社。

险控制，可以更好地解决道德风险问题。

二、管理风险是金融从业者专业性的体现

金融部门的专业性及核心功能同样体现在各类金融从业者身上。整个金融体系内部具有极强的关联性，并形成一个复杂的系统，这使得大量的金融服务都很难独自发挥其功能，许多风险管理功能便是依赖复杂的合约联系，由众多不同的从业者共同实现的。不过即便如此，我们仍可试着将不同的金融从业者及与之相关的金融安排分别来作分析。前文我们从理论层面上对金融部门的专业性进行了分析，本部分我们援引希勒在《金融与好的社会》中对金融从业者的相关描述，对上文理论分析进行佐证。[①] 与前文理论上的总结相对照，本部分也是从风险评估与定价、风险转移与再分配、事中事后的风险控制三个层面上进行归纳，分别用“评估”、“分配”、“控制”进行标示。

（一）首席执行官及相应的金融安排

评估：团队中的成员都有个人的目标，因此他们可能受此影响而产生利益冲突，使工作脱离正轨。……需要一个独立个体的智慧协调大队人马之间的合作。……领导者要有能力引导公司长远发展，要能够预测行业发展和变动趋势，为公司的发展提供卓有远见的建议。

控制：需要一种长期激励机制，以促使首席执行官为公司的长远利益着想。要解决这个问题就需要借助金融方案。……奖励机制虽然不尽完善，但是不可或缺。……以股价为导向的激励方式则可以鼓励首席执行官引导整个公司朝着有利于长期价值增长的方向前进。……风险投资公司会通过一些措施保证受资助公司的高管认真负责地参与公司的运营……通常高管的薪酬中都会包含部分股票期权，以此激励高管……当公司经营恶化时，风险投资公司更可能通过聘请外部人士担任首席执行官替换公司的创始人。……机构投资者在某些情况下也能针对高管获得超额薪酬的现象做出限制性要求。

---

① 罗伯特·希勒（2012）：《金融与好的社会》，中信出版社。

（二）投资经理

评估：（竞争）使得最好的投资经理成长为投资管理领域的顶尖人物，从而掌控我们经济体系中资金的流向。……他们所形成的知识圈也给社会带来了外围的好处，因为他们引导了资源的流向，并且将信息融入市场定价的过程。

分配：投资经理为客户提供多样化的服务，其中包括证券的托管、投资向多样化投资组合的分散、记录留存以及根据投资者的税务状况将投资所得税降至最低等。他们还会根据客户的特殊要求进行投资，客户的特殊要求可能包括远期和近期的不同目标，对流动性的需求，他们面对的风险，比如地域或政治风险等，甚至客户出于绿色环保考虑或道德考虑而提出的要求等。

（三）银行家

评估：大多数自然人都没有手段评估潜在投资标的的可信程度……分析师没有动力考察每一家需要资金支持的小公司，也就不会有相应的报告。……只要这种报告一问世，势必遭遇搭便车的问题。……银行有很好的甄别劣质投资的嗅觉……即便银行偶尔做出一两项不明智的投资，其管理的投资组合中还有无数其他的投资可以抵充……分支机构的员工都和从银行借贷的公司之间有真正的人际交往，他们收集着借贷公司业务运营情况的信息，而且还对经营公司的管理者进行评估：探究管理者的可信度、其真实的动机以及其未来可能的行为表现。在采集此类信息的过程中不存在搭便车的问题，因为银行不会公开这些信息。

分配：（银行）会在手头存留一定量的资金，用于支付常规情况下储户的支取需求。所以，民众的储蓄所得收益来源于非流动投资，但是单一个人的储蓄资金仍然保持着较高的流动性。

控制：银行家通常都借出短期可展期贷款，并且要求借贷公司定期报告经营情况，公司管理层也知道，他们必须维持与银行家之间的良好关系，否则贷款随时可能被追回。

（四）投资银行家与股票市场

评估：在承销过程中，他们（投资银行家）要对发行人进行尽职调查……用自己的声誉担保证券发行，同时还要完成其他一些相关的任务以满足行政和监管的要求。

分配：（投资银行家）设计发行方案，为新的股票找到长期投资者……以最具吸引力的形式出售给投资者。……（股票市场使得）人们可以自主选择可承担的风险敞口。它分散了资金的分配，使得社会的任何一个成员都可以参与这个过程。

控制：（投资银行家）帮助公司控制风险。……（股票市场）使得任何个人都有可能控制一家公司，并根据自己的意愿主导公司的运营。

（五）交易员和做市商

评估：交易员所从事的工作确实使市场运作得更有序，同时也使股票价格更逼近其真实价值。

分配：（做市商）在创设这些市场（具有基础性作用和重要性的新兴市场）并维持市场流动性的过程中确实是在为社会提供宝贵的服务。

（六）金融工程师

分配：（金融工程师）寻找帮助人类摆脱困境的市场化方案，在此基础上，他们设计出新的市场及与之相关的各种协议，从而解决问题。

（七）律师和金融顾问

评估：律师与金融的关系非常紧密。每一种金融工具，包括股票、债券、期货和期权，其表现形式都是一份又长又复杂的法律协议，而且通常还会与多份提交给政府的法律报告关联在一起。……如果人们能找到真正全心全意为自己说话、一心只为自己服务的金融或法律顾问，那么他们就能做出更好的决策。他们可以放心地签订各种协议，也可以尝试投资那种通过创新性地运用金融理论解决个人问题的金融产品。在评估金融产品的过程中……他们受那些貌似传统的操纵者玩弄的可能性也会大大降低。

分配：（律师和金融顾问）能够根据客户复杂的需求提供量身定制的信息。

（八）监管者

控制：（监管者）是最核心的游戏规则的制定者和诠释人。……规则的执行通常给所有参与者都带来好处。

（九）会计师及其自律组织

评估：（会计师）是维护核心金融架构的正直品性的护航者。……会计的职责在于保证账面表现与实际财务状况相符，也正是通过他们的工作……（人们）才会有信心和动力……继续向公司投资。……（自律组织）对会计组织成员的行为制定准则并监督其执行，尤其对会计师审计财务账簿的行为进行重点监管。

（十）政策制定者

控制：金融体系距离其完美的形态还有很长的路要走，其内生的一个问题就是这种体制容易受到短期爆发式增长、经济衰退和经济萧条的影响。……（政策制定者）的职责就是想办法调整经济的不稳定运行，并减少其危害。……环境的变化必然促使这些政策工具随之演变。

（十一）信托

分配：受托人为支持别人的事业发展而代其管理资产组合。

第三节 具有两面性的金融创新

一、金融发展与金融创新

金融发展与经济发展之间的关系是学者们长期以来研究的主要问题之一。早期的经验研究证实了金融发展与经济增长之间存在正向的相关性[①]，然而一次次由于金融过度发展而造成的金融危机又给经济带来极大的破坏性，这似乎又暗示人们，金融发展与经济发展之间并非是简单的线性关系。在国内，一些学者继承了马克思的虚拟资本理论，由此创造出"虚拟经济"的概念，并着重强调虚拟经济与实体经济需要相互结合、协调发展。然而这里首先涉及的一个问题便是，何为金融发展？

---

① 雷蒙德·W. 戈德史密斯（1990）：《金融结构与金融发展》，上海三联书店；King，R. G. and R. Levine（1993），"Finance and Growth：Schumpeter Might Be Right"，*Quarterly Journal of Economics*，112（2）；Rajan，R. G. and L. Zingales（1998），"Financial Dependence and Growth"，*American Economic Review*，38（3）.

提到金融发展，人们通常能够想到的是诸如金融相关比率等一系列基于信贷总额、资产市值、M2 等构造出的指标。诚然，这些反映金融系统规模的指标有助于定量化地衡量金融发展的水平，但是从本质上讲，只有创新才是发展的原动力。从发展的眼光来看，金融创新将远比金融规模的扩大重要，恰如铁路的创造远比马车数量的积累重要一样。

对于创新，经济学界比较公认的概念及理论体系来自于熊彼特。[①] 他指出创新便是企业家“执行新的组合”。这可体现在生产的各个环节上，包括引进新的产品、采用新的生产方法、打开新的市场、控制新的供给来源、构建新的组织。金融创新的概念则与传统意义上讲的创新既有相似之处，又有本质区别。Tufano 在金融经济学手册中将金融创新区分为产品创新和过程创新，产品创新包括新的衍生品合约、新的公司证券以及新的集合投资产品形式，而过程创新则典型地表现为在证券分销、交易处理或交易定价等方面的新方法。不过他强调在实践中，二者通常是联系在一起的。[②] 从强调“新”这一点来看，金融创新与传统意义上的创新是相似的，但深究其本质，则二者明显有别。实体经济中的创新意味着引入一种实际生产要素的新组合，金融部门的创新则更像是带来一种新的市场经济的游戏规则，虽然也有所谓的产品创新，但是新证券的引入也不过是为原有的经济体系引入了一种新的转移资金的规则，当然它可以便于实体经济中的企业家更好地利用新规则而达到创新的目的。因此，若将金融创新定义为创新，则须在更为宏观的层面上来考虑由于金融创新而带来的整个社会资源配置形式的改变，可以看作是带来一种更广义的新的组织形式。

二、化解风险的金融创新

前文曾提过金融部门在经济中的核心功能是管理风险，那么对于实体经济来说，需要管理的风险主要源自何处呢？如果从发展的眼光来看，

---

① 约瑟夫·熊彼特（1990）：《经济发展理论》，商务印书馆。

② Tufano，P.（2003），“Financial Innovation”，In：C. Constantinides，M. Harris and R. Stulz（eds.），*The Handbook of The Economics of Finance*，North－Holland：Elsevier Science Ltd.

风险主要源自创新。

微观经济学告诉我们，在价格信号的引导下，所有的产品市场和要素市场会达到一般均衡的状态，而这个状态又是满足帕累托最优的。虽然在模型化的论证中，人们通常做出完全理性、完全竞争等一些不十分切合实际的假设，但这并不妨碍人们可以利用其更好地理解经济事实。其实，无论人们是否具有完全的理性，经历一段时间的探索后，即便凭效仿以及经验累积也能做出接近最优的判断，而无论市场是否完全竞争，整体经济均会倾向于形成某种稳定的秩序，这便是一般均衡状态。然而这种一般均衡事实上只是形成一个静态经济——既然已经最优，便没有可调整的余地，也便没有经济的发展，因此熊彼特称其为经济生活的循环流转。按照现代博弈论的解释，市场主体形成了一种稳定的纳什均衡状态。在这种静态的循环流转经济中，风险可能更多地是由自然力量而非经济力量造成的，金融在其中的作用会极其有限，熊彼特甚至证明了在这种循环流转经济中，利息甚至没有存在的必要。①

所谓经济发展，便是要打破这种循环流转，而这唯一能依靠的便是人们的创新行为。因为对于市场主体来说，在当前的策略集下，其选择已然最优，因此打破现有的纳什均衡状态便意味着人们要探索（至少对其自身来说）全新的策略，这便是创新。创新的引入必然带来整个收益矩阵的改变，如果最终成功形成一个总体上更高水平的纳什均衡状态，那便意味着创新的成功，也意味着经济的发展。因此，可以说创新才是推动经济发展的根本力量。

然而创新是一种至少在创新者本人认识范围内尚未有人做过的探索，在极其复杂的经济系统中，再理性的事前分析也不足以全面地把握所有影响创新成败的相关因素。事实上，由于增加些许认识的边际代价会变得越来越大，人们通常不会试图追求对事物的完全认识，而对于创新活动来说，完全认识其后果则更加不可能，因为创新并没有被实践检验过，据以形成较好的主观概率分布的经验累积并不存在，这意味着每一项创新的引入都具有很大的失败风险。与此同时，在市场经济环境中，经济

① 约瑟夫·熊彼特（1990）：《经济发展理论》，商务印书馆。

发展的一个本质性的特征便是创造性破坏。这是熊彼特提出的一个概念，意指创新会不断地从经济体内部使得整个经济结构发生革命性的变化，不断破坏旧结构、创造新结构。从创新发展的角度来看，真正有价值的市场竞争并不是教科书中通常提到的那种价格竞争，而是新产品、新技术、新市场、新供应来源、新组织形式的竞争，这种竞争打击的不是现有企业的利润边际和产量，而是“它们的基础和它们的生命”。这意味着创新的引入将使得无论创新企业还是非创新企业均要直面由此带来的经营风险，而金融部门则要通过其更加专业的素质技能更好地评估和控制实体企业面临的风险，从而将有限的货币资本最为有效地投入到实体经济之中。

另外，对于企业家来说，敢于承担风险本身便是其主要的职责之一，甚至有学者将其看作是企业家的主要功能。① 确实，在现实中，风险事实上并非由企业家一人承担，企业的供应商、客户以及企业员工等均在一定程度上分担着企业家的风险。例如，如果企业家创新失败，顾客享有的服务可能会中断，前雇员可能无法找到类似的工作岗位，供应商则有可能收不回应收账款等。不过其中最重要的风险分担者则是资本提供者，熊彼特甚至认为投资损失的风险完全由资本提供者承担，企业家则不承担风险。② 新制度经济学家们往往也十分强调这种分工所带来的专业优势，比如埃格特森便指出，公开招股公司使人们要么专业于风险，要么专业于管理；分离这两种职能，高层经理人选不再限于那些愿意冒风险的有钱人。③ 金融部门的存在恰是为了解决这一问题，任何表面上的资本转移事实上都意味着其背后的风险转移。虽然金融部门的功能并非完全体现在与创新相关的投融资服务上，但是站在经济发展的立场上来说，金融部门必然能够通过更好地再分配风险从而动员储蓄以支持实体经济中更多的创业创新行为。

综上所述，金融部门所要管理的风险（评估、分配、控制）最主要的便是由实体经济中的创新所引发的，进而可以认为金融自身的创新发

① 弗兰克·H. 奈特（2006）：《风险、不确定性与利润》，商务印书馆。
② 约瑟夫·熊彼特（1990）：《经济发展理论》，商务印书馆。
③ 思拉恩·埃格特森（2004）：《经济行为与制度》，商务印书馆。

展实质上也是为了更好地管理（评估、分配、控制）实体经济中的创新风险，从而更好地促进经济的发展。不过还有三点值得注意：一是一项成功的金融创新通常只是有助于弥补原有金融体系中的某些不足，从而使得某些特定领域的投融资变得更有效率。二是经济的发展会使得原有金融体系在某些领域对于实体经济服务效率有所下降，抑或是随着经济发展在某些领域出现了新的金融需求，这些均会使得金融家更有动力去探索新的服务方式，换句话说，经济的发展将迫使金融体系不得不跟上其创新发展的步伐。三是技术的进步或组织运营方式的改变等供给层面的因素在金融的创新发展中同样至关重要，特别是信息及通信技术（ICT）的进步通常被认为是促成金融创新的主要原因之一，因为其可以为金融创新提供物质上和技术上的保证。

三、制造风险的金融创新

虽然我们应该承认长期来看，金融发展是促进经济发展的，但这并不意味着金融发展时时刻刻都必然增进社会福利。金融发展的根本动力在于金融家不断的创新，问题是金融家出于自利的创新也许并不能增进社会福利。长久以来金融体系不稳定的事实令我们有足够的理由重视此问题所具有的不确定性。

如果没有金融的创新与发展，原有的金融体系必然日趋完善，对于金融机构及从业者的激励与约束会趋于平衡，这使得金融风险必然是可控的。当然随着实体经济的发展，这种没有创新发展的金融体系服务实体经济的效率必然也在逐步降低。而一旦金融创新者引入创新打破原有体系时，风险便同时被引入其中。由于金融本身就是为实体经济管理（评估、分配、控制）风险的，这意味着金融创新的引入将可能模糊所有参与者对于实体经济风险的认识，特别是相关参与者对于金融创新所带来的风险管理能力改善的高估将会以一种隐蔽方式累积实体经济风险。另外，整个金融体系内部具有极强的关联性，并形成一个复杂的系统。这种关联性并不仅仅限于机构之间，更存在于不同的金融服务之间，任何一种金融服务都很难独自发挥其功能。金融体系这种内在关联的系统性，使得某一项金融创新（无论是产品创新还是过程创新）更有可能产生一个复杂的外部性网络①，进而以一种意想不到的方式对原有的稳定的金融体系带来冲击。

虽然金融创新存在风险，但也并非必然带来问题。站在一个更加客观的立场上来看待这个问题，事实上我们会发现，金融创新虽并无“好的创新”和“坏的创新”之分，但却存在“可控创新”与“失控创新”的差异。当金融创新者所受到的激励与约束大体能够保持平衡时，从经济体整体来看，金融创新便是可控的，便是能够更好地服务于实体经济的；相反，如果金融创新者所受到的激励与约束之间的平衡关系被打破了，那么“失控创新”很可能会出现，并会使得金融与实体经济逐渐背离，甚至反过来对实体经济发展产生破坏作用。

从激励的角度来说，金融创新同样是“金融厂商”基于利润目标而推行的“金融生产函数”创新，金融创新背后的根本经济力量同样也是竞争。金融家们为了其自身的盈利动机，为了在竞争中脱颖而出，为了持续不断地追求利润而不断地推动着金融的创新发展，从而使得整个金融部门呈现出缓慢推进、持续不断的发展过程，当然在这个过程中也不乏“突破性”的进展。虽然从长期视角来看，无论是在宏观、中观还是微观层面，金融创新似乎都在给经济社会发展带来诸多好处。然而在短期内来看，这个论断却并非时时成立，如同实体经济中的创新并非一定能够成功一样。从为实体经济服务的角度来看，金融创新同样存在失败的风险，甚至于这种失败风险比实体经济中的创新失败风险来得更猛烈，影响更深远，波及面积更大。特别是随着金融自由化和新技术的快速发展，金融创新发展的速度更是显著加快，从而使得相应矛盾显著增大，在这一波创新浪潮中，实体部门的需求在金融创新中似乎逐渐落到了“次要位置”，而金融部门自身的“供给创造需求”似乎成为了金融创新的主要模式。这意味着单从激励的角度来看，并没有足够的理由保证金融创新总是朝着更好地服务实体经济、更好地改善风险管理职能的方向发展。然而在整个经济体中，金融部门实际上只是作为资金融通的中介

① Lerner, J. and P. Tufano (2011), “The Consequences of Financial Innovation: A Counterfactual Research Agenda”, *Annual Review of Economics*, 3.

而存在的，这意味着金融机构及其从业者的逐利动机被一系列市场主体所约束，概括起来有如下三方面：第一，市场约束，即利用这些规则实现资金融通的投资者和融资者对于金融机构及从业者行为的约束；第二，行业约束，即同业的竞争或行业的自律使得金融机构对自身行为进行约束，同时诸如会计师事务所、评级机构等第三方中介组织也会对其行为起到约束作用；第三，官方约束，即通常所讲的金融监管与金融管制，这是政府对市场的微观规制行为。实际上我们前面提到的金融创新会模糊参与者对于实体经济风险的认识，其中参与者主要指的便是上述所有的约束者——金融产品的市场参与者、同业机构和中介机构以及监管者。如果这几方力量能够很好地对金融家的创新行为形成约束的话，那么由金融创新带来的风险便是可控的。然而从第一节的文献综述中也可看出，无论是市场、行业或官方任何一方对于这种新事物的认识出现偏差都有可能成为风险的源泉；特别是如果这几方对金融创新改善风险管理的能力出现集体的高估时，那么必然会造成对于金融创新的几方约束同时被放松，必然使得金融创新朝着异化的方向发展，使得风险变得不可控。

第四节　金融创新的扩散与创新金融发展水平的衡量

一、金融产品生命周期

产品生命周期（Product Life Cycle，PLC）是指一种产品从开始进入市场到最终被市场所淘汰的整个过程。这个概念及相关理论最主要被用于市场营销学当中，然而其最早却是由 Vernon 在分析国际投资和贸易时提出的。[①] Vernon 将产品的生命周期分为三个阶段：新产品（New Product）阶段、成长性产品（Maturing Product）阶段和标准化产品（Stand-

① Vernon，R.（1966），"International Investment and International Trade in the Product Cycle"，*The Quarterly Journal of Economics*，80（2）.

ardized Product）阶段。后人在他的基础上将产品生命周期理论进一步拓展，普遍将产品生命周期分为四个阶段：第一阶段为引入期，指产品从设计投产直到投入市场进入测试阶段，此时产品品种较少，绝大多数顾客对产品不了解，只有少数追求新奇的顾客愿意尝试新产品。这个阶段是创新者在用供给创造需求的阶段，创新者将在较小的市场中获得一定程度的垄断地位。第二阶段为成长期，指产品通过试销效果良好，购买者逐渐接受该产品，产品在市场上站住脚并且打开了销路。这是需求增长阶段，需求量和销售额迅速上升，同时竞争者纷纷进入市场，使得同类产品供给量增加，但是产品之间的差异性较大，实际上这些较早期的进入者仍然存在诸多改进产品的创新空间。第三阶段为成熟期，指产品进入大批量生产并稳定地进入市场销售阶段。在经过成长期之后，随着购买产品的人数增多，市场需求趋于饱和。此时，产品已广泛普及并日趋标准化。第四阶段为衰退期，指产品进入了淘汰阶段。随着科技的发展以及消费习惯的改变等原因，产品的销售量和利润持续下降，产品在市场上已经老化，事实上正是创造性破坏使得旧产品已经不能适应市场需求。

后来也有学者将产品生命周期理论应用于金融营销管理的研究之中，使用金融产品生命周期的概念。① 不过由于金融产品具有不同于一般普通商品的特殊性，因此其生命周期具有与普通产品明显不同的特征。比如，金融产品的导入期一般来说比普通产品时间要短，这是因为金融产品大多没有专利权和商标权，极易被仿效，并且金融行业具有典型的平台经济特征，机构需要尽快抢占一定的市场占有率以保证获得平台经济的网络效应。再比如，金融产品的成熟期通常会比一般的普通产品时间要长，因为客户一旦接受了某种金融产品，并感受到了金融产品对他的吸引力，便不容易改变这种投融资方式。事实上，如果研究的是较大类的金融产品而不是具体某一家机构的某种产品，那么很多情况下这类金融产品很难真正的退出市场。因为由一系列金融产品组成的是一套转移资金的规则，从历史发展的脉络来看，创新，即规则的不断补充和完善，大体上

① 陆剑清（2002）：《金融营销管理》，立信会计出版社。

是沿着由简到繁的顺序在演进，当原有的较简单的规则体系难以满足实体经济发展的某方面需求时，具有创新精神的金融家便会考虑如何借助新的金融学理论发展，创新出新产品以完善原有规则体系。即便是 ICT 技术的进步，事实上也只是提升了资金转移的效率，而无法从根本上改变金融行业这种依托于规则构建的创新模式。

从风险的角度来看，一种金融产品的创设是为了更好地管理风险，但在其初创阶段却有可能由于参与者对其认识不清而制造新的风险，而随着参与者对创新金融产品认识的加强，无论是产品本身还是监管规则都日趋规范化，其风险逐渐可控并得以正常地发挥功能，此时从生命周期的角度来看，该种金融产品便已经发展成熟了。当然即便在成熟之后，随着一系列的流程创新，金融产品的运作依然有可能会变得更为高效，但这实际上应被看做是另外一些金融创新。可见，对于金融产品来说，其生命周期与产品本身的金融风险息息相关，更进一步讲则又与相关参与者对于创新产品的认识水平息息相关。而参与者对金融产品的认识逐渐清晰的过程，实际上便是这项金融创新的扩散过程。

二、金融创新的扩散

创新扩散理论研究的是一项创新被大众所接受的动态过程，其最早在 1962 年被埃弗雷特·罗杰斯系统地提出来。所谓创新扩散是指创新通过一段时间，经由特定的渠道，在某一社会团体的成员中传播的过程，其中时间是研究创新扩散需要关注的主要因素之一，罗杰斯认为“扩散研究将时间作为一个变量，这是它的一个优势”。对于每个个体决策者或决策单位来说，创新决策过程大体可以概括为五个主要步骤：一是认知，即知道一项创新并对其功能有所了解；二是说服，即对该项创新持赞成或反对的态度；三是决定，即决定是否接受该项创新；四是实施，即最终使用了该项创新；五是确认，即对自己使用创新的行为做出进一步的确定。事实上，以上每一步对于决策主体来说都是一个信息搜寻和信息处理的过程，均需要耗费一定的时间，并且在任何一步或几步上都可能出现反复，然而对于不同决策主体来说，完成整个过程所需要的时间又是不一样的。在创新产品（或流程、服务等）在全社会进行扩散的过程中，通常按先后顺序将其采纳者分为五种类型：创新者、早期采纳者、早期大多数、后期大多数、落后者。[①] 针对特定产业生产者、创新产品消费者以及其他领域创新活动进行的大量实证研究显示，按采纳创新的时间来衡量，创新采纳者的数量大体上服从于正态分布，如图 1－1 所示。然而图 1－1 在现实中很难通过简单的数据统计得到，但如果将其略做转化，将采纳创新的累积人数描绘在图上，便会形成一条 S 形曲线，如图 1－2 所示，如果研究的是一种创新产品在消费者之中的扩散，那么纵轴实际上在一定程度上也可反映出产品的销售规模，如果因为创新产品而形成一个新行业，那么纵轴同样可以反映出该行业的整体规模，与横轴的时间结合起来便可借此分析该产品或该行业创新扩散的速度及已经达到的阶段，而这种分析是可以通过统计数字实现的。

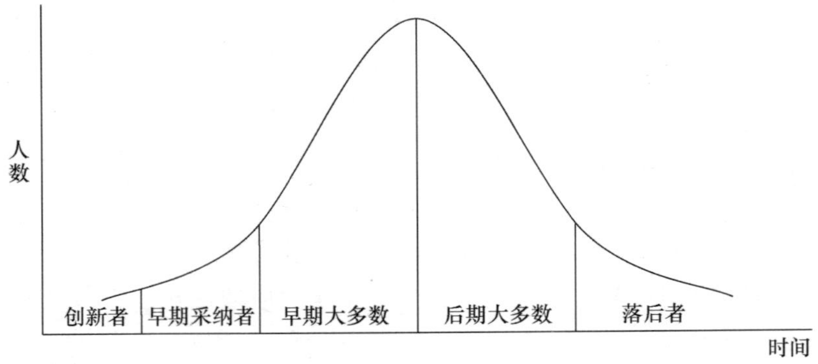

图 1－1　创新采纳者分布示意图

金融创新的扩散具有相似的特点，然而由于金融行业的特殊性，其又存在诸多特殊性。

第一，如第三节所讲，金融服务的有效性需要多方参与者的共同约束，因此金融创新的扩散过程同样需要在几方参与者中同时展开，即同

① 埃弗雷特·M. 罗杰斯（2002）：《创新的扩散》，中央编译出版社。

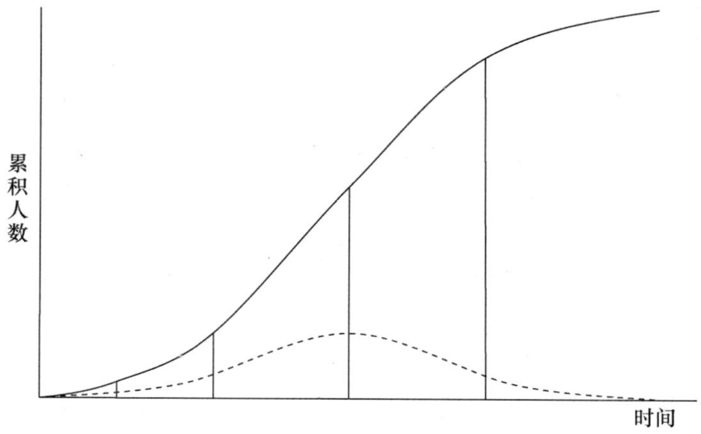

图 1－2　创新采纳者累积分布示意图

时存在于市场参与者之中、金融机构之中以及监管者队伍之中的创新扩散过程，换句话说，无论是市场、机构还是监管者对于金融创新都需要有一个认识逐步深化的过程。

在整个经济体之中，金融部门是为实现资金转移而存在的中介部门，各种金融安排都是为了更有效地将投资者的资金供给与融资者的资金需求进行对接，同时将风险在参与者之间重新分配。因此，在市场参与者中的扩散主要指的便是金融创新在对其具有潜在需求的投资者或融资者之间的扩散。由于每一种金融产品或服务都是具有针对性的，针对的是特定的投资需求或融资需求，因此在创新扩散的初期，由于市场参与者对其认识并不清晰，不仅适合使用该种创新的参与者使用率不高，而且还很有可能出现错位情况，即一些不适合使用该种创新的参与者反而成为创新采纳者。对于市场参与者而言，对于创新金融产品的不恰当使用将可能给其带来意想不到的风险隐患。Lerner 和 Tufano 指出，随着时间的推移，市场对金融创新认识不清的情况将可能加剧，因为先行者实际上是认识更清楚的人，而随着金融创新扩散至更广泛的领域，后期采用者则可能错误地认识和使用创新产品，或仅仅部分地使用创新产品，并由此造成负面后果。他们举了一个有趣的例子，那便是在涉及失败的金融创新产品的案件中，后期采用者提起的诉讼居多，并且他们往往会声称没有认识到产品的潜在缺点，甚至有时会声称其从没看过证券的说明书。①

依照金融创新螺旋理论来看，金融创新的起源通常是某家机构为特定客户量身定制的个性化金融服务。然而随着创新金融产品在市场中受到了欢迎，更多的金融机构开始介入提供相似的业务。在此过程中，一方面，个性化的金融安排逐渐被进行标准化的改造以适应更为广泛的客户群体；另一方面，金融机构之间的竞争也会使得这种金融创新又被重新赋予其他种种特色化的内容。事实上，提供创新产品的各家金融机构对于创新的认识同样存在一个逐步深化的过程，然而在逐利及竞争的环境下，一些机构可能在认识并未清晰的情况下便已经尝试开展业务。与此同时，不论是标准化的改造还是特色化内容的添加实际上都可看作是原始创新之后的渐进式局部创新，而这些创新本身同样存在风险。随着金融机构对于创新产品及其运作过程中各种潜在风险的认识逐步清晰，这些风险要么会被额外转嫁给市场参与者，要么则集中于机构自身。不过由于金融服务具有较强的外部性，如果金融机构自身由于创新失败而出现经营困难的话，最终这些损失依然会由市场参与者买单，甚至会带来更严重的后果。

从理论上讲，为了弥补市场失灵，政府在市场经济中可以发挥重要的作用，特别是在金融领域。鉴于金融风险具有较强的传染性，对于金融的监管至关重要，然而无论是在规则制定还是在监督执行过程中，监管者都会受到诸多的限制，诸如监管者与金融机构的信息非对称、监管者在制定规则和监督执行过程中的成本（其中也包括监管者自身的薪金）、金融机构行为与监管者反应之间的时间差、规则以及执行过程中面对的未预料到情况，以及监管者受到指标信号的误导等。② 特别是针对金融创新的监管更是难上加难，其原因在于在监管者队伍中，对待金融创新同样需要一个认识逐步深化的扩散过程，而在监管层能够对金融创新

① Lerner, J. and P. Tufano (2011), "The Consequences of Financial Innovation: A Counterfactual Research Agenda", *Annual Review of Economics*, 3.

② Nouy, D. (2013), "Unintended Consequences of Supervision", In: A. J. Kellermann, J. de Haan and F. de Vries (eds.), *Financial Supervision in the 21st Century*.

有较为准确的把握之前，其很难出台较为合理的规制规则，同样很难将规则落实到具体的监督执行中去。因此，监管过松或监管过紧的现象便时有发生，监管过松会造成风险的累积，甚至乱象丛生，而监管过紧则不仅会扼杀有益的创新，同时很可能加剧监管套利行为。

第二，对于金融创新来说，谈论其创新的扩散实际上需要考虑两个维度，一个是人们对其认识的广度，另一个则是认识的深度。分析认识的广度实际上与分析传统产品创新扩散无异，通过对创新金融的规模、产品或机构数量、服务方式的类型等进行分析便可大体掌握。然而，单单这一个维度实际上并不能很好地衡量金融创新的扩散程度，因为对于金融创新来说，规模等的增大并不一定真正代表相关主体对其认识的提升，相反，如果市场参与者以及金融机构对于金融创新认识的深度不够，那么其扩散越广、规模越大，对于金融系统来说其累积的风险也会越大。一旦各方对于金融创新的风险有了更为清晰的认识，那么不仅潜在风险很可能被引爆，甚至在挤兑的浪潮中可能触发更为严重的危机，Gennaioli等便通过构造模型描述了一个类似的机制。①

第三，或许和实体经济中的其他产品创新一样，金融创新在广度维度上的扩散可能也会遵循S形曲线，但是如果考虑到深度维度，那么由于不断出现风险的累积和引爆，金融创新的扩散过程将会更为复杂，如果用规模方面的指标来衡量，很可能会出现波浪式的发展态势。

诚如前文所述，由各种金融安排组成的只是一套转移资金的规则，而通过金融创新而引入的新规则会受到各方主体相互之间的影响而不断有所改变，这使得金融创新的扩散过程变得更加复杂。比如监管者由于注意到市场对金融创新认识偏差而正在累积风险，便很可能会通过制定新的监管规则加以规制，金融机构则会根据监管新规进一步调整业务模式，而市场对于更新的金融产品又会重新开启一个新的认识过程。实际上任何一方认识上的改变都有可能使得由创新而引入的新规则面临调整。正是在各方主体的这种相互作用之中，金融创新波浪式地逐渐发展成熟，

① Gennaioli, N., A. Shleifer and R. Vishny (2012), "Neglected Risks, Financial Innovation, and Financial Fragility", *Journal of Financial Economics*, 104.

或走向失败。当然即便是一项失败的创新，也并非完全没有意义，一些学者曾列举过大量的案例表明即便失败的金融创新也很有可能会对以后出现的成功创新提供必要的信息。① 也有可能随着人们认识的逐渐清晰，一种原本被认为是创造出新产品的金融创新，最终被发现其有价值的部分只不过是可以对原有金融业务做出某些过程上的改进。

三、对创新金融发展水平的衡量

通过上述对金融创新扩散的分析，我们可以引申得出一种衡量创新金融发展水平的分析框架。目前通常人们在衡量一种金融创新的发展水平时，往往与分析实体经济中的其他创新无异，通过规模、产品或机构数量等进行评估，似乎行业规模越大、产品种类和机构数量越多，便意味着其发展得越好。然而诚如上文所讲，如果人们对于金融创新的认识深度不够的话，规模的增大仅仅意味着加大了金融体系的风险。对于虚拟经济来说，由于认识不清所造成的规模膨胀必然是虚拟的，某种金融安排发展成熟时并不必然比不成熟时规模更大，成熟只是意味着该种金融安排拥有最适当的投资者或融资者，从而具有最适当的规模。因此，对于创新金融发展水平的衡量，不应仅仅停留在关注规模等指标上，更应关注其金融功能的完善程度。

然而，既然称其为一种创新，那么其功能发挥怎样却又难以很好地衡量，因为之前并没有足够成熟的模式以供人们参考比较，这使我们陷入分析的困境。走出困境的一种变通方法便是借助对创新金融风险的研究变相达到评估其发展水平的目的。一种成熟的金融安排一定需要实现如下几点：一是市场对金融产品有足够的认识；二是金融机构本身对其经营过程中可能存在风险有足够的认识，并具有较为成熟的运营模式足以合理控制风险；三是法律法规较为健全，监管机构具有较为成熟的监管手段。实际上这恰恰是金融创新在相关参与者——市场、机构以及监

---

① Tufano，P.（1995），"Securities Innovation：A Historical and Functional Perspective"，*Journal of Applied Corporate Finance*，7（4）；斯科特·梅森、罗伯特·默顿、安德鲁·佩德罗、彼得·图法诺（2001）：《金融工程学案例：金融创新的应用研究》，东北财经大学出版社。

管者之中充分扩散，相关参与者对于金融创新认识深化的表现。虽然相关主体对于金融创新的认识水平本身并不容易分析和衡量，但是在相关参与者之中潜藏的风险点却可以通过分析创新扩散中暴露的种种问题得以揭示。在大多情况下，我们可能很难对这种创新风险进行定量分析，然而通过定期对几方参与者中可能存在的风险点进行定性和定量分析，同时对不同时期的风险隐患情况加以比较，便可为衡量创新金融发展水平提供有效的依据。

伴随着互联网金融概念在国内兴起，P2P 网贷作为一种重要的金融创新近些年发展极为迅猛，其在支持次级客户及小微企业方面体现出普惠金融的理念，可以有效地弥补传统金融在服务领域上的空白。然而由于野蛮生长，P2P 网贷行业也正处在问题高发、风险集中暴露时期。不管 P2P 网贷行业最终走向如何，其均可为研究金融创新提供一个很好的案例。本书便在广泛调研的基础上，结合金融创新理论对国内 P2P 网贷行业现实中存在的主要风险进行客观深入的剖析，不仅本身具有极强的现实意义，从理论上讲更可通过这种分析来探讨一种针对金融创新的新的研究框架，通过对风险的调查研究来反映创新金融的发展水平。

第二章　P2P 网贷发展的实践背景：中国互联网金融的脉络

第一节　中国互联网金融的兴起：概念界说与演变脉络

自工业革命爆发以来，新技术对经济金融体系的影响日益扩大，技术创新逐渐成为经济金融发展的最根本动力之一。近年来被中国社会各界热议的互联网金融正是新技术变革对金融体系产生深刻影响的最新写照。

作为 20 世纪重要的科技发明之一，互联网正日益成为信息时代最重要的战略性基础设施。自 20 世纪 80 年代以来，随着网络技术的快速发展，互联网在降低金融服务交易成本、增进金融服务可得性方面的优势逐渐显现。自然地，金融机构开始利用互联网技术改造传统服务，互联网技术与金融的融合发展趋势初现端倪。下面我们将对这一历史进程的演变脉络做一个简要的梳理。

计算机及通信技术被引入金融领域的早期阶段，可被称为电子金融化阶段。各种电子数据处理系统，金融信息管理系统和决策支持系统等都属于金融电子化的范畴。与此同时，在电子支付系统和支付信息管理系统等方面的创新和演变不断加速。于是，在金融实务的迅猛发展大潮之下，网络金融和电子金融概念应运而生。

网络金融，是指基于金融电子化建设成果，在国际互联网上实现的金融活动，是适应电子商务发展需要而产生的网络时代的金融运行模式[①]。网络金融服务通常由金融服务商通过互联网平台提供，最典型的代表就是网络银行和网络证券。国外更普遍采用的术语是电子金融（Electronic Finance，E - Finance），其含义大致是指在互联网或其他公共电子媒介上被提供的金融服务，包括货币、银行、支付、交易、经纪、保险等，通常也被称为数字金融（Digital Finance）。在发达国家的金融业务中，E - Finance 常与 Online Finance、Internet Finance、Virtual Finance 以及 Cyber Finance 互换使用。需要注意的是，网络金融或电子金融的概念在其兴起时，更多指的是传统的金融机构或传统的金融服务向互联网的延伸，其主要功能是在互联网的平台上降低金融服务的交易成本，增进金融服务的可得性。

进入 21 世纪之后，受到新经济泡沫破灭的冲击，国际学术界和监管部门对电子金融的热情似乎骤然消失了，关于电子金融的讨论戛然而止[②]。尽管如此，互联网技术自身的发展依旧迅猛，互联网经济也逐渐展现出新的活力。其突出表现在于，互联网不再甘于仅仅作为传统金融机构降低运营成本的工具，而是逐渐将其“开放、平等、协作、分享”的精神向传统金融业态渗透，从供求两端对金融业发展产生了重要影响。就中国而言，这种影响尤为明显。从需求面看，2005 年 7 月，中国互联网网民数量首次突破 1 亿大关，到 2015 年 12 月，这一数字则已激增到 6.88 亿，高居世界第一，互联网普及率也达到了 50.3%。[③] 互联网使用群体的扩张催生了人们对金融服务的大量新需求。从供给面看，云计算、社交网络、移动支付等新技术取得突破性进展，大数据[④]成为创造新发明、新服务和新价值的源泉，互联网和移动通信网络的融合进程加速。这些 IT 技术的新变革从供给面引领金融服务模式的变迁，并开始对既有

① 狄卫平、梁洪泽（2000）：《网络金融研究》，《金融研究》，第 11 期。

② 殷剑峰（2014）：《“互联网金融”的神话与现实》，《上海证券报》，4 月 22 日。

③ 数据来自中国互联网信息中心发布的第 37 次《中国互联网发展状况统计报告》。

④ 所谓大数据，即运用新的信息处理技术，对纷繁复杂的海量数据进行分析处理，从而探究事物之间的相关关系，并在此基础上对未来做出预测，并获得有巨大价值的产品和服务，或者深刻的洞见。参见维克托·迈尔—舍恩伯格、肯尼斯·库克耶（2013）：《大数据时代：生活、工作与思维的大变革》，浙江人民出版社。

的传统金融模式产生巨大冲击。在需求与供给两端力量的共同推动下，近十余年来，以互联网技术为支撑平台的各类非传统金融机构和金融业态大量涌现。

首先对中国传统金融机构形成冲击的是第三方支付。非传统金融机构从事的互联网支付，实际上是第三方支付与互联网支付的交叉点，在美国属于货币服务机构，在欧洲则被称为电子货币机构，在国内有时与“第三方支付”混用。广义的第三方支付起源于 20 世纪 80 年代美国的独立销售组织制度，而互联网支付则可追溯至 20 世纪 90 年代初期通过互联网进行的信用卡支付。全球最知名的第三方电子支付公司 Paypal 成立于 1998 年 12 月。2003 年后，伴随着中国电子商务的高速发展，以支付宝为代表的一批支付组织迅速发展，Paypal 也于 2005 年进入中国的支付市场。2008 年，网上支付交易规模突破千亿元大关。2010 年 9 月，中国人民银行发布了《非金融机构支付服务管理办法》，标志着中国非金融机构支付市场全面进入规范化发展的监管时代。当非传统金融机构成功地抢占到支付市场的时候，进一步挖掘支付业务的商业附加值则变得顺理成章。支付宝于 2013 年 6 月推出的增值服务余额宝，给中国的金融行业带来了不小的震动。互联网对金融体系的冲击旋即从支付清算领域扩展到金融资源配置、风险管理等金融体系的核心功能领域。移动支付、社交网络、搜索引擎和云计算等技术，对金融业运营模式产生了根本的影响。

2012 年以来，持续升温的互联网金融热浪引起了中国金融界、学术界和决策层的广泛关注，互联网金融作为一种学术概念开始频繁出现在各种中文文献当中。中国人民银行发布的 2013 年第二季度中国货币政策执行报告中首次使用了“互联网金融”一词，随后，该名词也被写入了 2014 年国务院政府工作报告，标志着互联网金融的概念正式得到官方的认可。2015 年，中国人民银行等十部委联合下发了《关于促进互联网金融健康发展的指导意见》，则更是意味着政府对于互联网金融潜在价值的认可。与此相呼应的是，中国学者近年来对互联网金融倾注了极大的学术热情。学术界通常认为，这一研究热潮开始于 2013 年，在作为中国最主要的学术期刊数据库之一的中国知网中，以“互联网金融”为主题搜索学术期刊文献，截止到 2013 年 7 月，以“互联网金融”为主题的论文仅有 100 余篇，而到 2016 年 3 月，这个数字则飙升至近万篇。[①] 舆论对于互联网金融的关注则较之决策层和学术界更甚，通过全球最大的中文搜索引擎百度搜索“互联网金融”，可以找到相关结果约 2640 万个，以“互联网金融”为词条搜索新闻，可以找到相关新闻约 511 万篇。[②] 舆论对于互联网金融的热捧势必会进一步激发研究人员的研究热情。

尽管互联网金融的研究如火如荼，但学术界对互联网金融概念的界说至今并无定论，呈现众说纷纭之势。有人认为，互联网金融是一个具有前瞻性的谱系概念，涵盖受到互联网技术和互联网精神影响，从各类金融中介和市场到瓦尔拉斯一般均衡对应的无金融中介或市场情形之间的所有金融交易和组织形式。[③] 也有人认为，互联网金融指的是以互联网为平台构建的具有金融功能链且具有独立生存空间的投融资运行结构。[④] 当然，也有一些学者对“互联网金融”作为一个独立概念的理论价值提出了质疑。有人指出，互联网金融是电子金融中的一类，其本质无非是利用互联网来提供金融服务；互联网金融概念被热炒的背后是一些互联网企业希冀进入金融行业的强烈诉求。[⑤] 还有人直接指出，中国所谓“互联网金融”业务，只是传统金融在监管之外的一种生存形态，互联网只是一种工具。金融的本质没有变，也没有产生可以称之为“互联网金融”的新金融。[⑥]

基于上述状况，“互联网金融”一词在学理上也许还值得商榷，从实务层面看，互联网金融本身也很可能并不构成一个稳定的业态。此外，国内的所谓互联网金融业态往往良莠不齐，与国外规范的业务形式相比甚至全然变形。然而，互联网金融毕竟拥有透明度高、参与广泛、中间成本低、信用数据丰富和信息处理效率高等传统金融机构所不具备的一系列比较优势，可以支撑更富有效率的资金配置、信息提供、风险管理

① 2016 年 3 月 3 日搜索为 9777 篇。
② 搜索日期为 2016 年 3 月 3 日。
③ 谢平、邹传伟、刘海二（2014）：《互联网金融手册》，中国人民大学出版社。
④ 吴晓求（2014）：《中国金融的深度变革与互联网金融》，《财贸经济》，第 1 期。
⑤ 殷剑峰（2014）：《“互联网金融”的神话与现实》，《上海证券报》，4 月 22 日。
⑥ 戴险峰（2014）：《互联网金融真伪》，《财经》，第 7 期。

和支付清算，从而能够更好地履行金融功能。因此，用互联网技术作为支撑力量来发展各种各样的金融活动，用基于互联网平台的金融活动来支持实体经济的发展，代表了金融发展的新方向。我们已经看到，P2P 网贷、众筹、移动支付等互联网金融模式，确实对满足小微企业、创业者、消费者、“三农”等传统金融覆盖范围之外的市场主体的金融需求产生了积极作用。基于此，社会各界需要更加积极地促进互联网金融的发展，使得我国的金融体系能够更好地满足实体经济中各种各样的金融需求，提升金融体系的包容性。

理解互联网金融的本质特征可以从技术和金融两端入手。

从技术特征一端可以清晰地看到，互联网金融活动是以互联网为载体，依靠新兴的信息技术发展起来的。信息技术在网络层面展示了无穷的潜力，大数据、移动互联网、社交网络、搜索引擎等方面的创新代表了人类交流方式或思维方式的革命性转变。与其他一些领域存在巨大技术鸿沟的情况不同，中国在互联网技术领域与发达国家几乎站在同一起跑线上，国内互联网企业能够迅速掌握最先进的信息技术和计算技术，并成功地将其运用到商业活动中。

在金融交易中，由于交易双方价值收付时间并不一致，而未来存在诸多不确定性，使得金融交易的信息不对称程度比一般商品或要素市场更为严重。降低信息不对称程度的重要手段之一就是资金供给者事先收集、整理、分析过去的相关信息，从而估算出金融资产的未来价值流。信息收集与处理模式的创新，正是互联网金融具有竞争力的关键环节。互联网环境下的电子商务、社交网络等新平台能够传递、收集和发掘更全面、更新颖的海量数据信息，而在搜索引擎和云计算等技术手段的保障下，互联网企业又能够以较低的成本进行大数据分析，从中提炼出各类行为主体的行为模式，进而对其信用等级进行评估，并以此为基础，构建较为完备的金融交易信息平台。由此可见，互联网金融机构利用了新的技术手段和新的平台，形成了一套独特的信息收集、处理、评价和分配使用系统。信息成本的下降，直接导致融资成本的下降，风险定价与风险管理效率的改进，以及金融交易边界的扩展，构成互联网金融的核心竞争力。

当然，技术层面的创新只是为互联网金融的壮大提供了基础条件，抓住其金融本质才是理解互联网金融的关键所在。

首先需要明确的是，各类互联网金融组织与传统金融机构一样，都是金融组织。互联网技术的运用并不能改变其作为金融组织的根本属性；只不过互联网金融机构发挥作用的机制与传统金融机构有着本质差异，是一种新型金融组织而已。互联网金融的创新性主要体现在运用互联网平台对金融产品进行重新组合与再造，其履行的基本功能与传统金融并无二致。

根据现代金融功能理论，资源配置、支付清算、风险管理、信息提供、集聚资源与分割股份、创造激励机制是金融体系的六大主要功能。根据当前国内外实践情况看，互联网金融在资源配置、支付清算、风险管理和信息提供等方面都对传统金融构成了明显的冲击。

根据上述分析，我们可以将互联网金融大致理解为，在新的技术条件下，各类传统金融机构、新兴金融机构和电商企业依托于其海量的数据积累以及强大的数据处理能力，通过互联网渠道和技术所提供的信贷、融资、理财、支付等一系列金融中介服务。若要简单概括互联网金融的基本特征，可称其为基于大数据的、以互联网平台为载体的金融服务。

第二节　我国互联网金融的发展格局

借助现有的货币金融学理论来剖析，我们不难区分，互联网技术对既有金融体系的巨大冲击效应分别体现在货币与金融两个层面上：

一方面，互联网金融的兴起对货币理论和货币政策构成了根本性挑战。当人类社会告别纯金属货币之后，货币的定义就变得含混不清了，互联网技术的发展则使得这一问题变得更加复杂了。网络支付体系根本就不创造货币，但是却充分完整地发挥着货币的功能。因此，如何定义货币变得愈加困难。这一现象还表明，在正规的金融体系之外，有一个民间的、私人化的货币供应体系正在携高科技之力逐步发育，而这一进程与中央银行完全无关；这些新型货币对实体经济发展有着切实的影响，但却未能体现在央行的货币总量统计之中。假以时日，上述新变化或许会颠覆既有的传统货币体系，削弱央行对货币总量的控制力，从而对宏观调控的有效性构成严重挑战。货币当局和经济学家如何根据新现象来重构货币理论与货币政策，就成为一个至关重要的核心问题。

另一方面，互联网金融的兴起对已经提供到市场上的货币的有条件转移过程构成了全方位的冲击。这是因为，基于实体经济运行而形成的大数据在一定程度上克服了信息不对称，非传统金融机构能够在交易过程中创造信用，从而使得互联网金融拥有许多传统金融机构所不具备的一系列比较优势，可以支撑更富有效率的资金配置、信息提供、风险管理和支付清算。于是，在一系列互联网金融产品“创造性破坏”式的冲击之下，金融市场竞争加剧，银行的负债端资金成本急速攀升，垄断利润开始大幅度缩水，各类既有金融机构的“奶酪”正在被新兴的互联网金融机构蚕食，加速推动了金融脱媒。在这一进程中，新的金融中介、新的金融产品、新的支付手段层出不穷。

根据第一节的定义，在本章中我们将重点描述第二个层面，即互联网技术冲击之下货币有条件转移过程的新变化，亦即基于大数据的、以互联网平台为载体的金融服务的新变化。而有关虚拟货币创造的问题，从严格意义上说是货币经济学的关注对象，并不直接进入金融学的研究范畴。我们将分金融机构的互联网化、第三方支付、P2P 网贷与众筹三个方面来介绍中国互联网金融发展的现状。

一、金融机构的互联网化

（一）银行的互联网化

国内银行的互联网化起步于 20 世纪 90 年代中后期，1996 年 10 月中国银行率先“上网”，2000 年 6 月 29 日，由中国人民银行牵头，组织国内 12 家商业银行联合共建的中国金融认证中心全面开通，开始正式对外提供发证服务。移动支付最早出现在 1999 年，由中国移动与中国工商银行、招商银行等机构合作，在广东等一些省市开始进行移动支付业务试点。2000 年，中国银行与中国移动通信集团公司签署了联合开发手机银行服务合作协议，开通了北京等 26 个地区的手机银行服务。

与这些早期的终端延伸相比，近年来银行的互联网化主要体现在网络融资实践的日益丰富上。通过网络渠道，银行可以更便捷地向个人用户和中小企业放贷，主要有如下几种模式：第一种模式是银行直接在网上进行信贷业务。例如招商银行 2010 年推出的“空中贷款”，创新打造了“在线受理”、“主动授信”、“电子化签约”三大业务模式，实现“足不出户就能贷款”的全新客户体验。第二种模式是银行“跨界”开办电商平台。例如建设银行 2012 年推出的“善融商务”，便为银行业进军电子商务领域做了表率，面向广大企业和个人提供专业化的电子商务和金融支持服务。第三种模式是由第三方建立中介平台，作为金融机构和客户的桥梁。例如 2009 年正式运营的数银在线，是国内首家 B2C 在线融资服务平台，在线整合了各家银行资源。

在互联网金融效应的影响下，商业银行明显加快创新和转型的步伐，并且更加深度地与互联网进行融合。除了支付领域的创新以外，重点推进的领域是电商平台的建设。五大国有商业银行的电商平台已全部上线，囊括了银行融资、支付、理财、清算、信息等各项综合金融服务。此外，各大银行也纷纷抢占 P2P 网贷市场。现有的银行系 P2P 网贷平台分为三种模式：一是银行自建 P2P 网贷平台，如招行的小企业 e 家、包商银行的小马 bank；二是由子公司投资入股新建独立的 P2P 网贷公司，如国开金融设立的开鑫贷；三是银行所在集团设立的独立 P2P 网贷公司，如平安集团的陆金所。其他围绕互联网金融方面的创新也是层出不穷，例如招商银行的“智慧供应联金融平台”、平安银行的“商超发票贷”等。

（二）保险的互联网化

2000 年 8 月，太保和平安几乎同时开通了自己的全国性网站，从此专业保险电子商务网站纷纷涌现，不过，直到现在网上保险仍处于初级阶段，大多数保险公司只是建立了自己的门户网站，网上销售和网上交易基本上还没形成气候。尽管如此，互联网保险在近些年发展仍可算得上是异常迅猛。中国保险业协会的统计数据显示，2014 年互联网保险业务收入为 858.9 亿元，比 2011 年提升了 26 倍，成为拉动保费增长的重要因素之一。其中，财产保险公司互联网业务累计保费收入 505.7 亿元，同比增长 114%；人身保险公司互联网业务实现保费收入 353.2 亿元，同比增长 5.5 倍，三年间年均增长率达到 225%。互联网保险市场经营主体也由 2011 年的 28 家增至 85 家，超过我国现有财产保险、人寿保险公司机构数量的一半。① 特别是从被称为“互联网金融元年”的 2013 年开始，互联网保险实现了跨越式发展，以万能险为代表的理财型保险持续引爆第三方电子商务平台市场，此外，仅 2015 年“双十一”一天，淘宝平台的退货运费险便创造了 3.08 亿份保单的历史纪录。②

目前，我国互联网保险已建立起以官方网站模式、第三方电子商务平台模式、网络兼业代理模式、专业中介代理模式和专业互联网保险公司模式五种模式为主导的基本互联网保险商业模式体系。特别值得一提的是，2013 年 10 月国内首家纯互联网保险公司“众安在线财产保险股份有限公司”正式成立，并于 12 月推出基于淘宝数据分析的“众乐宝—保证金计划”，意味着专业互联网保险公司模式取得突破性的发展；而 2014 年 2 月苏宁云商正式获批保险代理牌照，则使之成为中国商业零售领域第一家具有全国专业保险代理资质的公司。

（三）证券的互联网化

证券的互联网化早在 20 世纪 90 年代末便已起步，1997 年 3 月，中国华融信托投资公司湛江营业部推出多媒体公众信息网网上交易系统，揭开了我国网络证券的帷幕。2000 年中国证监会正式公布了《网络证券委托暂行管理办法》。从网上交易到移动证券，再到现在的移动支付和网上金融商城，证券的互联网化始终在向前迈进。不过，伴随着互联网金融概念的兴起，证券与互联网的结合发生了质变，此前，网络证券的发展主要是基于互联网构建销售平台，主要包括四种模式：一是在互联网上自建网上商城，如长城证券；二是利用手机终端进行创新，发展一站式金融管理服务，如国信、国泰君安等；三是利用网上开户进军互联网金融创新，如招商、中信证券；四是和银行对接，实现分业经营下的混业服务模式，券商代销发行银行理财产品，如光大、宏源证券等。

---

① 中国保险行业协会（2015）：《互联网保险行业发展报告》，中国金融出版社。

② 《一日售出 3.08 亿份保单，2015 年“双十一”退运险刷新纪录》，《每日经济新闻》，2015－11－17。

而近年来的互联网证券则更多地希望尝试借助互联网的思维理念来实现证券的内涵。这目前更多地体现在产品创新上，特别是聚焦于低佣战。国金证券与腾讯合作推出的首只互联网证券服务产品“佣金宝”于2014 年 2 月 20 日正式上线运行，为投资者提供万分之二的沪深 A 股、基金交易佣金率，2014 年 5 月 20 日零时起，新开户客户佣金上调至万分之二点五，不过这仍然远远低于全行业万分之七[①]的水平。这使得国金证券经纪业务市场份额持续提升：2015 年前三季度经纪业务收入 24.2 亿元，同比增长 313%，股基交易市场份额达到 1.23%，比 2014 年上升 27.4%，公司的互联网证券策略卓有成效。[②] 与之类似，华泰证券由于率先推动了互联网低佣开户，使其经纪业务的市场份额跃升行业第一，其他上半年在互联网证券方面有所发力的券商的市场份额均有不同程度的增加。可以预期，随着越来越多的券商纷纷试水互联网金融，互联网证券引爆的券商佣金战将加速券商从通道中介定位向客户需求定位转型。

此外，证监会也在逐步推进互联网证券的发展。2014 年 4 月 4 日，证监会首批敲定了中信证券、国泰君安证券、银河证券等 6 家证券公司进行互联网证券业务试点，后经过五次扩容，截止到 2016 年 3 月，共有 55 家券商获得互联网证券业务试点资格，占比达 45.8%。

（四）各类“宝宝”及互联网理财

“余额宝”是由“支付宝”为个人用户打造的一项余额增值服务，于2013 年 6 月上线。把钱转入“余额宝”中就可获得一定的收益，实际上是购买了一款由天弘基金提供的名为“增利宝”的货币基金。“余额宝”内的资金还能随时用于网购消费和转账，支持“支付宝”账户余额支付、储蓄卡快捷支付（含卡通）的资金转入，目前不收取任何手续费。

据统计发现，到 2014 年 2 月底，“余额宝”从基金规模来看就已跻身全球十大基金行列，位列第七，而单从货币基金规模排名来看，则名列第三。[③] 而与之相伴，2012 年在国内尚排名 50 开外的天弘基金，从

---

① 芮晓武、刘洪烈（2014）：《中国互联网金融发展报告（2013）》，社会科学文献出版社。

② 《国金证券：市场份额持续提升，大数据研发空间巨大》，腾讯财经，2015－10－30。

③ 《“余额宝”跻身全球 10 大基金排名第 7　规模约 5000 亿元》，证券时报网，2014－03－11。

2014 年第一季度起便超越了华夏基金成为公募管理规模最大的基金公司。

“余额宝”的一大特色是提供了投资理财、消费支付等多重功能和方便、快捷的用户体验。客户在“支付宝”网站内就可以随时完成基金开户、基金购买，可实现实时到账，且认购费和赎回费均为零。目前已有越来越多的“余额宝”客户是以现金管理和购物支付为目标，形成了发了工资转入，然后消费，再转入、再消费的使用习惯。同时，考虑到 1 元起售的低门槛，以及远高于活期存款的利率，“余额宝”确实对银行存款构成了挑战。

“余额宝”的成功使得各基金公司纷纷紧随其后，互联网理财得到了爆发式发展。从商业模式来看，主要有以下四种：第一，理财模式，即基金公司与垂直财经门户或金融软件公司合作，具有代表性的有东方财富旗下天天基金网的“活期宝”、数米基金网的“现金宝”和同花顺的“收益宝”。第二，自销模式，即基金公司自己经营互联网货币基金品牌，具有代表性的有汇添富“现金宝”、民生加银“现金宝”、华夏“财富宝”以及汇添富“全额宝”。第三，支付模式，即基金产品绑定第三方支付平台，“余额宝”便是此类的代表，此外具有代表性的还有百度理财和网易理财。第四，电商模式，即基金公司利用电商网络平台进行基金销售，这一类以淘宝网销售基金为代表。

以“余额宝”为代表的互联网理财给商业银行的存款带来了很大的冲击，各大银行也推出各种类“余额宝”产品予以应对，例如中国银行的“活期宝”、交通银行的“快溢通”、平安银行的“平安赢”、民生银行的“如意宝”等。

实际上，无论是“余额宝”还是各种类“余额宝”产品，本质上都是货币市场基金的互联网化，只是新的竞争环境对于基金管理特别是流动性管理能力提出了更高的要求。不过相比于大多数类“余额宝”产品而言，“余额宝”本身又有其特殊性。一方面，“支付宝”和淘宝形成的数据可以用于支持大数据的分析，使得基金管理者可以通过掌握“余额宝”购买者的资金使用习惯来增强其流动性管理的能力；另一方面，“余额宝”的类存款性质又使得更多的资金从银行转移至“支付宝”—“余额宝”系统，降低了交易成本，达到了进一步扩展“支付宝”及淘宝业务的目的。因此，可以说“余额宝”的成功并不是简单的管制套利，而是一种金融与实体经济的深度融合与创新，而其他“宝宝”类产品要复制“余额宝”的成功，则尚须构建自身的核心竞争力。

二、第三方支付

网络购物日益繁荣的同时也催生了互联网支付的快速发展，以“支付宝”为代表的一批支付组织迅速成长起来。事实上，第三方支付也正是国内近两年炒得最火热的互联网金融的一种重要业态。由于这些支付组织带来交易成本的降低，使得便捷的支付服务可以覆盖更多相对落后的地区，促进了金融的普惠。例如，“支付宝”2015 年度对账单显示，移动支付作为新经济的一种方式，正在快速渗透到人们的生活，而且覆盖区域也逐渐从一线城市向二三线城市延伸，国民生活方式也正经历全面升级，在饮食、出行、消费、理财、旅游等各个方面，变化日新月异：学生理财族正式崛起；沉睡多年的农村理财市场被互联网金融唤醒；三四线城市境外消费力惊人……可以认为，中国的互联网支付已经对传统的卡基支付方式构成挑战，并且从发展速度来看，互联网支付具有更为广阔的前景。同时，互联网支付特别是移动互联网支付也更能与未来基于可穿戴设备的经济模式相吻合。

我国第三方支付的运营模式发展经历了三个阶段：从支付网关模式起家，在此基础上发展出第三方担保模式，之后随着 3G 网络的普及，便捷支付工具模式逐渐兴起。

（1）支付网关主要解决电子商务企业与商业银行之间收款或付款的网络连接问题。在该模式下，第三方支付机构是各家商户与银行之间连接的“中转站”，能够有效地提高电子支付连接的效率，同时降低搭建支付系统的成本。

（2）第三方担保模式除支付网关的基本功能之外，还增加了第三方担保功能。支付网关并不立即将款项支付给卖方，而是等买方确认收到货物或享受服务后，再将款项支付给卖方。该模式的主要贡献在于通过第三方介入解决了网上交易的信用问题。

（3）便捷支付工具的创新主要在于支付工具，如支付账户或电子钱包等。这种模式主要体现在两个方面：一是互联网支付账户集成多种缴费功能；二是基于手机客户端的移动支付业务。

根据第三方支付的运营主体来划分，主要存在两大模式：一是互联网企业主导的支付账户模式，以“支付宝”、“财付通”、“盛付通”为代表；二是金融企业主导的银行账户模式，以银联电子支付、快钱、汇付天下为代表。

除了一般意义上的第三方支付之外，移动支付的发展也值得关注。由于移动金融具有 3A（Anytime，Anywhere，Anyway）特性，以及融合近场与远程支付的潜力，其最有可能实现金融平台的全面融合，也最有可能给金融行业带来变革。

随着智能手机等移动设备的进一步普及，人们的消费、交易、支付将越来越便捷。在此大环境下，移动支付开始迅猛发展。无论是“支付宝”的远程支付，还是微信的近场支付，都深刻冲击着传统零售支付体系的格局，后者对传统卡支付媒介的潜在威胁似乎更大。

当前制约移动支付普及化的瓶颈问题突出表现在安全性上。对许多消费者来说，支付安全性是其是否选择移动支付的核心因素。早在 PC 互联网支付时代，普通公众就经常被媒体报道的各种负面事件所困扰，而对于相对陌生的移动支付，公众的戒心就更可以理解了。实际上，移动支付存在安全问题的根源之一，就是长期缺乏规范、统一的技术标准和安全标准。现在，这一问题正逐步得到解决：2014 年 5 月，移动支付国家标准正式实施，而央行移动金融安全可信公共服务平台也已于 2013 年底建成，这将有利于山头林立的不同机构的移动支付系统联网通用。

同样，移动支付的兴起也带来移动理财和移动财富管理的活跃。依托电脑为主的互联网渠道、依托手机为主的移动渠道，将成为网络理财的两大主要模式。当许多人还在关注互联网上的理财产品时，更多人已开始关注手机端的财富管理，得到了更加便捷、直接、及时的使用体验。

三、P2P 网贷与众筹

P2P 网贷与网络众筹是两种重要的互联网金融业态。在国外，其发展可被视为一种新的金融脱媒的表现。P2P 网贷与网络众筹均依靠互联网的技术，突破了地域的限制，使得原本只能存在于一定的社会关系网络内的社会融资或民间融资模式得到全新的发展，本质上只是提供了一个资金供给者与资金需求者自行配对的平台。这类互联网金融企业对金融行业的影响在于创造了一个新的金融市场。

对于这些新的金融业态，国内跟进的步伐不可谓不快，但是由于种种原因，国内的 P2P 网贷与网络众筹与国外主流模式相比却发生了很大的改变。最为明显的区别是，无论是 P2P 网贷平台还是众筹融资平台，总体上看更像是担当着新的融资中介的职能，与金融脱媒并无太多关联。

（一）P2P 网贷

国内的 P2P 网贷行业起源于 2007 年，成立于上海的拍拍贷是中国最早的 P2P 网贷平台。2010 年以来，国内的 P2P 网贷公司如雨后春笋般迅速扩展。如今比较重要的 P2P 网络借贷平台有信而富、宜信、点融网、陆金所、红岭创投、拍拍贷、人人贷、有利网。①

与国外相比，中国 P2P 网贷行业的发展极具特点。在美国，由于 SEC 对于注册要求设立了很高的市场参与门槛，使得其行业集中度很高，P2P 网贷市场基本上完全被 Lending Club 和 Prosper 占领，两家平台占有 98% 的市场份额②，其余平台则可忽略不计。而在中国，P2P 网贷市场相当分散，据网贷之家发布的行业数据显示，2015 年 P2P 网贷行业全年总成交额达 9823.04 亿元，在全国范围内活跃的 P2P 网贷平台达到 1942 家。与之相伴的是，从 2013 年 10 月开始，P2P 网贷行业出现倒闭潮，并在 2014 年和 2015 年继续延续。Wind 资讯数据显示，截至 2016 年 2 月底，我国 P2P 网贷平台数量累计达 3944 家，全国 P2P 网贷问题平台共计 1425 家，占总数的近 1/3。

更为重要的是，与国外典型的 P2P 网贷相比，国内的 P2P 网贷模式出现了严重的分化。与国外普遍依托于社交网络的 P2P 网贷相比，国内的网络信贷发展有其自身的特点。除了拍拍贷等少数公司基本参照国外

① 所列的八家公司是美国最大的 P2P 研究机构 Lend Academy 的创始人 Jason Jones 公布的调查报告《中国最重要的 P2P 网贷公司》中包括的八家公司。

② Aveni，T.（2015），“New Insights Into An Evolving P2P Lending Industry：How Shifts in Roles and Risk are Shaping the Industry”，http：//www.planetfinancechina.org/.

主流 P2P 网贷平台的发展模式外，大部分的 P2P 网贷公司则是采用有担保的线上模式，例如红岭创投，以及线下模式，如宜信。国外的平台大多从网络上直接获取借款者和投资者，直接对借贷双方进行撮合，不承担过多的中间业务，模式比较简单。而国内的 P2P 网贷行业则对借贷的各个环节予以细化，形成了多种多样的 P2P 网贷模式。由于对 P2P 网贷涉及的主要环节进行了大量细分和差异化，这些环节类型的组合可产生上百种业务模式。

由于后面各章节我们还会对中国 P2P 网贷行业的发展情况、变异情况、变异的原因以及其中存在的种种问题和风险等内容进行具体的分析，因此这里先仅仅强调一点，即国内 P2P 网贷面临严重的征信问题，这或许是造成国内 P2P 网贷发生变异的最主要的原因之一。对借贷而言，信用风险的评估至关重要，但国内在这方面存在诸多隐患。首先，国内的个人征信体系不完善，央行的征信系统也不对 P2P 网贷平台开放；其次，国内的商业征信机构均在独立运作、独立采集数据内容，缺乏信息共享与分工协作机制，这使得商业征信的效力大打折扣；再次，外部征信支持的缺失造成国内 P2P 网贷平台不得不独自承担征信职责，通过大量的尽职调查对借款者的信用材料进行收集、整理和评估。这就使得绝大部分平台都要以线下为主，或者亲力亲为，或者交由合作机构完成。最后，同样是由于信用体系的缺失，使得国内的 P2P 网贷平台为了更多地吸引投资者，扩大业务规模以分散风险，不得不通过引入资金垫付、担保制度或准备金等方法来保障出借人利益，目前国内 P2P 网贷平台 95% 以上引入了垫付机制。不过由于引入垫付机制会将风险由投资者转移至自身，从而使得平台被迫大大增加其风险控制的力度与成本。综上所述，由于征信的缺失，国内 P2P 网贷基本上难以起到金融脱媒的作用。如果再考虑到借款者须提供资产抵押、无自主选择权的自动投标机制以及直接贷给企业的 P2B 模式等情况，我们基本上可以断言，国内的 P2P 网贷平台只不过扮演着金融中介的角色。

（二）众筹

众筹正式进入中国通常是从 2011 年 5 月“点名时间”作为国内的第一家专门的众筹平台上线起算，此后陆续出现了淘梦网、积木盒子、

JUE. SO 等各种侧重不同方向、具有不同特色的类似 Kickstarter 的众筹平台。再随后天使汇、追梦网、众筹网、大家投、浙里投等相继出现，至今已有逾百家的众筹融资平台相继上线，并已形成了各自的特色。

目前国内的众筹融资模式按照投资回报方式的不同主要可以分为两大类：一是以筹资者的实物产品或服务作为回报，如“点名时间”；二是以筹资者的股权或预期利息收益作为回报，如“天使汇”。类似国外的公益型众筹项目在国内所占的比例目前尚且极小。截至 2015 年底，在正常运营的 281 家平台中，涉及股权众筹业务的有 185 家，占 65.8% 的比例；涉及产品众筹业务的有 119 家，占比为 42.3%，兼有两种业务的平台则有 39 家；单纯的公益众筹和房产众筹平台分别为 7 家和 9 家。从机构数量上看，很明显股权众筹是最主要的业务类型。从筹款金额上看，2015 年产品众筹筹款金额为 27.0 亿元，而股权众筹整体规模估计在 50 亿 ~55 亿元。① 股权众筹俨然是支撑国内众筹行业的核心力量。据此可以判断，满足投融资的需求，而非支持主题行业发展，构成了国内众筹融资的主要目的。

与国外相比，国内的众筹融资模式出现明显的变异，其逐渐从线上走到线下。与 P2P 网贷一样，这同样是由于征信体系的缺失，因此为保证项目的可行性，国内众筹融资平台不得不做更多的线下工作，不仅如此，为了吸引投资者，股权众筹往往还需要专业的投资者或机构来担任领投人。

事实上，同样是作为人们新的投资渠道，同样是面对风险较高、较为虚拟的互联网，股权形式相比于 P2P 网贷提供的固定回报率来说，进一步增添了收益的不确定性，加上在缺乏规则引导的背景下，国内的股权众筹容易触及制度“红线”，这使得众筹融资的影响力和交易规模还远不及 P2P 网贷。

国内股权众筹本土化的一个主要难题是至今尚未形成自己的独特经营风格与盈利模式。目前国内众筹网站的相似度极高，就算有些网站声

---

① 零壹研究院（2016）：《2015 中国互联网众筹年度报告：43 个千万级别项目是如何炼成的》，http：//www.01caijing.com/。

称专注于某一类创意的众筹，但是因为在这些子类下并没有形成独特的网站体验与产品特色，其核心事实上相差并不大。这背后的一个原因也在于平台经营者缺乏专业知识与管理经验。众筹平台创始人背景良莠不齐，有的是从业经验丰富的金融创业团队做平台的创始人，有的则是懂互联网技术的个人作为平台的创始人。很多众筹平台建设的动机只在于抓住时机，迅速实现融资，而忽视了长远发展。

在缺乏独特经营风格的情况下，股权众筹平台的投资模式各不相同，有的采取“领投 + 跟投”的模式，有的采取投资团队的模式。目前很多平台对投融资双方都是免费的，收入来源主要是服务费收入和平台的广告收入，还有众筹平台在项目后期为其提供的增值服务，但以上模式在国内奖励类众筹领域还未成规模。这种盈利模式上的困难也是众筹平台缺乏经营特色的一个必然结果。

第三节　我国互联网金融的监管

一、互联网金融的风险特性

互联网金融归根结底还是金融，互联网仅仅是实现金融服务的新手段和新平台。金融活动与风险相伴而生，任何金融活动都有风险。故而互联网金融也必然要面对各类金融风险，如流动性风险、信用风险、操作风险、法律风险、经营风险等。

相较于传统金融模式，互联网金融是新技术与金融业务相融合的创新模式，具有特殊的风险特征：

一是金融风险扩散速度较快。互联网金融主要依托于云计算、物联网等信息技术平台进行金融活动，高科技可能会加快金融风险的扩散速度，从而增大了金融风险的扩散范围和防范成本。

二是金融监管难度增加。互联网金融中的交易、支付与服务均在互联网的虚拟世界里完成，交易的虚拟化使金融活动的交易对象变得模糊，交易过程更加不透明，金融风险形式更加多样化。由于被监管者和监管者之间信息不对称，金融监管机构难以准确了解金融机构资产负债实际情况，难以针对可能的金融风险采取切实有效的金融监管手段。

三是金融风险交叉传染的可能性增加。随着我国金融机构的综合金融业务的开展，互联网金融业主与客户之间逐渐相互渗透，使得金融机构间、各金融业务种类间、国家间的风险相关性日益增强，互联网可能引发的金融危机的突发性概率也会相应增加。

由此可见，互联网金融蕴含的风险较传统金融更为复杂，对于监管提出了更高的要求。互联网金融监管涉及面广、监管主体多，包括人民银行、银监会、证监会、保监会、工业和信息化部、公安部等多部委。随着互联网金融的快速发展，国内也逐步出台、颁布了一些与互联网金融相关的监管规则。

二、各类互联网金融业态的监管

（一）金融互联网化

在网络银行方面，2005 年 11 月，在总结国内商业银行电子银行业务发展与监管历程、借鉴国际电子银行监管经验的基础上，银监会制定了《电子银行业务管理办法》，进一步明确电子银行业务的申请与变更、风险管理、数据交换与转移管理、业务外包管理、跨境业务活动管理、监督管理以及法律责任等细则。此外，为了推动电子银行系统的安全建设工作，银监会还发布了《电子银行安全评估指引》，从 2006 年 3 月 1 日起施行。2014 年 9 月 29 日，中国银监会下发通知同意在浙江省杭州市筹建浙江网商银行，阿里巴巴的蚂蚁小微金融服务集团有限公司作为占总股本 30% 股份的发起人。该银行的试点有可能真正依托互联网技术，突破原有银行账户设立、银行卡发行的基本原则，走向直销银行模式。

在网络保险方面，2011 年 4 月，保监会起草了《互联网保险业务监管规定（征求意见稿）》，针对互联网保险业务开展的资质条件、经营规则、监督管理、法律责任等方面做出了具体的规定。同年 9 月，保监会印发《保险代理、经纪公司互联网保险业务监管办法（试行）》，对互联网销售保险的准入门槛、经营规则以及信息披露做出了规定，并于 2012 年 1 月 1 日起施行。2014 年 4 月 15 日，保监会发布的《关于规范人身保险公司经营互联网保险有关问题的通知》显示，互联网保险的销售可以突破保险公司分支机构的区域限制。保监会还于 2015 年 7 月正式发布《互联网保险业务监管暂行办法》，对保险机构自营网络平台与第三方网络平台开展互联网保险业务的经营条件、经营区域、信息披露等内容进行了明确规定。

在证券发行方面，我国现行立法不允许网上证券直接发行。2012 年 5 月 18 日证监会审议通过的《关于修改〈证券发行与承销管理办法〉的决定》中规定，首次公开发行股票的发行人及其主承销商应当在网下配售和网上发行之间建立双向回拨机制，根据申购情况调整网下配售和网上发行的比例。在证券委托方面，2000 年 3 月，证监会制定了《网上证券委托暂行管理办法》，对证券网上委托的业务规范、技术规范、信息披露、资格申请等做出了具体的规定，为网上委托业务的开展提供了法律依据。同年 4 月，证监会依据此办法制定《证券公司网上委托业务核准程序》。

国内网上银行、网上证券和网上保险发展起步较早，配套监管政策较为完善，目前已初步构建起相关金融监管框架。但是，随着网上金融业务内涵的不断丰富、外延的不断拓展，相关监管制度有待于进一步更新、细化和完善。首先，在《中国人民银行法》、《商业银行法》、《证券法》和《保险法》等法律中鲜有涉及互联网金融相关内容，需要适时补充网络金融条款。其次，《电子银行业务管理办法》和《网上证券委托暂行管理办法》分别制定于 2005 年和 2000 年，由于近几年来互联网金融新模式、新载体的发展速度不断加快，现有管理办法需要做相应的修订或增补。

（二）第三方支付

我国网络支付尽管发展时间不长，但是监管体系的构建却非常迅速。自 2010 年开始，人民银行密集出台一系列管理办法，从第三方支付的准入门槛、监管范围与细则、反洗钱与反恐怖活动融资、预付卡管理、备付金存管、互联网支付管理等方面对网络支付进行全面的监管。进入 2014 年，根据网络支付市场快速发展的风险管理和业务规范需要，央行进一步推动相关规则的制定，先后发布了《支付机构网络支付业务管理办法》征求意见稿和《关于手机支付业务发展的指导意见》征求意见稿。

此外，2011 年 5 月，中国支付清算协会成立。作为行业自律组织，中国支付清算协会先后印发《网络支付行业自律公约》、《预付卡行业自律公约》、《移动支付行业自律公约》、《支付机构互联网支付业务风险防范指引》等一系列规范性文件，对支付清算服务行业进行自律管理，有效地维护了网络支付清算服务市场的竞争秩序，有力地防范了网络支付清算服务风险。

（三）P2P 网贷与众筹

我国的 P2P 网贷平台自成立以来，一直游走于法律的灰色地带与监管的空白地带，存在着准入门槛过低、借贷资金监控缺位、信贷审核与风险评价机制不健全、内控制度不完善、信息披露机制缺失等诸多问题。由于现行法律并没有明确网络借贷平台的性质和地位，也没有赋予金融监管部门监管的权限，因此政府各部门一般将其作为从事中介服务的企业法人进行管理，忽略其提供金融服务的本质，这导致了对投资者的合法利益疏于保护、信贷业的市场秩序遭到破坏、宏观调控政策的执行效果受到影响。

2014 年以来，根据国务院层面确定的监管分工原则，银监会开始加快推动 P2P 网络借贷平台的监管细则制定。据媒体报道，2015 年 10 月，该细则在征求了央行、证监会、保监会三部委意见并呈报国务院审批时，被要求扩大征求意见范围。目前，银监会已在积极协调更多部委加入征求意见范围，并向超过十个部委征求意见，但是由于 P2P 网贷行业尚属于新生事物，各部委对其了解度与接受度参差不齐，监管细则要将各方意见进行协调统一恐怕还要花费更多时间。设立行业准入门槛、确保 P2P 网贷平台信息中介的性质、细化 P2P 网贷平台资金银行存管要求、建立信息披露制度可望成为细则中的重要内容。①

长期以来，总体上监管当局对于众筹的发展持有默许的态度。虽然股权众筹存在着监管与法律上的不确定性，有相当多的众筹平台的业务

① 刘丽（2015）：《P2P 监管细则拟扩大征求意见范围，年底前难出台》，《经济参考报》，10 月 28 日。

活动处于灰色地带，但除了一些明显违规或涉嫌欺诈的案例之外，监管当局并未对众筹平台采取强硬的执法举动。2014 年下半年，监管部门已经把众筹监管规则作为工作重点之一。2014 年 11 月 19 日，国务院总理李克强主持召开国务院常务会议，决定进一步采取有力措施，缓解企业融资成本高问题。还要求建立资本市场小额再融资快速机制，并首次提出“开展股权众筹融资试点”。2014 年 11 月 28 日，证监会新闻发言人张晓军表示，股权众筹试点相关的规则正在制定，公开发行的方式正在研究之中。

（四）2015 年以来的监管政策新进展

进入 2015 年以来，互联网金融监管规则进一步趋于完备。2015 年 7 月，国务院发布的《关于积极推进“互联网 +”行动的指导意见》中把“互联网 +”普惠金融作为重点行动之一，并明确提出要改进和完善互联网金融监管，提高金融服务安全性，有效防范互联网金融风险及其外溢效应。

同样在 2015 年 7 月，十部委印发了《关于促进互联网金融健康发展的指导意见》（以下简称《指导意见》），互联网金融监管的许多空白地带得到有力填补，《指导意见》的出台成为中国互联网金融发展与监管的里程碑。《指导意见》提出，要遵循“依法监管、适度监管、分类监管、协同监管、创新监管”的原则，科学合理界定各业态的业务边界及准入条件，落实监管责任，明确风险底线，保护合法经营，坚决打击违法和违规行为。

在监管职责划分上，人民银行负责互联网支付业务的监督管理；银监会负责包括个体网络借贷和网络小额贷款在内的网络借贷以及互联网信托和互联网消费金融的监督管理；证监会负责股权众筹融资和互联网基金销售的监督管理；保监会负责互联网保险的监督管理。

此外，《指导意见》还规定了互联网支付、网络借贷、股权众筹融资、互联网基金销售和互联网信托、互联网消费金融应当遵守的基本业务规则。例如，个体网络借贷业务及相关从业机构应遵守《合同法》、《民法通则》等法律法规以及最高人民法院相关司法解释，相关从业机构应坚持平台功能，不得非法集资；网络小额贷款应遵守现有小额贷款公司监管规定；股权众筹融资应定位于服务小微企业和创新创业企业；互联网基金销售要规范宣传推介，充分披露风险；互联网保险应加强风险管理，完善内控系统，确保交易安全、信息安全和资金安全；信托公司、消费金融公司通过互联网开展业务的，要严格遵循监管规定，加强风险管理，确保交易合法合规，并保守客户信息；信托公司通过互联网进行产品销售及开展其他信托业务的，要遵循合格投资者监管规定，审慎甄别客户身份和评估客户风险承受能力，不能将产品销售给与风险承受能力不相配的客户。

随着《指导意见》的出台，监管框架已然成型，互联网金融将逐步告别行业无序发展，即将进入优胜劣汰的关键时点。相应地，互联网金融从业机构和从业人员将逐步摆脱非正规的标签，人才、资本和技术将进一步汇聚到互联网金融行业中来。

按照《指导意见》明确的“鼓励创新、防范风险、趋利避害、健康发展”的总体要求和“依法、适度、分类、协同、创新”的监管原则，2015 年 12 月 28 日，银监会会同工业和信息化部、公安部、国家互联网信息办公室等部门研究起草了《网络借贷信息中介机构业务活动管理暂行办法（征求意见稿）》（以下简称《办法》），并向社会公开征求意见。在《指导意见》中明确网贷包括个体网贷及网络小额贷款，而《办法》只对个体网贷进行规范。这主要是因为，《指导意见》中的网络小额贷款是指互联网企业通过其控制的小额贷款公司，利用互联网向客户提供的小额贷款。该类机构不同于 P2P 个体网贷，两者经营主体不同，网络小额贷款经营主体仍然是小额贷款公司，其利用自有资金而非出借人资金，通过互联网发放小额贷款，其资金需求方即借款者主要是互联网企业的电商等。因此，《办法》只对个体网贷即 P2P 网贷进行规范。银监会拟在下一步对网络小额贷款进行专门研究，其办法将另行规定。

根据《办法》的规定，网贷行业监管总体原则：一是以市场自律为主，行政监管为辅。网贷是市场经济的产物，要坚持以市场为导向、自律与他律相结合，发挥好网贷市场主体自治、行业自律、社会监督的作用，激发市场活力，促进网贷行业健康发展，引导其更好地满足小微企业、创新企业和百姓投融资需求。二是以行为监管为主，机构监管为辅。

网贷机构本质上是信息中介机构，不是信用中介机构，但其开展的网贷业务是金融信息中介业务，涉及资金融通及相关风险管理。对网贷业务的监管，重点在于业务基本规则的制定完善，而非机构和业务的准入审批，监管部门应着力加强事中事后监管，以保护相关当事人的合法权益。三是坚持底线思维，实行负面清单管理。通过负面清单界定网贷业务的边界，明确网贷机构不能从事的十二项禁止性行为，对符合法律法规的网贷业务和创新活动，给予支持和保护；对以网贷名义进行非法集资等非法金融活动，坚决予以打击和取缔；加强信息披露，完善风险监测，守住不发生区域性、系统性风险的底线。四是实行分工协作，协同监管。发挥网贷业务国家相关管理部门、地方人民政府、行业自律组织的作用，促进有关主体依法履职，加强沟通、协作，形成监管合力。

2016 年 3 月发布的《“十三五”规划纲要》明确提出，要“规范发展互联网金融”，并明确提出要“实施网络强国战略，加快建设数字中国，推动信息技术与经济社会发展深度融合”。这表明，中国政府仍将在努力把握好风险与效率的平衡基础上，不断推动互联网金融又好又快发展。

不过，由于我国互联网金融的立法滞后于现实情况的变化，且互联网金融涉及面广泛、业务多元化、创新层出不穷、风险难以防控，现有金融监管体系仍存在着一定的缺位。2016 年以来，“e 租宝”、大大集团、金鹿财行等风险事件频频爆发，校园网贷疯狂生长且乱象丛生，多部门联合出手整顿 P2P 网贷平台……上述纷乱现象表明，尽管互联网金融在降低金融交易成本、提高金融为实体经济服务效率等方面发挥了不容忽视的积极作用，但我国的互联网金融风险依然不可低估，互联网金融监管体制依然有待完善。未来，决策当局尚需在《指导意见》的总原则之下，进一步发展完善现有的互联网金融监管体系，使得我国的互联网金融发展逐渐步入健康轨道。

第三章　P2P 网贷发展的技术与制度原动力

第一节　P2P 网贷发展的技术原动力：国际视角

一、P2P 网贷及其风险管理

P2P 网贷是通过互联网在空间上的无远弗届以及时间上的快速便捷，为借贷双方提供贷款媒介搓合服务，本质上属于民间借贷。2008 年金融海啸过后，在各国信贷政策紧缩下，个人与中小企业融资的困难度相较以往更是提高，P2P 网贷正是在这样的背景下迅速发展起来的。

P2P 网贷是指借贷交易直接由借款者和投资者通过线上交易市场完成。交易双方通过“单位”（Unit）的形式匹配，投资者通常投资多单位个人、小微企业或已构建好的组合产品的贷款并承受潜在的相应违约风险。其中，P2P 网贷平台只是一个信息中介而非信用中介。这种“去中介化”借贷流程避免了贷款期限转换，资产证券化或贷款担保化之类的复杂资产工程化，同时由于 P2P 网贷平台不对违约贷款负责，从而也避免了资产负债表风险。其运作机制如下：第一步是贷款申请与信用评价。潜在的借款者通过网络渠道将个人及财务信息提交到 P2P 网贷平台来申请贷款。P2P 网贷平台通过打电话给借款者的雇主以核实信息等方式，进行事实核查来识别欺诈，筛除不合格的候选人。之后通过传统的信用得分和其他数据来评价合格借款者的信用水平，并重新被赋予信用得分。这些得分是平台独特的评级系统的一部分。在现在信用数据不足的情况下，大数据分析可能会派上用场。平台的评级系统通常有 5～6 个等级来反映不同的利率区间和相应风险水平。借款者的贷款利率包括平台认可的真实市场利率加上平台的服务费。如果借款者同意贷款合同条款，平台会上传借款者的包括信用得分、利率、借款者收入、贷款用途和其他非敏感信息在内的详细信息到线上交易市场，形成一个独立的信贷档案。第二步是投资者投资。借款者和贷款信息被全部上传，投资者会查看并投资相应贷款。投资者被鼓励仔细挑选借款者并分散投资。这样多个投资者可以投资于一笔贷款，同时风险也被降低了。像借款者一样，平台向投资者人提供的利率也是扣除了平台服务费的，服务费通常是以一次性支付和分别几笔管理费用的形式出现。第三步是贷款还款。平台收回还款并转账给投资者。平台向投资者收取低利率的还款服务费直到贷款到期或出现损失。①

表面上看，P2P 网贷创新的优势主要在于其轻资产、线上操作和创新信用评价技术等技术特征，特别是其灵活的运作模式节省了资金流动管理成本、客户服务成本和后台行政财务成本，同时由于受到较少的监管因而合规成本很低。然而作为一种金融创新，P2P 网贷模式有效性的核心一定是落在风险管理上，特别是其服务的对象中许多又不是传统意义上的合格借款者。

第一，从风险评估与定价来看，由于平台并不承担信贷风险，因此为保护投资者利益，平台通常实施严格的借款者审核标准并提供其他的服务来保护投资者。P2P 网贷平台通过扩展数据来源，利用大数据技术，从而增加审贷算法的精度，同时将其金融服务延伸到难以被传统金融机构覆盖的借款者。此外，通过尽可能地披露历史数据和预测违约率，来帮助借款者更好地识别信贷风险。

第二，从风险转移与再分配来看，P2P 网贷允许并鼓励投资者直接分散投资于多个借款者的贷款以分散风险。一些 P2P 网贷平台也会直接提供一些根据风险承受能力和其他标准挑选好的贷款组合产品。由于整体的风险水平会因平台和组合的不同而出现差异，使得投资者拥有很多选择。投资者的灵活性体现在其可基于自己的风险收益偏好做出充分信息

① Aveni, T. (2015), "New Insights Into An Evolving P2P Lending Industry: How Shifts in Roles and Risk are Shaping the Industry", http://www.planetfinancechina.org/.

下的决策，他们可以建立一个相对低风险的分散投资组合，也能选择高风险回报的投资组合。此外，许多平台还会建立二级市场，以增加 P2P 信贷资产的流动性。

第三，从事中事后的风险控制来看，平台通常会对债务回收进行干预。一些平台也会建立风险准备金，通常由向借款者收取的与其贷款风险级别匹配的费用聚集而成。一旦发生违约，平台会使用风险准备金偿付投资者，接着会由第三方去托收还款，一旦收回，将弥补风险准备金的损失。实际上，分期还款的方式本身也有利于降低投资者风险。

通常 P2P 网贷平台也会依靠一个强大的合作网络来协助其实现对风险的管理。例如，一些 P2P 网贷平台会选择和第三方的征信机构合作以丰富其数据来源；一些平台的投资者也可使用第三方机构研发的在线分析工具来追踪、分析和管理他们在 P2P 网贷平台上的投资；大多数的 P2P 网贷平台会选择和第三方的还款收集机构合作。现实中，围绕 P2P 网贷平台已逐步形成集资产端、资金端、运营端以及公共服务方在内的较为完整的生态圈。

二、P2P 网贷行业发展成因

本部分将通过对于目前 P2P 网贷行业发展的成因分析，先后从互联网出现促使贷款媒介交易成本降低、传统金融机构功能对于当代社会而言的不足、融资及投资市场日益兴起的需求等方面，对于目前 P2P 网贷行业蓬勃发展的成因进行分析。

（一）互联网的普及：降低交易成本

互联网金融在世界各国日趋重要，随着互联网近年来的蓬勃发展，有越来越多的非金融机构涉足传统银行的业务范围，甚至是传统金融机构所未触及的市场。2014 年国际货币基金更是在其年度报告[①]指出非银行业参与金融业的重要性。近年来 P2P 网贷作为非金融机构，分别在美国、欧洲、中国及日本等地提供给过往因为信用及抵押物不足而无法顺利获

① International Monetary Fund（2014），“Shadow Banking Around the Globe：How Large，and How Risky”，https：//www. imf. org/external/pubs/ft/gfsr/2014/02/pdf/c2. pdf. （最后点阅时间：2016 年 2 月 22 日）

得所需款项的中小企业或个人一个新兴替代性融资渠道。

上述互联网金融机构，主要以快速成长的互联网使用人口作为基础（见表 3－1），开展相关业务。虽然目前我国互联网人口比例相较于其他国家比例较低，但是互联网人口总数量的优势（见图 3－1）仍提供了非金融行业业务发展的空间。

表 3－1　美国、英国、中国及日本互联网人口比例

	美国	英国	中国	日本
互联网人口比例（%）	87.4	91.6	49.3	90.6

资料来源：Internet users (per 100 people), The World Bank, http://data.worldbank.org/indicator/IT.NET.USER.P2/countries? display = default.（最后点阅时间：2016 年 2 月 22 日）

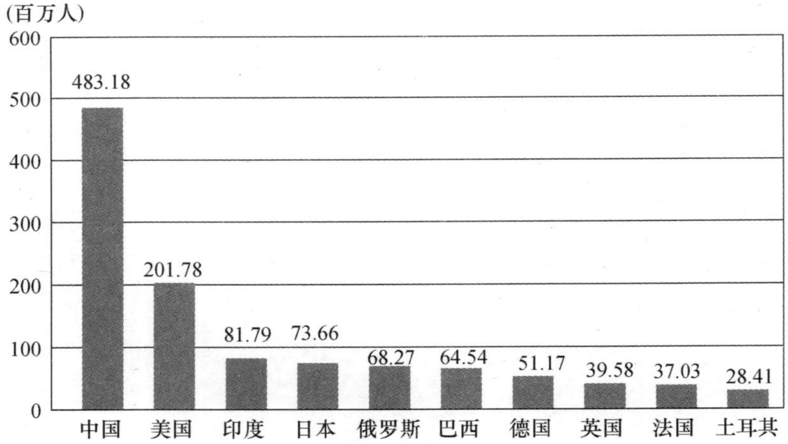

图 3－1　各国 2015 年互联网使用人口数量

资料来源：Number of internet users in selected countries as of May 2015 (in millions), http://www.statista.com/statistics/271411/number－of－internet－users－in－selected－countries/.（最后点阅时间：2016 年 2 月 22 日）

（二）新兴替代性金融渠道：补充传统金融机构功能

根据美国联邦储备银行的报告，美国小企业平均需花费 26 个小时取得相关信用报告①，可见目前的借贷市场仍有改善以及进步的空间。相较于传统借贷服务，网络借贷的优势在于降低搜寻成本（Searching Costs）。换言之，以往传统金融机构基于交易成本考量，小额或短期贷款往往没有获得重视。② P2P 网贷正是借由科技创新，进而降低相关成本，补充目前借贷市场服务的不足。另外，美国小型企业管理局在 2015 年底的报告③指出 P2P 网贷可谓是一把“双刃剑”，一方面其确实提供了传统金融机构所未及的借贷市场，另一方面网络借贷多为无担保的债权，投资者权益恐无从获得良好的保障。综上所述，虽然 P2P 网贷行业有一定风险存在，但以往不被银行业重视的中小企业及新创事业，通过新兴 P2P 网贷平台取得所需资金，却是不争的事实，此举将可为缺乏借贷信用的新创期及成长中的公司提供信贷支持，克服经营上的困难（见表 3－2）。这意味着网络金融正逐步与银行等传统金融机构的既有业务范围相互重叠，同时也相互补充。据此，互联网金融制度规范的建立可谓是我国鼓励中小企业及新创事业的重要配套法律政策，这不仅提供便利快捷的融资渠道，同时也通过明确的法律规范保障投资大众的权益。

表 3－2 公司各阶段面临的困难

阶段	新创期	成长期	成熟期
定义	<5 年	持续有利润	>5 年，>10 名员工
困难点	1. 缺乏借贷信用 2. 无法吸引顾客 3. 现金流不稳定	1. 现金流不稳定 2. 缺乏借贷信用 3. 招聘及挽留员工困难	1. 现金流不稳定 2. 营运成本升高 3. 缺乏借贷信用

资料来源：New York Fed, and Philadelphia Fed. Joint Small Business Credit Survey Report, 2014. https://www.newyorkfed.org/medialibrary/media/smallbusiness/SBCS－2014－Report.pdf.（最后点阅时间：2016 年 2 月 22 日）

① Federal Reserve Bank of New York (2013), “Key Findings: Small Business Credit Survey, Q4 2013”, https://www.newyorkfed.org/medialibrary/interactives/fall2013/fall2013/files/full－report.pdf.（最后点阅时间：2016 年 2 月 10 日）

② PricewaterhouseCoopers (2015), “Peer pressure: How Peer－to－Peer Lending Platforms are Transforming the Consumer Lending Industry”, http://www.pwc.com/us/en/consumer－finance/publications/assets/peer－to－peer－lending.pdf.（最后点阅时间：2016 年 2 月 10 日）

③ Miriam Sega (2015), “Peer－to－Peer Lending: A Financing Alternative for Small Businesses”, https://www.sba.gov/sites/default/files/advocacy/Issue－Brief－10－P2P－Lending_0.pdf.（最后点阅时间：2016 年 2 月 10 日）

（三）融资市场需求：P2P 网贷提供借贷新渠道

2008 年全球金融海啸过后，由于传统金融产业受到严重冲击，许多金融机构因此而倒闭，仅存的金融机构也只能惨淡经营。以往个人及中小企业相较于资产雄厚的企业，融资能力不可比拟，金融风暴以后，传统金融机构放款业务相较以往更是紧缩，因此也造成小额及短期融资的困难性。加上传统银行贷款手续烦琐，无法符合中小企业现金快速挹注的需求。P2P 网贷借助互联网平台无远弗届、便捷等特性提供线上融资撮合服务，使得原本素昧平生的陌生人，可以通过互联网平台实现借贷的目的，甚至通过平台可以进行多方联合贷款，提供中小企业低成本、高效率的全新融资渠道，近年来在美国也获得青年创业者的青睐（见图 3－2）。中小企业一直以来是国家经济发展的基石，如何提供中小企业便捷的融资渠道，促进市场资金的活络是不容忽视的重要问题。是以 P2P 网贷的引进，确有其存在的必要性及急迫性。虽然目前我国政策的态度相当积极，但仍然因当前 P2P 网贷所衍生的诸多问题有所疑虑，因此相关法案仍然尚未正式出台。然而传统银行的业务范畴可能已经不能满足市场的需求，市场上更需要非金融机构，借助现代互联网科技，来提供低成本及高效率的融资业务。

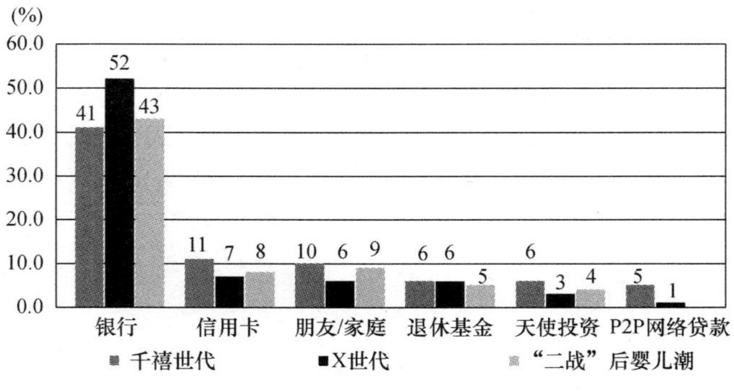

图 3－2　美国 2014 年中小企业贷款来源与经营者年龄关联

注：千禧世代（Millennials）指 21 世纪初出生者；X 世代（X－Generation）指 20 世纪 70 年代出生者。“二战”后婴儿潮（Boomers）指第二次世界大战后期间出生者。

资料来源：Goldman Sachs，Source of small and medium business loans in the United States in 2014，by generation，http：//www. statista. com/statistics/468535/preference－for－source－of －smb－loans－in－the－usa－by－generation/.（最后点阅时间：2016 年 2 月 10 日）

（四）投资市场需求：P2P 提供投资新渠道

亚洲国家相较于欧美各国而言，其家庭财产结构主要是以存款为主，而相关的投资为辅，如股票及债券、投资信托及保险等（见图 3－3）。值得注意的是，我国的存款比例高达七成，这意味着大部分的资金在整个资本市场当中，并没有获得良好的运用。P2P 网贷，可谓是适时地提供给我国市场投资大众除了证券市场及相关金融产品外的新兴投资渠道。

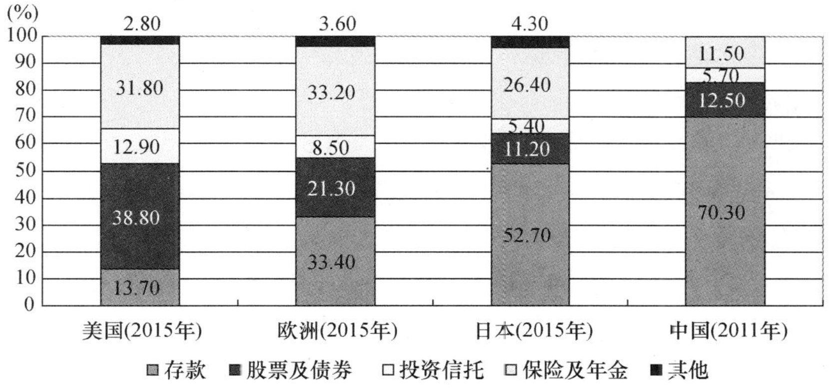

图 3－3　美国、欧洲、日本及中国家庭财产结构

资料来源：The comparative study of funds flow among Japan，the United States，and European countries（资金循环の日米欧比较），Bank of Japan，https：//www. boj. or. jp/statistics/sj/sjhiq. pdf（最后点阅时间：2016 年 2 月 10 日）；中国の家計金融資産、日本の 5 割と 5%，大和総研，http：//www. dir. co. jp/research/report/overseas/china/20130301_ 006885. pdf（最后点阅时间：2016 年 2 月 22 日）；由于我国 2015 年相关资料暂无法取得，因此以 2011 年数据制成此图。

再从目前我国存款利率及通货膨胀率的关系对照（见图 3－4）来看，可以发现虽然平均存款年利率在 3% 上下，但是在通货膨胀率的影响下，往往实质存款年利率低于 1%，甚至在 2011 年出现负的实质存款年利率。换言之，以往我国储蓄理财的观念，可能随着近年来通货膨胀情况的加剧而有所改变。投资大众将会更有诱因将以往闲置的存款作为相关投资之用。此时，P2P 网贷便捷的投资方式将可以解决一部分的投资需求。

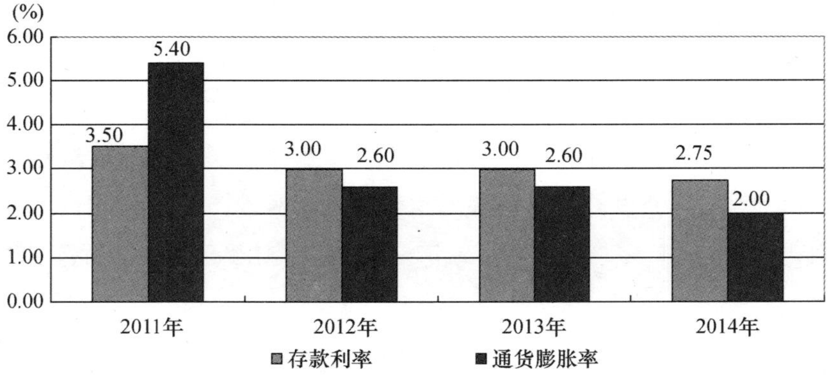

图 3－4　中国 2011～2014 年存款利率及通货膨胀率对照

资料来源：Deposit interest rate, The World Bank, http://data.worldbank.org/indicator/FR.INR.DPST（最后点阅时间：2016 年 2 月 22 日）；Inflation, consumer prices, The World Bank, http://data.worldbank.org/indicator/FP.CPI.TOTL.ZG.（最后点阅时间：2016 年 2 月 10 日）

三、国外 P2P 网贷发展之异同

本部分我们将以上文分析的 P2P 网贷行业发展成因为基础，进一步探讨各国 P2P 网贷发展成因的不同，如美国 P2P 网贷主要用于消费借贷债务重整、英国 P2P 网贷以中小企业借贷方为主等，发现 P2P 网贷行业于各国的金融服务定位不尽相同，借此对于目前 P2P 网贷行业过热的情况进行省思。

P2P 网贷提供了人们传统金融渠道以外的新兴融资方式，或可称作替代性金融机制（Alternative Finance），以往因为自身信用不足或是没有充足的抵押物而无法通过传统金融机构取得贷款者，将可能通过网络借贷平台进而取得所需资金。值得注意的是，在各国的实务发展上，根据各国融资市场的情况不同，特别是由于融资市场结构的不同，P2P 网贷平台在各个国家所扮演的角色也有所差异，其所涵盖的范围也有所不同。以图 3－5 及图 3－6 为例，互联网金融于各国的商业融资及个人融资规模不尽然相同。换言之，由于每个国家的融资市场（例如企业直接融资与间接融资的比例）及相关法律政策（例如振兴中小企业的补助政策）等有所不同，融资有困难的群体也不尽相同，据此，网络借贷平台制度的引入，在各国将会有其发展上的特色。

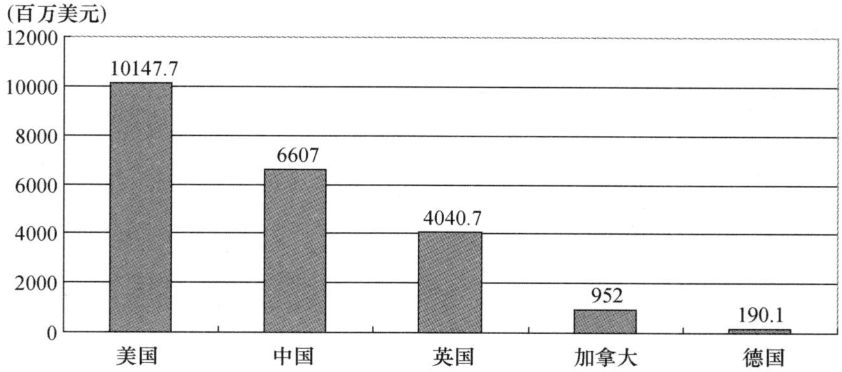

图 3－5 各国互联网金融 2015 年商业融资金额规模

资料来源：Statista（Digital Market Outlook），Countries with the highest FinTech business finance transactional value worldwide in 2015（in million U. S. dollars），http：//www. statista. com/statistics/497508/digital－market－outlook－global－comparison－business－finance－transaction－value/. （最后点阅时间：2016 年 2 月 10 日）

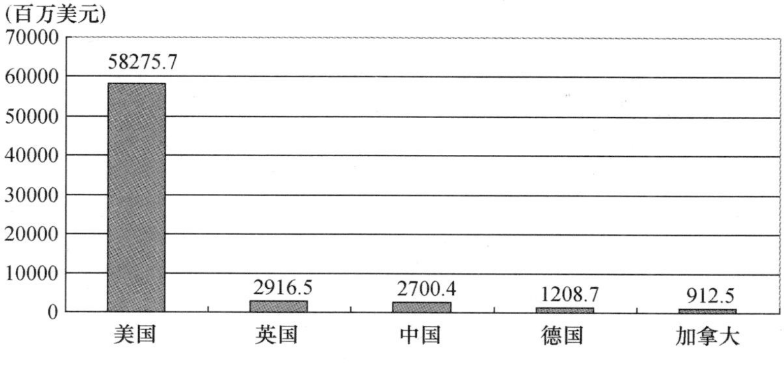

图 3－6 各国互联网金融 2015 年个人融资金额规模

资料来源：Statista（Digital Market Outlook），Countries with the highest FinTech consumer finance transactional value worldwide in 2015（in million U. S. dollars），http：//www. statista. com. ssuproxy. mnpals. net/statistics/497632/digital－market－outlook－global－comparison－consumer－finance －transaction－value/. （最后点阅时间：2016 年 2 月 10 日）

也由于市场定位的不同，将会间接影响到相关法律政策制定上的考量，因此有必要针对各国网络借贷的缘起及供需市场状况进行了解，俾使政策的制定不是一味地效法外国立法例，而是对于当前的市场状况及潜在问题进行考量，并提出相对应的解决对策。以下我们分别针对英国、美国、日本等，就其发展背景上的特色进行介绍。虽然目前有其他的国家也引入网络借贷平台制度，但英国、美国有其一定网络借贷发展历史；日本除了地缘关系外，作为亚洲的重点金融市场，其发展现况将有一定的参考价值。

（一）美国

目前美国市场占有率最高的 P2P 网贷平台 Lending Club，在 2007 年正式开展其业务。美国受 2008 年全球金融海啸的影响，对于放款业务采取紧缩的态度，许多信用不够良好的贷款人也因此无法顺利取得所需资金，或者需要寻求较高的利率才能获得贷款；对于投资大众而言，银行的存款利率也不足以吸引他们继续把金钱存放于银行之中。

在这样的情况下，P2P 网贷平台一方面提供给借款者更为低廉的借款利率，另一方面提供给投资大众更为优惠的投资利率。因此，P2P 网贷平台的业务并非是在取代传统金融银行或机构的角色，而是在补充多元化的金融市场。美国联邦储备委员会 2014 年 9 月的报告中指出，消费者信用贷款余额达 3.3 兆美元，显示了美国消费者贷款偿还的庞大市场。

根据 P2P 网贷平台 Lending Club 的数据显示（见图 3 - 7），有 19.11% 的借款者是用于偿还信用卡债务，另外有高达 49.39% 的借款者则是借由在网络借贷平台所取得的资金，偿还旧债务的再融资（Refinancing）。信用卡的逾期债务循环利息，如果无法及时偿还，往往对于借款者而言是一个相当沉重的负担，通过网络借贷的形式，消费信用贷款的人可以以较低的网络借款利率偿还较高的信用卡循环利息。从上述美国网络借贷的情形可以看出，主要的借款目的是用于偿还个人消费信用贷款债务，至于涉及商业贷款者仅占所有的借贷规模的 1.23%。

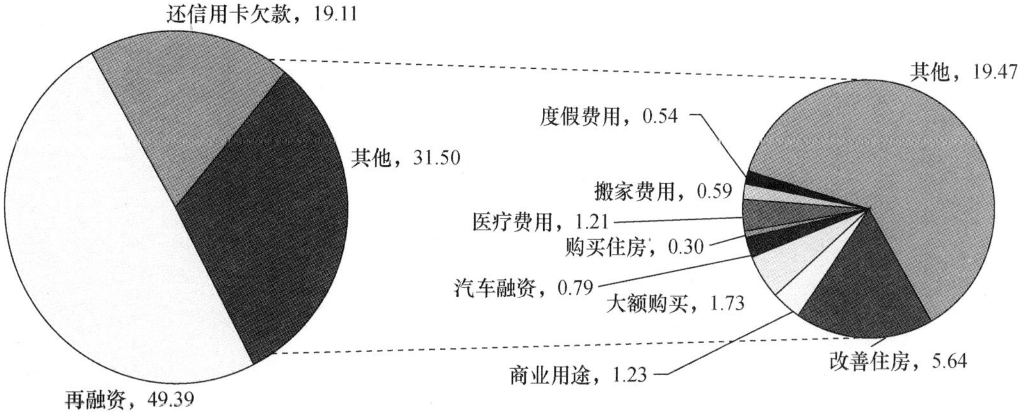

图 3 -7　美国 Lending Club 借款用途比例（%）

资料来源：Reportde Loan Purpose，Lending Club，https：//www. lendingclub. com/info/statistics. action.（最后点时间：2016 年 2 月 22 日）。本图为参照正文数据后的自制图。

为了进一步探讨 P2P 网贷在资本市场所发挥的作用，我们整理2007 ~ 2015 年美国 Lending Club 依照美国证券交易委员会及证券交易法的规定所提交的披露信息，针对历年的不同借款金额比例进行整理如图3 –8所示，其中按金额大小大致上可以分为小于 5000 美元、5000 ~ 10000 美元、1 万 ~ 1.5 万美元、1.5 万 ~2 万美元、2 万 ~3 万美元及 3 万美元以上六大区块。通过以下分析，将有助于了解目前 P2P 网贷的目标群体及与银行间的互补关系。

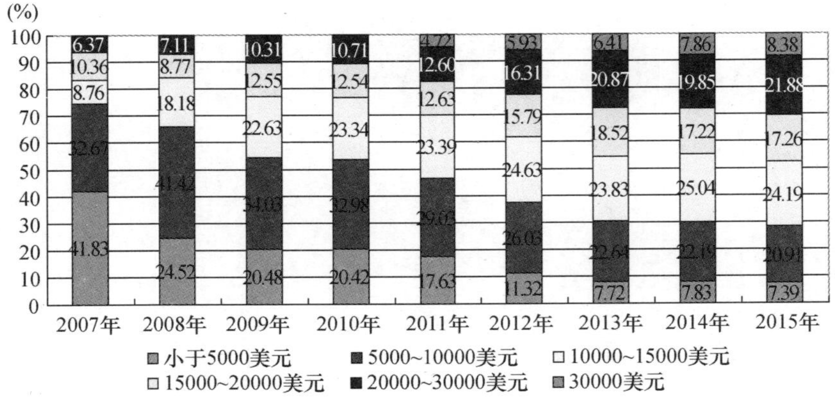

图 3 –8　美国 Lending Club 不同借款金额比例

资料来源：Lending Club Statistics，Lending Club，https：//www. lendingclub. com/info/download –_data. action（最后点阅时间：2016 年 2 月 22 日）。本图为按照 Lending Club 提交给美国 SEC 的披露资料中数据进行整理后的自制图。

首先，从 2007 ~2010 年，借款金额不超过 3 万美元，并且在此期间，借款金额以小于 1 万美元为主，该部分占了总体借款项目的五成以上。然而从 2011 年开始，小于 1 万美元的借款比例已经低于五成，并且开始出现 3 万美元以上的借款。到了 2015 年，高于 1 万美元以上的借款项目已高达七成以上。可见，目前美国 P2P 网贷提供的借款金额逐渐提高，将可以涵盖到更多以往不被银行重视的借款群体。

关于不同借款利率比例的历年变化如图 3 –9 所示。在美国 Lending Club 发展初期，主要是以年利率 13% 以下的借款为主。随着行业的快速发展，在 2013 年，年利率在 13% 以上的借款已经高达六成以上。然而在 2013 年到达高峰之后，各借款利率比例朝向均衡化方向发展。

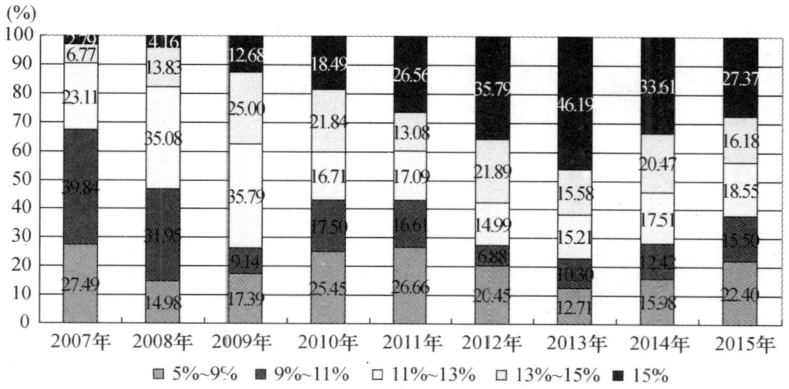

图 3 -9　美国 Lending Club 不同借款利率比例

资料来源：Lending Club Statistics，Lending Club，https：//www. lendingclub. com/info/download - data. action（最后点阅时间：2016 年 2 月 22 日）。本图为按照 Lending Club 提交给美国 SEC 的披露资料中数据进行整理后的自制图。

其次，从年度贷款项目数量的发展观察（见图 3 -10），可以看出美国 Lending Club 从 2007 年开展其 P2P 网贷业务后也是在多年的努力下，才于 2012 ~2014 年在贷款项目数量上有显著性的快速增长。由此可见，P2P 网贷作为新兴金融产品，也是需要经过一段时间的推广，方能为市场上的借贷人及投资者所接受。

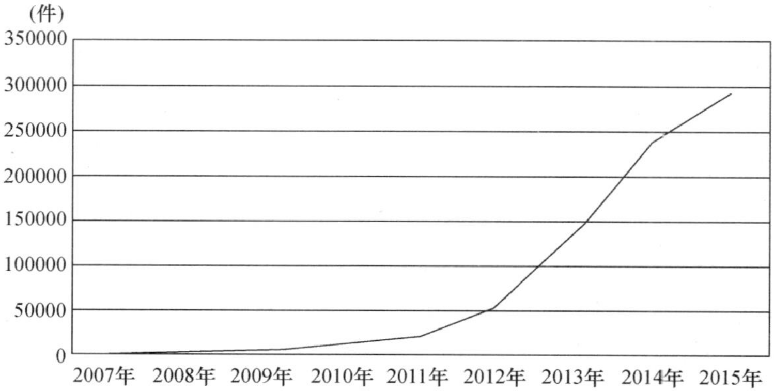

图 3 -10　美国 Lending Club 年度贷款项目数量

资料来源：Lending Club Statistics，Lending Club，https：//www. lendingclub. com/info/download - data. action（最后点阅时间：2016 年 2 月 22 日）。本图为按照 Lending Club 提交给美国 SEC 的披露资料中数据进行整理后的自制图。

再次，从各年度贷款总额角度观察（见图 3－11），虽然截至 2015 年，美国 Lending Club 平台的贷款总额仍然不超过 45 亿美元，然而从其快速的增长状态可以了解目前美国资本市场对于 P2P 网贷机制的群体及需求的增加。

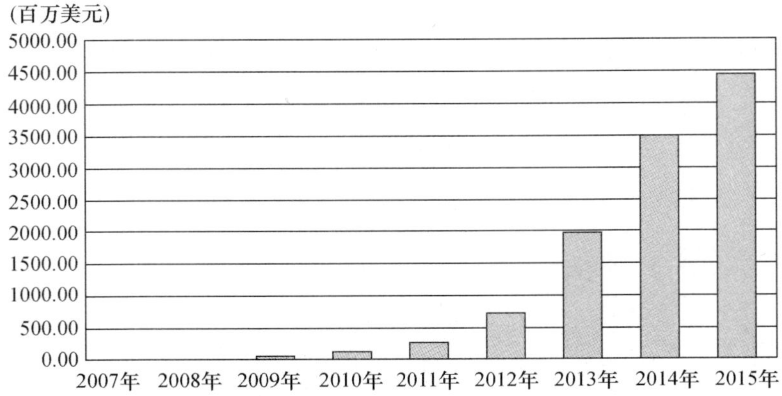

图 3－11 美国 Lending Club 年度贷款总额

资料来源：Lending Club Statistics，Lending Club，https：//www. lendingclub. com/info/download－data. action（最后点阅时间：2016 年 2 月 22 日）。本图为按照 Lending Club 提交给美国 SEC 的披露资料中数据进行整理后的自制图。

P2P 网贷作为一种替代性金融（Alternative Finance），旨在提供新兴的融资渠道，俾使以往无法为传统金融机构所涵盖的群体，得以获得所需的融资。我们借由美国 Lending Club 平均利率、信用卡平均利率及个人借款平均利率的对照分析（见图 3－12），发现 Lending Club 的平均利率于发展初期虽然短暂低于信用卡平均利率及个人借款平均利率，然而在 2012 年之后，其成为三者之中最高的利率。对照美国 Lending Club 借款用途比例（见图 3－7），主要借款大宗为再融资及还信用卡欠款，似乎有所矛盾，然而如果对比信用卡因为无法如期还款所导致的 20% 以上循环利息，P2P 网贷的年利率仍然较为优惠，可适时对于信用卡债务人纾困。

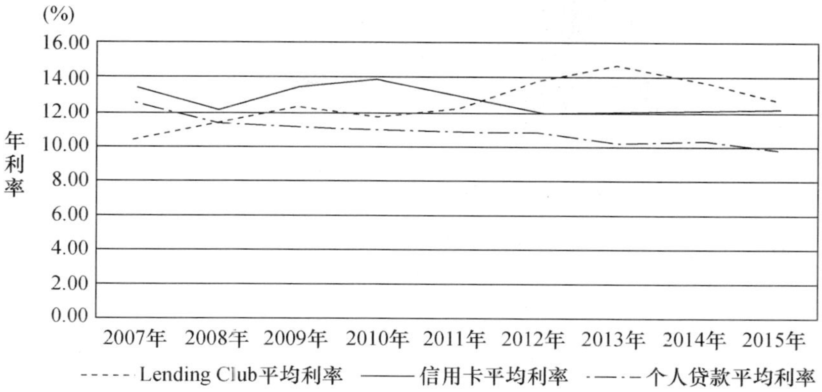

图 3－12　美国 Lending Club 平均利率与信用卡及个人贷款平均利率对照

资料来源：Lending Club Statistics，Lending Club，https：//www. lendingclub. com/info/download－data. action（最后点阅时间：2016 年 2 月 22 日）。本图为按照 Lending Club 提交给美国 SEC 的披露资料中数据进行整理后的自制图。

最后，从借款金额及平均利率的历年发展可以看出，平均利率在 2013 年以前逐年增加，然而到了 2013 年以后，却出现下降的趋势（见图 3－13）。我们从 2013 年及 2014 年的借款比率发现，对比 2014 年年利率 15%以上仅占 33%，主要是由于 2013 年年利率 15%以上的借款项目占了 46%的比例所造成。此外我们进一步对 2013 年及 2014 年 15%以上主要借款原因进行分析（见表 3－3），发现还信用卡及再融资两者从2013～2014 年的年利率有大幅的下降。然而仔细就其中的借款群体信用进行分析，却无法得到合理的解释。也就是说，2013 年的借款群体信用较 2014 年的群体为佳，但是 2013 年年利率却高于 2014 年。有研究①推测很可能是美国 Lending Club 借由公司政策改变，即利率下降，进而吸引借款者进行融资，如果上面推测属实，P2P 网贷平台的利率衡量标准是否科学客观有待进一步考证。

① Interest Rates（and Returns）at Lending Club Keep Dropping，LendingMemo，http：//www. lendingmemo. com/average－investor－return－lending－club－dropping/.（最后点阅时间：2016 年 2 月 22 日）

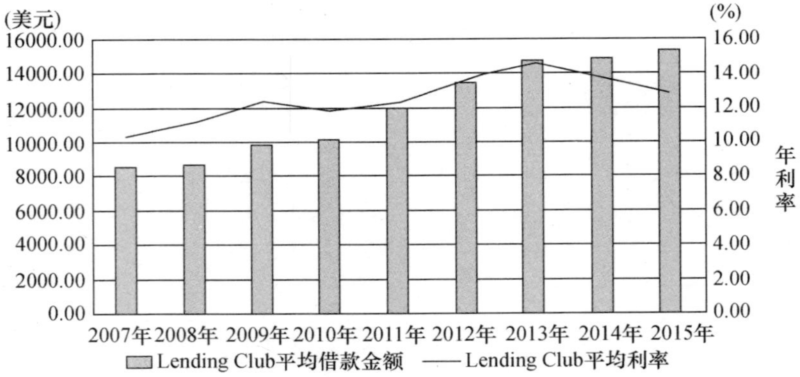

图 3－13　美国 Lending Club 年度平均借款金额及平均利率关系

表 3－3　美国 Lending Club 年利率 15%以上借款主要原因及其相关指数

	2013 年		2014 年	
	还信用卡	再融资	还信用卡	再融资
比例（%）	18.40	60.27	13.18	65.22
利率（%）	17.78	18.32	12.02	14.07
借款金额（美元）	16053	16858	17971	17164
A	0	—	0	—
B	0	—	0	—
C	6280	—	1562	—
D	3397	—	6365	—
E	1208	—	2069	—
F	492	—	360	—
G	74	—	82	—

注：A～G 为美国 Lending Club 网贷平台对于贷款方的信用评价，从优到劣依次为 A，B，C，D，E，F，G。

（二）英国

1. 概览

根据 2016 年英国剑桥大学商学院互联网金融研究中心报告[①]，互联

① University of Cambridge Judge Business School（2016），"The 2015 UK Alternative Finance Industry Report"，https：//www.jbs.cam.ac.uk/fileadmin/user_ upload/research/centres/alternative－finance/downloads/2015－uk－alternative－finance－industry－report.pdf.（最后点阅时间：2016 年 2 月 29 日）

网金融 2015 年于英国的总交易规模达到 3.2 亿英镑（约 29 亿元人民币），截至目前总共约有 109 万人次的投资者，以及 254721 人次的募资者，通过互联网金融完成交易。其中，2014 年 P2P 商业贷款更是占了英国整体对于小企业新兴贷款的 12%（2012 年及 2013 年分别是 1% 及 3%）。另外再从英国互联网金融融资取得方式比例（见图 3－14）观察，同属作为商业用途的 P2P 商业贷款、票据贴现及股权众筹，占了整体互联网金融融资市场的 58.72%。而欧洲地区商业融资（见图 3－15）仅占 16.61%（P2P 商业贷款及票据贴现），可见目前英国的 P2P 网贷商业融资占了很大的比例，并且也确实逐渐补充了既有金融机构的功能。

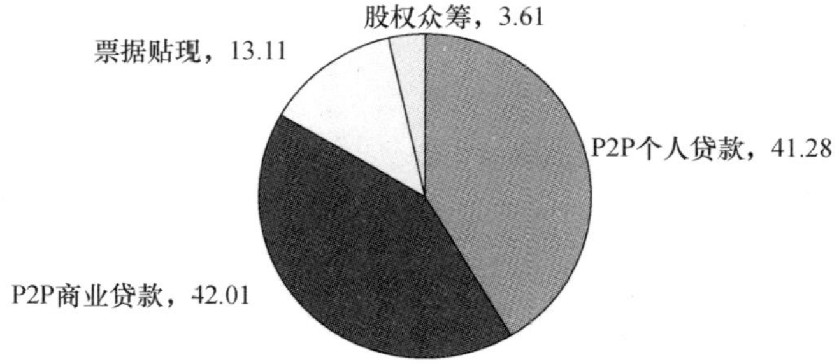

图 3－14 英国互联网金融融资取得方式比例（%）

资料来源：Altfi，Liberum AltFi Volume Index UK，http：//www.altfi.com/data/indices/UKvolume（最后点阅时间：2016 年 2 月 29 日）。本图由笔者整理数据后自制。

英国互联网金融市场的迅速发展，除了行业发展成熟以外，更是得力于英国政府的政策支持。其中主要是通过两大方面推动 P2P 网贷产业：①英国商业银行通过 P2P 网贷平台挹注中小企业所需的借款资金；②英国金融行为监管局在 2015 年底拟议建立创新金融个人储蓄账户机制（Innovative Finance ISA，IFISA），拟将 P2P 网贷的投资纳入免税范围①，此举将有助于吸引更多市场潜在投资者参与 P2P 网贷，活络过往资本市场的闲置资金。

① Financial Conduct Authority（2016），"The FCA asks for views on changes it plans to make to its rules and guidance as a result of the introduction of the Innovative Finance ISA and the regulated activity of advising on peer－to－peer agreements"，https：//www.fca.org.uk/news/innovative－finance－and－peer－to－peer－discussion－paper.（最后点阅时间：2016 年 2 月 22 日）

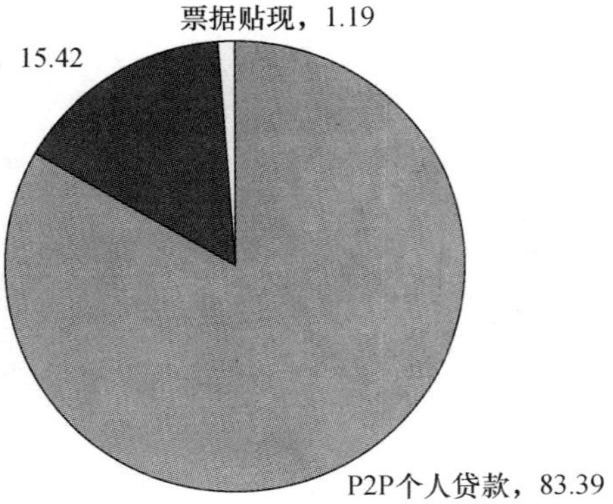

图 3－15　欧洲互联网金融融资取得方式比例（%）

资料来源：Altfi，Liberum AltFi Volume Index Continental Europe，http：//www. altfi. com/data/indices/EURvolume（最后点阅时间：2016 年 2 月 22 日）。本图由笔者整理数据后自制。另由于资料有限并没有将股权众筹纳入。

2. 英国 Zopa 平台

虽然目前英国 P2P 网贷市场以商业贷款为主，然而并没有如同美国法中的强制披露要求，因此相关数据无法直接获得，我们以下拟针对目前英国 Zopa 公司自行披露 194278 笔 P2P 网贷信息作为分析主体，希望能够了解目前英国 P2P 网贷平台相关特性，以作为我国未来发展过程中的重要参考。

就各年度不同借款金额比例进行比较（见图 3－16），可以发现 2005～2013 年，主要是以 7000 英镑（约 1 万美元）以下的借款为主，其中比例平均占总体借款八成左右。然而从 2014 年开始，7000 英镑的借款大幅度地快速成长，3500 英镑以下的借款始终保持在三成左右。可见目前英国 P2P 网贷市场的借款金额上限虽然有逐渐提高的趋势，但是小额贷款仍然是 P2P 网贷行业的重要核心业务内容。

英国 P2P 网贷在不同借款利率上的比例（见图 3－17），各年度之间存在较大的悬殊，然而值得注意的是，对比美国的发展情形（见图 3－9），英国的借款年利率有在 5% 以下的项目，然而美国 Lending Club 最低在 5% 左右。另外借款利率超过 14% 以上者，在美国占了一定的比例，然

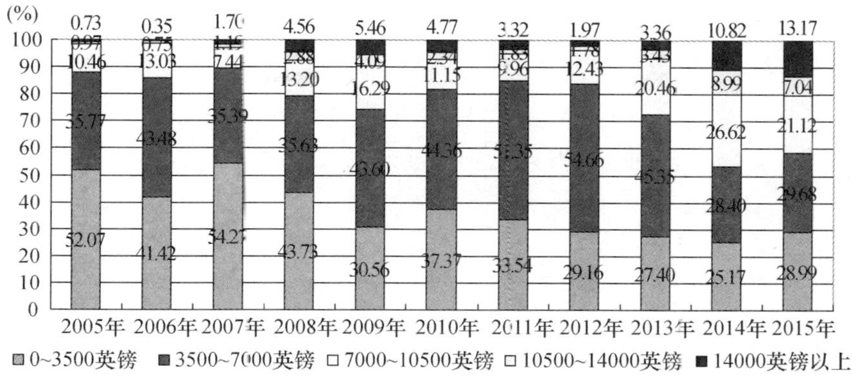

图 3－16　英国 Zopa 不同借款金额比例

资料来源：Zopa’ s public loan book，Zopa，https：//www. zopa. com/public－loan－book（最后点阅时间：2016 年 2 月 29 日）。本图为按照英国 Zopa 公司自主披露资料中数据进行整理后的自制图。

而在英国 Zopa 的披露信息上并不多见，甚至到了 2015 年才有明显的份额。其中在 2013 年以后，0～5% 的借款利率比例升高，其原因可能是 2013 年 5 月 Zopa 提供最低 4. 9% 的优惠利率予其 P2P 网贷平台的借款者①。

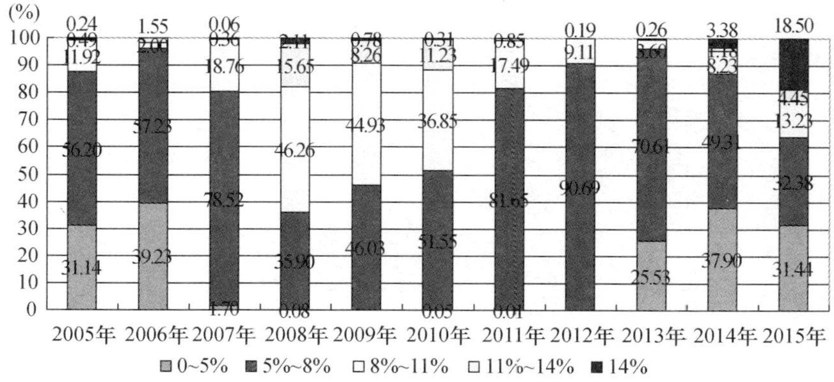

图 3－17　英国 Zopa 不同借款利率比例

资料来源：Zopa（2013），“Zopa Launches Loans Under 5% Rep. APR”，http：//cdn. zopa. com/pressrelease/2013/4pt9percent－loan－release. pdf.（最后点阅时间：2016 年 2 月 29 日）

① Zopa（2013），“Zopa Launches Loans Under 5% Rep. APR”，http：//cdn. zopa. com/pressrelease/2013/4pt9percent－loan－release. pdf.（最后点阅时间：2016 年 2 月 29 日）

另外，再就英国 Zopa 年度贷款项目数量及贷款总额分析（见图3－18），可以看出分别于2013年及2015年借款总额有相当于2倍的高度增长。我们认为，第一次在2013年的迅速发展与美国有相似之处，可能是归因于互联网金融开始受到关注及重视所致。而第二次于2015年再一次快速增长，可能得力于金融监管部门对于行业明确的规范，即2014年4月由英国金融行为监管局所颁布的对互联网众筹和基于其他方式发行非随时可变现证券的监管规则正式施行。[①] 通过明确P2P网络借贷产业的定位，以及网贷平台所需依循的规范，一方面强化既有投资者的信心，另一方面也吸引过去抱持观望态度的潜在投资者。

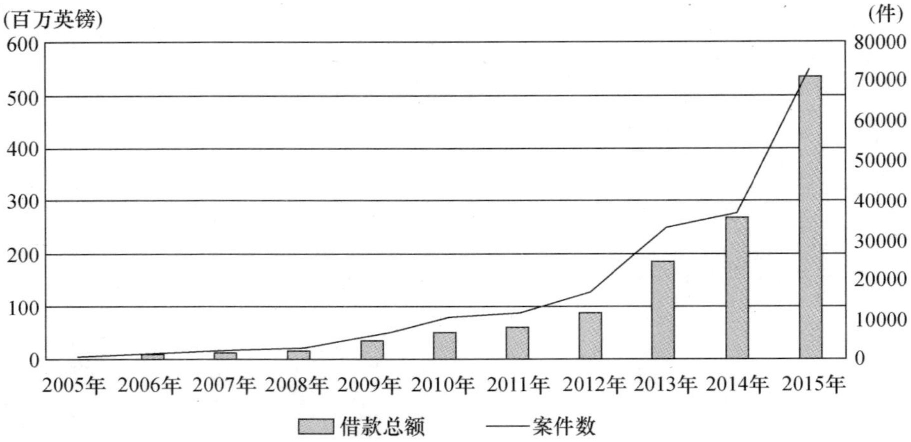

图3－18　英国 Zopa 年度贷款项目数量及贷款总额

资料来源：Financial Conduct Authority（2014），“PS14/4：The FCA's Regulatory Approach to Crowdfunding Over the Internet，and the Promotion of Non－readily Realisable Securities by other Media”，https：//www. fca. org. uk/news/ps14－04－crowdfunding.（最后点阅时间：2016年2月29日）

观察英国 Zopa 平均利率年度发展，可以发现平均利率主要在6%～9%。至于平均借款金额，虽然在部分年度有几次下滑，然而从2005年约3500英镑（约5000美元）到2015年约7000英镑（约1万美元），从总体角度而言是增长的（见图3－19）。

---

① Financial Conduct Authority（2014），“PS14/4：The FCA's Regulatory Approach to Crowdfunding Over the Internet，and the Promotion of Non－readily Realisable Securities by other Media”，https：//www. fca. org. uk/news/ps14－04－crowdfunding.（最后点阅时间：2016年2月29日）

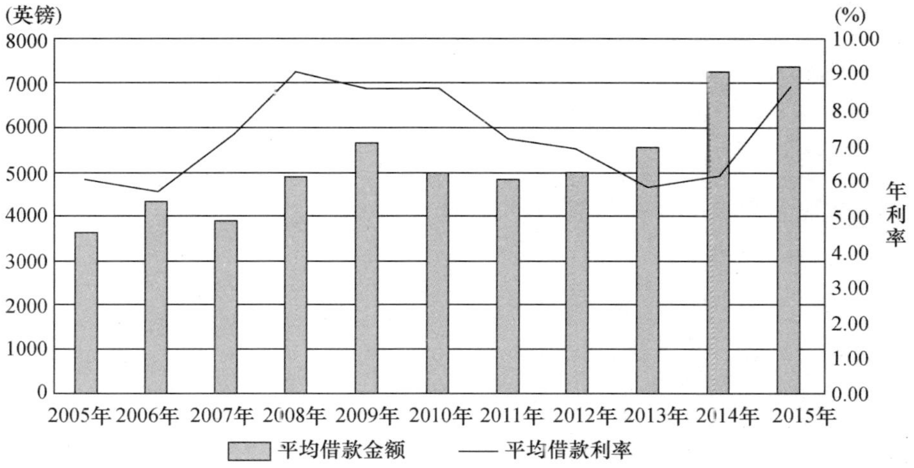

图 3－19 英国 Zopa 年度平均借款金额及平均利率关系

资料来源：Financial Conduct Authority（2014），"PS14/4：The FCA's Regulatory Approach to Crowdfunding Over the Internet，and the Promotion of Non－readily Realisable Securities by other Media"，https：//www.fca.org.uk/news/ps14－04－crowdfunding.（最后点阅时间：2016 年 2 月 29 日）

（三）日本

1. 概览

根据日本矢野经济研究所于 2015 年 8 月出版的报告①，2014 年日本互联网金融市场规模达到 1971200 万日元（约 11.8 亿元人民币），虽然与其他国家比较其规模并不大，但与日本 2012 年的总成交量相比，却是增长了 3 倍之多，其中 P2P 网贷更是占了总体互联网市场（含捐赠型、回馈型、借贷型及投资型）的 79.2%。日本互联网金融主要是在 2011 年日本东北地区大地震后，因为募资的便捷性，开始逐渐获得市场上的重视。而最早的 P2P 网贷则可以追溯至 2007 年 4 月成立的 Maneo 网贷公司。②

P2P 网贷在日本也被称为社会贷款（Social Lending），除了最早成立

① 矢野经济研究所（2016）：《国内クラウドファンディング市場に関する調査結果 2015》，https：//www.yano.co.jp/press/press.php/001429（最后点阅时间：2016 年 2 月 11 日）。

② 坂下晃（2014）：《ソーシャルレンディングによる金融仲介の事例研究》，《証研レポート》，1683 號。

的 Maneo 之外，于 2008 年相继有 AQUSH 和 SBI Social Lending。自 2013 年以来更有如雨后春笋一般地陆续成立，包括：Crowdcredit、Crowd Bank、LuckyBank、LCLENDING、OwnersBook、TrustLending、GAIA LENDING 等。目前日本网络借贷市场虽然相较于我国而言，不论是市场规模或是竞争情况，都仍在起步阶段，但是因其近两年来行业的快速发展，值得就相关特色进行讨论。

关于日本 P2P 网贷快速发展的因素，主要可以分成以下几个方面进行讨论。首先，从借款者的角度出发：日本传统银行业，对于创立未满三年的企业的小额短期贷款或无不动产担保的贷款等业务非常消极，使得中小企业向银行融资具有一定的困难度①，有学者进一步指出日本普遍对于金融所带来的风险过度回避，对于间接金融过于依赖。② 此外在不动产开发项目上，通常融资者即使就该笔不动产向银行进行抵押，可能还是无法获得所需资金。此际，资本市场就出现了空隙需要填补。其次，从投资者的角度出发：日本的存款率低（年利率约 0.025% ~0.3%），在近年来消费物价指数的快速攀升下，实质存款率呈现负的状态，因此新兴的理财渠道的提供有其必要性。最后，日本中央银行的报告③指出，日本家庭财产有高达 51.7% 存放于银行，相较于美国的 16.6% 和欧洲的 29.8%，日本仍然有相当一大部分的闲置资金尚未活用于资本市场。P2P 网贷制度的建立将有助于引入民间资本，可作为解决中小企业借款难题的提案。

2. 运营模式及平台整理表

根据日本《贷金业法》规定，经常性的出借资金是需要注册立案的，否则将会违反《贷金业法》第三条的规定。因此日本 P2P 网贷的借款者及出借人并非是典型的金钱消费借贷契约，而是由网贷平台注册立案成为贷金业，出借人则是借由隐名合伙契约的方式进行出资借款，进而网

①② 坂下晃（2014）：《ソーシャルレンディングによる金融仲介の事例研究》，《証研レポート》，1683 號。

③ Bank Of Japan（2016）：《資金循環の日米欧比較》，https：//www.boj.or.jp/statistics/sj/sjhiq.pdf（最后点阅时间：2016 年 2 月 11 日）。

贷平台将所获得的借款资金全数交给借款者。① 而 Crowdcredit 由于是将日本国内的资金贷予国外的网络借贷平台，因此并不需要注册成为贷金业（见表 3－4）。各出资会员对于隐名合伙契约的持分，尚须遵循日本《金融商品取引法》第二条第二项第五款中关于有价证券的规定，因此网贷平台也必须注册成为《日本金融商品取引法》第二十八条第二项及第二十九条中所称的第二种金融商品取引业者或是第一种金融商品取引业者。因此真正的金钱消费借贷契约存在于网贷平台及借款者之间。

表 3－4　日本 P2P 网贷平台整理表

	交易规模（万日元）	成立时间	贷金业	第一种金融商品取引业	第二种金融商品取引业
Maneo	4175854	2007 年	V		V
LC LENDING	289005	2014 年	V		V
GAIA LENDING	59441	2015 年	V		V
AQUSH	17752	2008 年	V		V
SBI Social Lending	966775	2008 年	V		V
Crowd Bank	568239	2013 年	V	V	V
Crowdcredit	36330	2013 年			V
Lucky Bank	369519	2014 年	V		V
OwnersBook	—	2014 年	V		V
TrustLending	3600	2005 年②	V		V

3. 主要平台介绍

（1）Maneo

Maneo 由 Maneo、Maneo Market 及 Maneo Escrow 三家公司构成。其中 Maneo 公司注册立案成为贷金业者；Maneo Market 注册成为第二种金融商品取引业者（交易商）；Maneo Escrow 则负责客户资金充值业务。其所披

① 坂下晃（2014）：《ソーシャルレンディングによる金融仲介の事例研究》，《証研レポート》，1683 號。

② 关于网络借贷业务开展始于 2015 年 11 月。

露的个案信息包括：募资金额、用途、利率、借款期间等。[①] 其中出借人包含自然人及法人；借款期间从最短 2 个月到 36 个月不等；最低投资金额为 1 万日元。另外如果 Maneo 公司也有参与融资项目，契约及交易手续费则不另外收取。Maneo 通过互联网行销及电子契约大幅降低所需成本，全公司的员工仅为 7 人。

（2）SBI Social Lending

SBI Social Lending 公司是在 2007 年由 SBI Holding 公司及美国网贷平台 Prosper 合作成立的网贷公司。如前所述，美国的网贷商业模式，与日本法制有所冲突，因此于 2008 年后两者不再继续合作。[②]

（3）AQUSH

AQUSH 的模式仿照美国 Lending Club 的商业模式进行运营[③]，并且借由 CIC、日本信用情报机构的信用资料库加上美国 FICO 信用评级机制的引入，对于借款者群体大致上分为 AA、A、B、C、D 五个群体，称为 AQUSH 组合（AQUSHグレード）。AQUSH 网贷平台与上述两个平台虽然都是运用隐名合伙契约实现网络借贷在日本落实的可能，但是 AQUSH 的隐名合伙契约并不是存在于个案之中，而是针对不同信用的借款者群体所设置的。消费者可以自由选定不同的投资组合进行风险分散。

4. 相关监管案例

目前日本的 P2P 网贷主要是受到既有《贷金业法》、《金融商品取引法》以及《商法》第五百三十五条至第五百四十二条关于匿名组合契约的规范，因此在 P2P 网贷的行业发展上有明确的方向。同时在金融监管部门的引导之下，促进产业对于金融的深入认识及建立严谨的态度。以下兹以日本关东财务局在 2015 年 7 月 3 日对于 Crowd Bank 网络借贷平台公司所下的行政处分为例[④]进行说明。

Crowd Bank 是一家于 2013 年成立的网络借贷平台公司，截至目前成功撮合 568239 万日元的借款总额（约 3.2 亿元人民币），其主要借款项

---

①②③ 参见 Maneo 官网。

④ 关东财务局（2015）：《日本クラウド証券株式会社に対する行政処分について》，http：//kantou. mof. go. jp/rizai/pagekthp032102500. html（最后点阅时间：2016 年 2 月 10 日）。

目包含中小企业融资、不动产开发及再生能源等。与同业相比，其总成交量仅次于历史悠久的 Maneo 以及 SBI 证券集团旗下的 SBI Social Lending。值得注意的是，一般日本 P2P 网贷行业仅须取得第二种金融商品取引业及贷金业执照即可。Crowd Bank 则是进一步取得门槛较高的第一种金融商品取引业执照，通过取得该执照，该平台的客户可以预存一定金额的款项于 Crowd Bank，以作为投资之用，同时平台也可以直接将投资者的获利集中于其线上虚拟账户。然而客户的资金不能任意挪为他用。

本次日本关东财务局所下的行政处分，主要是认为 Crowd Bank 网贷平台于客户充值金额之际，虽然有在网页系统上更新客户所充值的总额，然而并没有实时地反映到后台管理系统中，亦即两套系统中间存在一定的时间差。因而认定 Crowd Bank 违反日本《金融商品取引法》第四十三条之二第二项规定，分别下达业务停止命令及业务改善命令的行政处分。因此，Crowd Bank 网贷平台最终自 2015 年 7 月初开始停业就违反事项进行改善，并于 2015 年 11 月底再度上线开展业务。①

（四）小结

综上所述，P2P 网贷在各国的发展成因及目的并不相同，以美国 Lending Club 为例，有近 50% 的借款者是借由 P2P 网贷机制，改善沉重的借款利率的情况。英国的 P2P 网贷市场，在商业的用途上占整体规模的 58.72%，可见 P2P 网贷提供了中小企业新兴的融资渠道。另外，日本的网贷平台主要借款项目多涉及不动产开发项目，借由设定第二顺位抵押权，提供给以往无法通过抵押物从银行获得充足资金的建筑公司一个替代性融资渠道。

美国、英国及日本，其 P2P 网贷行业大概始于 2008 年以前，然而在发展初期并没有获得投资及借款方的高度重视。从其行业发展规模观之，大概都是在 2012 年以后开始有爆发性的增长。我们认为一方面主要是因为在行业几年的推广下，使得大众对于 P2P 网贷有所认识；另一方面则是监管层面也开始对于行业有所了解，相关行业规范逐渐成熟，使得 P2P

---

① Crowd Bank（2015）：《業務再開のお知らせ》，https://crowdbank.jp/news/20151127_001.html（最后点阅时间：2016 年 2 月 27 日）。

网贷平台在发展道路上有所依循，同时也增强投资者的信心。

尽管目前 P2P 网贷行业在各国的发展上有其不同之处，然而借由 P2P 网贷补充及改善既有金融机构不足之处是共通的特点。目前我国对于互联网金融正大力推动，P2P 网贷正面临着良好的发展机遇。为了促进行业的发展，首先应该要了解目前 P2P 网贷在市场上所扮演的角色及发挥的功能，进而能够完善法律制度，对于强化 P2P 网贷市场的健康发展具有非常重要的意义。

四、P2P 网贷与民间借贷之异同

在 P2P 网贷行业出现以前，民间借贷已经行之有年，即使在近代银行制度出现后，民间借贷仍然对于缺乏抵押品或一定信用的借贷人提供了替代性融资渠道，同时也提供资金短期快速周转流通的可能。

民间借贷的特性，有研究[①]认为大致上可以分为六个方面进行讨论：①通常是基于社交关系的参与主体，由于民间借贷多集中于熟人朋友圈，所以所涉及的资金信用链不会过于复杂。有文献[②]指出民间借贷部分问题的产生，可能是因资金信用链及参与人数过度扩张所导致的。②地域及参与主体的限制。③借贷活动的分散及隐蔽性，以及由此导致的民间借贷监管的困难性。[③] ④利率差距幅度较大。⑤借贷形式差异性较大。⑥风险扩散性弱。

此外，有学者进一步指出，民间借贷的活跃程度与各该地区的金融服务发展程度具有相互关联性。[④] 换言之，民间借贷补充了既有金融机构业务范围所无法涵盖的范围。另外，再从民间借贷所涉及的项目讨论，大部分民间借贷涉及的是个人及中小企业，其中不乏因银行认定借款者不具备足够的抵押物，同时对于借贷人信用状况也不甚了解，因此不愿意贷予款项。此际，民间借贷通过熟人间的信任关系，或者再加上抵押物，即有可能提供借贷人除了既有金融机构以外的替代性渠道。

P2P 网贷同样提供新型融资渠道，与民间借贷的补充既有金融机构的

---

① 吕晖蓉（2009）：《民间借贷功能及运行机制的再认识》，《西南金融》，第 7 期。

②③④ 鞠春彦（2006）：《民间借贷的社会功能及其发展研究》，《理论探讨》，第 2 期。

服务功能有相同之处。近年来我国 P2P 网贷规模爆发性增长，可以看出市场对其有高度的需求。笔者认为 P2P 网贷与既有民间借贷的差异主要体现在以下几个方面：①从依赖熟人信用关系所生的借贷走向陌生人之间的借贷；②地域性的扩张；③借贷活动受到记录。以下分别就上述所涉三个方面分别进行讨论。

第一，传统上民间借贷的风险控制机制，主要依赖参与主体之间的社交网络所建立起的信用关系。[①] 换言之，以往民间借贷多依赖人与人之间的信任以及相互间的深度了解。然而 P2P 网贷中借贷人与出借人彼此之间往往互不相识，交易的成立与否，并不绝对取决于社交关系，而是得以通过网贷交易平台的客观信息披露进行判断。

第二，关于地域性的讨论，有文献[②]指出，考虑到收集信息及监督运作等因素，通常早期创业公司的投资者，与该公司具有一定的地缘关系。然而作者以 Sellaband 众筹平台为案例研究，发现音乐众筹的投资者与创作人间的平均距离约为 3000 英里。有研究[③]更进一步在该文献的基础上指出，虽然具有地缘关系的投资者，其平均投资金额相较于远距离的投资者为大，但由于远距离的投资者数量众多，最终远距离的投资总额却是大于地缘关系的投资总额。虽然我们所讨论者为 P2P 网贷，但与众筹借由互联网平台为媒介的特性是相同的，因此在这个方面应该也具有相同的功能。

第三，民间借贷由于其多数仅存在于特定群体之间，因此在成本的考量之下，很难有效地进行监控及对于现况数据进行分析。然而 P2P 网贷平台所有的数据都得以通过计算机进行保存，相关的借贷活动是受到记录保存的。但目前并没有相关的法律部门与平台负有一定的保存义务或提交数据义务，因此在契约自治的原则下，如果平台没有涉及刑事案件搜查事由，也很难针对其具有的数据进行运用。

---

① 鞠春彦（2006）：《民间借贷的社会功能及其发展研究》，《理论探讨》，第 2 期。

② Agrawal, A. K., C. Catalini and A. Goldfarb (2011), "The geography of crowdfunding", *National bureau of economic research*, 2011.

③ 松尾順介：《クラウドファンディングの投資家と地理的分散》，《証研レポート》，1685 號。

第二节　P2P 网贷发展的制度原动力：国内视角

一、中国 P2P 网贷发展概况

从世界范围来看，中国的金融业发展水平并不算高，国民的金融启蒙水平也低于世界平均水平。在标准普尔发布的一份有关全球金融启蒙的报告中指出，中国大陆地区具备金融知识的人口占比仅为25%，低于全球33%的平均水平，而发达国家的平均比例则为55%。[①] 然而中国的P2P 网贷市场在全球却是发展最快的，目前其市场规模也是最大的，大约是美国 P2P 网贷市场规模的 7 倍。[②] 实际上，目前在中国尚没有针对 P2P 网贷平台的官方统计，几家较为权威的第三方数据监测机构的统计数字之间略有出入，但相差不大，例如关于 2015 年 12 月累计平台数量的数字，网贷之家网站显示为 3858 家，零壹财经网站显示为 3717 家，网贷天眼网站显示为 3844 家。从分地区 P2P 网贷平台数量来看，排在前十位的是重庆、郑州、深圳、上海、北京、武汉、昆明、成都、苏州、贵阳。

从 2007 年人人贷将 P2P 网贷制度引入我国之后，随着几年的发展及推广，P2P 网贷无论是行业交易规模、从业平台数、投资及借贷人数等，都已经屡创历史新高。而近期，无论是平均借款金额、借款期限、借款利率，都有逐渐走向平稳的趋势。[③] 另外，P2P 网络借贷平台、投资者及借贷人也由野蛮草根向理性专业迈进。以借款利率为例，在 2011 年平均利率曾经达到 20.79% 的高峰，随着近几年来平台大规模倒闭，唤醒投资者的风险意识，在 2015 年平均借款利率已经下滑至 10.83%。高投资回

---

① Klapper, L., A. Lusardi and P. Van Oudheusden (2015), "Financial Literacy Around the World: Insights from the Standard & Poor's Ratings Services Global Financial Literacy Survey", http://www.mhfi.com/.

② Aveni, T. (2015), "New Insights Into An Evolving P2P Lending Industry: How Shifts in Roles and Risk are Shaping the Industry", http://www.planetfinancechina.org/.

③ 具体的对于一些指标的分析将在第六章详加探讨。

报率已经不是市场投资者首要关切的重点，能够确保风险为可控，进而提供合理的借款利率，才能够获得市场青睐。

截至 2015 年 12 月底，全国范围内活跃的 P2P 网贷平台达 1942 家，贷款余额达到 4394.61 亿元，2015 年全年的累计成交量达到 9823.04 亿元，历史累计成交量达到了 13652.21 亿元。[①] 从 P2P 网贷平台服务区域来看，排在前十位的是深圳、上海、重庆、北京、苏州、郑州、成都、佛山、东莞、西安。

二、野蛮生长的制度背景

（一）中国民间借贷的起源

传统上，我国除了银行融资以外，民间资本流动方式在我国民间实行多年，并有其存在之必要性。民间借贷概念，随着温州、鄂尔多斯等地大规模的借贷危机出现以后，受到了社会各界及监管层的高度重视，并且分别在中央及地方层级陆续出台相关解决对策。本书所聚焦的 P2P 网贷议题，本质上亦为民间借贷的一种形式。

民间借贷自古有之，并非是现代的产物。例如，《史记》卷七十五《孟尝君列传》记载："其食客三千人，邑入不足以奉客，使人出钱于薛。"可见战国时代孟尝君由于食客众多，通过放贷于薛地之方式收取利息，支付所需开销。另外《史记》卷六十九《苏秦列传》："苏秦之燕，贷人百钱为资，乃得富贵，以百金偿之。"可见同样是战国时期的苏秦也有放贷收取利息的行为。以上历史事例说明了民间借贷在我国发展之久远，以下我们进一步探讨民间借贷的起源。

借贷是起源于人类原始互助，随着人类群体从原始共有制度逐步走向私有财产的过程中所产生的现象。[②] 刚开始这一类的原始互助，既没有利息而且也不用偿还。[③] 然而随着私有财产观念的加深，虽然依旧是无利息的借贷，即使可以不用足额全还，但偿还已经演变为必然，最后进一

① 数据来源于网贷之家。

②③ 刘秋根（1992）：《试论中国古代高利贷的起源和发展》，《河北学刊》，第 2 期。

步发展成为民间借贷之本金及利息模式。[①] 由此可见，民间借贷本质上具有原始互助公益色彩，对于社会发展具有积极正面的意义。

然而随着民间借贷中私有财产观念逐渐加深，也开始出现为人诟病的高利贷现象。其成因[②]包括："（一）饥荒或青黄不接的谷物借贷、（二）平时急切乏用时的钱币借贷，及（三）因统治者赋敛无度或战争所引起的货币或实物借贷。"虽然高利贷提供上述情况之借贷人短暂获得资金的机会，然而很可能因产出的谷物或产品利润不足以偿还借款，进而导致恶性循环，最终造成贫困情况加剧。

综上所述，民间借贷从历史发展的脉络观察，如同"双刃剑"一般，有着其公益互助的积极光明面，同时也隐含着强取豪夺的消极黑暗面。虽然本节之重点 P2P 网贷与传统民间借贷有其关联性，但借由互联网的便捷性及近年来互联网用户大幅增加，已经将传统民间借贷通过熟人关系或省县市地缘关系等的连接，进一步发展成为陌生人间及跨区域的借贷。换言之，P2P 网贷除了具有民间借贷的特点以外，由于互联网的跨地域性及便捷性等因素，将会发展出具有新特色的民间借贷，所涉及的风险也将有所不同。以下我们将对民间借贷之特点与 P2P 网贷之间的异同进行介绍。

（二）民间借贷之中的非正规金融

在中国传统文化中，稳定一直是被格外强调的，《论语》中便有"不患贫而患不安"的说法。因为金融系统在市场经济中处于核心的位置，因此对于稳定的强调使得政府对于金融的管制相比其他行业而言要强得多，监管部门无论是对金融机构的准入还是其经营活动的限制[③]都比较多。从动态的角度来看，经济的高速发展以及由此带来的经济环境的快速变化，使得实体经济对于金融服务的需求也在发生变化，而这种不断转变的需求则需要通过金融创新来满足。这种思想在研究金融创新的文

---

①② 刘秋根（1992）：《试论中国古代高利贷的起源和发展》，《河北学刊》，第 2 期。

③ 严格的分业经营同样也是对经营活动的限制之一。在中国的金融体制中，分业经营是最为重要的一种限制，不过本节研究的重点不在于此。

献中屡见不鲜，不过直到近来才开始被一些学者模型化[①]。由于正规的持有金融许可证的金融机构的创新基本上是在监管部门的控制下有序渐进地推进的，这虽然可以有效地控制创新带来的风险、维持金融系统的稳定运行，但也使得创新的步伐相对于实体经济的需要来说总是显得落后一步。当然总的来讲通过不断的深化改革，正规金融系统基本上能够保证实体经济的大部分投融资需求得到满足，然而其提供的金融服务供给与需求之间的一个小差距便足以为民间借贷市场以及非正规金融的发展留有很大空间。

在现时中国存在着广泛的民间借贷市场，其虽然不受金融监管部门的监管，但《刑法》对于在此过程中可能出现的非法吸收公众存款、集资诈骗、非法经营等非法集资行为均有规定。仅从法律条文来看，绝大部分没有获得许可证的非正规金融一旦涉嫌非法集资，是被严格禁止的，但是在执行过程中，事实上存在较大的弹性。第一，对于支持实体经济的非法集资行为，如果其不出现问题，在执法过程中有时会采取默许的态度；第二，随着经济社会的发展，对于民间借贷和非法集资的司法解释都在逐步地调整；第三，通过出台一系列级别较低的规章将一些小微金融机构或"类金融企业"逐步纳入到监管体系之中。[②] 这种弹性给予了包括 P2P 网贷在内的非正规金融得以发展的"灰色"地带。Allen 等曾通过调查发现，对于成长阶段的中国私营企业来说，私人信贷机构（Private Credit Agencies）是其最重要的融资渠道。[③]

由于处在监管视线之外，这些非正规金融会给民间借贷市场带来很大的风险隐患，不过通常有三股力量会对其野蛮发展形成制衡。第一，虽然这些非正规金融有时会被政府默许，然而刑法利剑却始终悬于其头上，一旦经营出现问题，则必然受到法律惩处；此外，如果政府认为某

---

① Laeven，L.，R. Levine and S. Michalopoulos（2015），"Financial Innovation and Endogenous Growth"，*Journal of Financial Intermediation*，24（1）.

② 小微金融机构或"类金融企业"是指未被授予金融许可证，但被允许从事特定金融业务的企业，包括融资担保公司、融资租赁公司、典当行、小贷公司、投资咨询公司、农村资金互助合作社等，对其监管的职责并非集中在"一行三会"。

③ Allen，F.，J. Qian and M. Qian（2005），"Law，Finance，and Economic Growth in China"，*Journal of Financial Economics*，77.

类非正规金融总体风险急剧累加，也会开展一轮针对非法集资的集中打击和清理。第二，上述的这种法律约束会促使具有良好动机的经营者加强自我约束，从而一定程度上降低其可能带来的负外部性。第三，在明确的规章出台以前，不确定性往往使得各种要素不会大量涌入某种非正规金融领域，从而使单个机构通常很难形成较大的规模、带来较大的影响。

（三）P2P 网贷带来的冲击

虽然通常有三股力量会对非正规金融的野蛮发展形成制衡，然而互联网金融的浪潮使得这些约束对于某些领域失去了原有的效力，这其中便包括 P2P 网贷行业。虽然 P2P 网贷平台没有获得金融许可证，绝大部分平台甚至没有获得某种“类金融企业”的许可，然而由于其头顶“互联网金融”的光环，执法者对其的容忍度要远高于对其他民间借贷市场中的非正规金融，由此带来的两个影响促使中国 P2P 网贷行业迅猛发展。

第一，监管套利机会不仅使得民间借贷市场中存在的各种非正规金融纷纷改头换面建立 P2P 网贷平台，并且许多小微金融机构甚至正规金融机构的资产也被重新包装为 P2P 网络借贷平台上的借款标的。这使得中国的 P2P 网贷行业呈现出明显与国外不同的一些特点：①P2P 网贷平台数量众多，地域分布广泛；②P2P 网贷市场的交易规模巨大，远超其他国家更为成熟的 P2P 网贷市场；③P2P 网贷平台的创始人大多在经营平台以前从事两类工作，一是开展各种非正规金融业务，二是经营实体企业，相反，来自于正规金融机构以及 IT 领域的创业者比例相对较小；④大量平台成为模仿银行业务的信用中介或存在自融现象，这实际上是创业者延续了以前的业务模式或为其自身产业进行融资；⑤互联网或金融科技对于大多数平台来说只是为其解决资金来源提供帮助，而平台的业务更多依靠传统非正规金融的线下模式，并且由于客户质量的低下以及征信信息的缺乏，中国的 P2P 网贷成为了典型的劳动密集型产业。

第二，舆论对于“互联网金融”的大肆渲染，增强了人们对 P2P 网贷平台未来能够获得合法身份的预期，也使人们对 P2P 网贷未来可能重塑金融行业格局抱有幻想①，P2P 网贷被很多人认为是一片“蓝海”。② 这使得大量的人才、资本涌入到一个尚不具备合法性的非正规金融领域。在中国的 P2P 网贷平台中，从高管团队直到风控团队、信贷员团队，都会存在大量的前银行职员，这在其他类型的非正规金融甚至具备合法身份的小微金融机构中都是十分罕见的。资本的涌入则使得真正的金融科技创新和商业模式创新的速度显著加快，同时围绕 P2P 网贷平台为核心的涵盖资产端（资产提供者、征信机构、增信服务方等）、资金端（机构投资者、流量推广平台等）、运营端（第三方支付机构、IT 技术服务商等）以及公共服务方（律师事务所、投资者论坛、第三方研究及数据监测机构等）在内的完整生态圈逐渐形成。在人才、资本的助推下，不仅 P2P 网贷的行业规模增长迅猛，并且单个 P2P 网贷平台的规模可以做得非常大，例如，据零壹财经旗下的爱有财网站数据显示，截至 2015 年底，陆金所的累计交易金额已达 2200 亿元人民币。同时单笔借款的金额也可以非常大，例如，红岭创投网站发布的公告显示其中包括诸多上千万元人民币的大单，并且 2014 年 8 月 28 日的一则公告更是爆出一笔高达 1 亿元人民币的借款逾期。由于监管细则尚未正式落地，机构投资者对于 P2P 网贷市场较为谨慎，这使得中国的 P2P 网贷市场朝着资金端小额分散、资产端大额集中的方向发展，这与美国 P2P 网贷市场朝着资产端小额分散、资金端大额集中的方向发展的趋势截然相反。

伴随着 P2P 网贷行业异常迅猛的发展，问题也随之而来。由于对 P2P 网贷行业抱有极大的幻想，大量创业者涌入这片“蓝海”，然而当其实际进入这个市场中才会发现，经营 P2P 网贷平台并不如曾经预想的那么容易。即便是对长期从事非正规金融业务的人来说，经营 P2P 网贷平台同样是个考验，因为在较为容易便可筹到远比以前多得多的资金的情况下，

---

① “互联网金融”概念被热炒源自谢平等的一系列研究，在其中他们认为以 P2P 网贷等为代表的“互联网金融模式”将成为不同于商业银行间接融资，也不同于资本市场直接融资的第三种金融融资模式，对人类金融模式将产生颠覆性影响，详见谢平、邹传伟（2012）：《互联网金融模式研究》，《金融研究》，第 12 期。

② “蓝海”的概念来自于金和莫博涅，详见 W. 钱·金，勒尼·莫博涅（2005）：《蓝海战略》，商务印书馆。

如何将其贷放出去便成为最大难题，如果再考虑到行业内存在数千家竞争者，那么对业内有关“资产荒”的哭诉便很容易理解。激烈的竞争导致大量问题平台的出现。与此同时，行政监管的缺位也使得大量浑水摸鱼的欺诈者进入市场，这进一步加剧了整个行业的混乱局面。虽然单单从金融系统稳定的角度来看，P2P 网贷市场目前的规模似乎还很难在整个金融体系内掀起波澜，然而可怕的增速和严重的社会影响使得金融监管部门不得不重视 P2P 网贷行业的乱象。投资者小额分散的特性意味着一旦具有一定规模的 P2P 网贷平台出现问题，便极易引发群体性事件进而影响到社会的稳定。

在问题频出的情况下，原本对于非法集资具有很强威慑力的刑法利剑也变“钝”了。实际上，在针对 P2P 网贷的政策不明朗的情况下，对于非法集资的认定，公安部门与其他部门便有可能存在争议。即便撇开这一点，单从执行层面上来看，相关的经济犯罪案件数量之巨、调查处置难度之大便已经令各地公安经侦部门倍感压力，这尤其体现在问题集中爆发的 2015 年。并且 P2P 网贷平台一旦出问题，一定是涉众型经济犯罪，这意味有限的警力中还要再分出一部分来开展维稳工作。上述种种因素势必影响到公安部门对于非法集资的打击力度。

综上所述，舆论的大肆鼓吹以及政府的潜在认可降低了平台的自我约束和要素约束，而问题的集中爆发又进一步降低了法律约束，这意味着针对行政监管之外的非正规金融的三个制约力量同时出现了松动。

第四章　中国式 P2P 网贷的创新及风险探究

第一节　中国式 P2P 网贷的创新

截止到 2015 年底，中国 P2P 网贷平台累计数量已有 3000 余家，而其中真正作为信息中介的平台寥寥。可以说，P2P 网贷传入中国后其经营模式发生了极大的变异，这或许使得一些人对其存在的价值表示怀疑。不可否认，P2P 网贷在中国存在许多的问题，但其确实也体现出了普惠金融的理念，有效地弥补了传统金融在服务领域上的空白。特别是考虑到其借款者往往是在银行等正规金融机构无法获得贷款的次级客户和小微企业，那么我们更加需要思考这些 P2P 网贷平台究竟是如何做到这一点的。这需要从风险管理的角度来分析。在许多方面国内的 P2P 网贷平台与国外的平台实际上还是大同小异的，接下来我们重点强调的是二者之间的差异部分。

一、风险评估与定价

从审贷方面来看，国内 P2P 网贷平台的操作模式与银行并没有实质性的区别，许多平台甚至直接从银行挖来相关人员来搭建自己的风控体系。然而两个原因又使得 P2P 网贷平台和银行在审贷方面存在很大不同。至关重要的一点是，P2P 网贷平台遇到的借款者大多是被银行“筛掉”的。虽然 P2P 网贷的资产类型越来越丰富，但是信用贷款和抵押（质押）贷款仍然是其中规模最大的部分，在信用贷款领域其遇到的往往是在银行难以申请信用卡的客户，而在抵押贷款领域则往往遇到银行不愿接受的抵押物。客户质量低下意味着 P2P 网贷平台的审贷需要比银行更加严格。在央行征信系统不对其开放的情况下，P2P 网贷平台只能求助于其他第三方征信机构，然而这些征信机构也由于数据权威性、可信度、信息孤岛、隐私保护等问题并不令人满意。征信信息严重不足使得国内 P2P 网贷平台的审贷工作更多依靠大量的人力来完成。例如，国内领军的 P2P 公司——宜信——雇佣的信贷人员超过 30000 人。[①] 事实上，这已经与理想中的“互联网金融”或金融科技（Fintech）背道而驰。当然，我们不能否认国内 P2P 网贷平台在尝试利用各种数据（包括其自身积累的数据）进行大数据分析方面做了很大的努力，例如零壹研究院便列举了诸多国内 P2P 网贷行业的新科技应用[②]，然而至少从目前来讲，大数据对于国内 P2P 网贷平台的风控的贡献仍然比不上“大量人力”。

然而，这种劳动密集型的“互联网金融”中却也存创新之处，至少其开辟新市场本身便已经符合熊彼特对创新所下的定义了（见第一章第三节）。相比于国外标准的 P2P 网贷模式，国内的 P2P 网贷模式更加体现出一种民间借贷网络化的特点。民间借贷通常局限于某一区域或某一人际圈子，在其中信息不对称问题能够得到一定程度的解决。国内 P2P 网贷平台虽然将其经营范围扩大化，但是其基本的经营体系依然是网格式的。在其经营的各个区域内广开线下门店是跨区域 P2P 网贷平台的通行法则，这些门店除了用来吸引资金外，另一个主要目的在于对信用信息的采集与核实。相比于银行，P2P 网贷平台通过大量信贷员的线下调查，得以从银行眼中的劣质客户中筛选出较为优质的客户，从银行眼中的劣质抵押品中发掘出较为优质的抵押品。其在特定的区域或圈子内尽可能利用熟悉该区域或圈子情况的人来解决风控难题。实际上，P2P 网贷平台的信贷员之所以敢于做银行不敢做的业务，至关重要的一点在于其并没有终身责任制。然而，这种模式存在的最大风险在于“内外勾结”骗贷。基于此，平台通常通过多级审查的方式来化解，还有一些平台则会建立

① Aveni, T. (2015), “New Insights Into An Evolving P2P Lending Industry: How Shifts in Roles and Risk are Shaping the Industry”, http://www.planetfinancechina.org/.

② 零壹研究院（2015）：《中国 P2P 借贷服务行业白皮书（2015）》，东方出版社。

小组考察机制，例如在调查借款者时以 3 人或更多人为一小组集体进行考察以避免串谋。

案例 4－1　红岭创投的风控模式

1. 红岭创投简介

红岭创投（www.my089.com）为红岭创投电子商务股份有限公司旗下的互联网金融服务平台，于 2009 年 3 月正式上线运营。截止到 2015 年 12 月 31 日，平台实现成功投资总额 10926259 万元，吸引智慧投资者 828602 人，投资者累计赚取收益 260235 万元，成功完成借款 261.13 万笔。截止到 2015 年底，红岭创投已经成立了 15 家分公司。

红岭创投作为投资者和借款者之间提供投融资信息和交易撮合的服务平台，主要在二者中间充当桥梁的角色。其运作方式是，红岭创投平台对借款者进行风险审查，并通过收取 VIP 会员费、投资服务费、借款管理费、拨备风险准备金等措施来保障投资者的本金安全。截止到 2015 年 12 月 31 日，红岭创投风险准备金达到 17782 万元，流动性备付金 50951 万元。

2014 年 4 月，红岭创投创办国内首家互联网金融学院；与平安银行签署《全面金融服务战略合作协议》，与平安银行在红岭创投平台投资者资金账户监管、全渠道基础支付服务、理财增值服务、集团综合金融服务等多方面展开深度合作。

2. 红岭创投的风控及贷款审批流程

红岭创投参照银行建设风险管理系统，形成调查审核、考察、集体决策、全面的贷后专业管理团队。从人员结构上看，其风控团队中有不少员工曾就职于银行的风控部门，多位高管均具有数十年银行从业经验。从流程来看，借款项目通常需要经过多层筛选，经过多道风险审查流程，项目借款须经过分公司与深圳总部风控部门的实地考察，大额项目借款者基本须通过股权质押、不动产抵押等形式提供还款保障。对于大额项目借款来说，充足抵押是第一位的，红岭创投会根据两家专业评估公司的评估对抵押物价值进行认定，并根据处置周期设定抵押物折扣率。由于借款项目中存在大量不被银行认可的非标准项目，这便需要其根据具体的项目进行针对性的分析从而探索贷款方案。红岭创投的项目贷款流程见图 4－1。

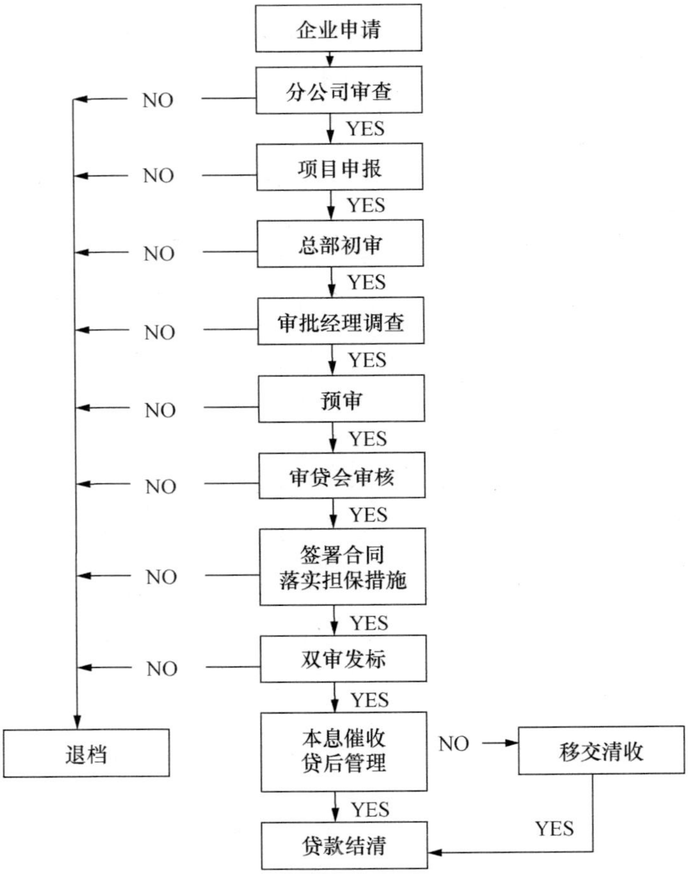

图 4－1　红岭创投项目贷款流程

二、风险转移与再分配

资金与风险经常被“捆绑”在一起，而且同时通过金融体系转移。① 以企业融资为例，资金以某种方式流入企业的同时，便意味着企业经营

① 兹维·博迪、罗伯特·C. 默顿、戴维·L. 克利顿（2010）：《金融学》（第二版），中国人民大学出版社。

的风险也以某种方式转移出去。当然金融安排的复杂性使得风险并不是简单伴随着借贷双方资金的转移而转移，而是以某种方式在不同主体（投资者、借款者、金融机构、担保人等）间重新分配。

对于作为信息中介的 P2P 网贷平台来说，理论上其是不承担借贷风险的。借款者和投资者的自由匹配同时意味着在二者之间，风险的供给与需求也可实现合理的匹配。当然，平台可以通过风险准备金将一定程度的风险在参与者之间进行再分配，然而即便如此，终究这些风险还是由主动参与 P2P 交易的借贷双方自愿承担的。

然而国内大多数平台的情况却有所不同。从资金方来看，几乎所有平台都会对投资者的本金甚至利息进行明确的担保承诺，这使得投资者更少地去考虑他的钱究竟是借给了谁。实际上，如果抛开仅仅为了满足合规要求而设计的合约的话，大多数投资者实际上相信的就是 P2P 网贷平台而非实际借款者。诚然，贷款在大多数时候由融资性担保公司等提供增信，然而这种增信的有效性是十分令人怀疑的。事实上国内的融资担保领域本身就问题亘重，更何况一些 P2P 网贷平台与为之担保的融资性担保公司之间本身会存在着千丝万缕的联系。一些研究报告便明确指出这是虚假担保（False Guarantees）。[①] 从资产方来看，大部分借款者同样也是由平台主动去寻找的。总的来看，对于大多数国内 P2P 网贷平台来说，P2P 借贷过程中资金与资产的匹配更多地依靠着平台两头去寻觅，而非投资者与借款者的自主匹配；从风险转移与再分配的角度来看，风险最终大部分也是集中在了 P2P 网贷平台身上。很明显大量平台已经不再是信息中介而是信用中介，事实上如果考虑到平台大量通过线下来获取资金和资产——资产大多来自于线下、资金则是线上线下均有——的情况，那么其是否可称得上“互联网金融”更是值得怀疑。

即便如此，国内的 P2P 网贷平台在极为不利的经营环境下，依然在努力地进行探索，力求更好地管理由这些传统金融机构严重的“次级贷款”所带来的风险。从资金方来看，平台同样鼓励投资者分散投资，并

① Aveni, T. (2015), “New Insights Into An Evolving P2P Lending Industry: How Shifts in Roles and Risk are Shaping the Industry”, http://www.planetfinancechina.org/.

提供自动投标的方式以帮助其便捷地做到这一点。当然，在刚性兑付的情况下，投资人无自主选择权的自动投标更加容易引起争议。不过更重要的还是在资产方的创新探索。通过与各种小微金融机构以及正规金融机构合作，P2P 网贷将各种类型的资产证券化，从而一定程度上盘活了原本“趴”在金融系统中的多种多样的存量资产。在正规金融体系推进资产证券化脚步异常缓慢的情况下，P2P 网贷为这种重要的金融创新在国内的发展做出了十分有益的尝试。通过资产证券化的创新，不仅增加了每一笔资产的流动性，使得风险得到有效的再分配，并且对于一部分 P2P 网贷平台来说，多种资产的引入也便于其更好地分散自身的投资风险，并且享有混业经营所带来的种种利益。许多 P2P 网贷平台近来更名为“互联网理财平台”或“互联网金融平台”，不仅是为了规避监管以及与“P2P”这个越发带有负面色彩的名字撇开关系，实际上其所经营的业务确实已经远远超出了传统意义上的 P2P 网贷而更像是一个混业的、综合性的金融超市。与资产证券化的本质相比，这些平台的产品从表面上自然可以被包装成 P2P 网贷产品，也同样可以被包装成其他类型金融产品。

案例 4－2 “产品为王”的 PPmoney 万惠

1. PPmoney 万惠及其运营战略

PPmoney 万惠于 2012 年 12 月 12 日正式上线运营，截止到 2015 年 12 月，平台总成交额突破 317 亿元。PPmoney 万惠从上线开始，就制定了“产品为王、风控为王和移动为王”的战略。

“产品为王”战略是指 PPmoney 万惠以“机构合作、自主开发”两种方式，不断开发出对应不同资产领域的差别化产品，以此满足日益多元化的投资者需求。截止到目前，平台已经发展出“机构保”、“加多保”、“分期宝”、“赎楼宝”、“安稳盈”、“车贷宝”等七大产品类型，覆盖了小贷、保理、赎楼垫资、消费金融等领域。

“风控为王”战略是因为互联网金融的本质还是金融，而金融产品又是一个风险定价的产品。所以任何的创新都必须围绕着风控进行。

“移动为王”战略其实是移动互联网时代下，趋势性的产物。PPmoney 万惠很早就意识到，无论是品牌建设，抑或产品推广，都不能再仅仅依赖 PC 端的资源，一个成功运营的移动 APP 在引流和变现方面越发显示出其战略作用。所以，PPmoney 万惠很早就开始了这方面的布局，如今平台超过 80% 的成交都是在移动端上发生的。

2.“产品为王”与风险分散

“产品为王”不仅使得 PPmoney 万惠能够满足日益多元化的投资者需求，也是其有效分散风险的重要手段。整合自身优势和合作资产特点，PPmoney 万惠的资产分为固定收益和浮动收益两大类。固定收益业务又分为平台自营产品和代销产品两种，其中，自营业务包括保理票据业务、融资租赁业务、资金业务、微贷业务和消费金融业务等；代销产品包括但不限于基金、保险、小额理财、信托资管等。浮动收益业务包括一级半市场运作和二级市场自营等方面。此外，PPmoney 万惠还与深交所、齐鲁股权交易中心等 16 家企业合作。目前，PPmoney 万惠的各产品成交量有齐头并进的趋势。

此外，PPmoney 万惠同样选择与各类小微金融机构对接，在这种合作中，PPmoney 万惠的优势更多体现在资金端，而资产端的风险很多会由小微金融机构承担，这样 PPmoney 万惠便将更大的精力从评估资产风险转移到评估小微金融机构风险。

三、事中事后的风险控制

相对而言，在这个领域与银行等金融机构相比，无论是国外的还是国内的 P2P 网贷平台并没有太多优势之处。尽管如此，国内一些平台仍然在一些细分领域有所突破。对于以抵押贷款为主的国内 P2P 网贷行业来说，在事中事后方面的创新主要围绕的还是对于抵押物的有效监测和处置，并由此使得一些被银行认为是无效的抵押物变成了 P2P 网贷的有效抵押物。

案例 4-3　专注于车贷的融金所

1. 融金所简介

融金所集团始创于 2010 年 10 月，注册资金为 5000 万元，员工超过

2000 人，总部位于中国深圳，经过 5 年多的经营发展，业务以线下二手车资产管理、线上撮合交易为根本。现分公司已覆盖深圳、广州、北京、上海、成都、青岛等 40 多个城市，服务中小企业逾 3 万家。

旗下的融金所互联网金融网贷平台（www. rjs. com），全称为“深圳前海融金所互联网金融服务有限公司”，于 2013 年 5 月正式上线运营。和其他平台不同，融金所选择的资产类型比较专一，专注于车贷市场。结合互联网技术支持，通过自主研发的“融金云”系统，借款者在门店提交申请后，风控部门可利用云系统实现线下线上资料的一体化上传流程，确保资料的完整性，并通过快速审核、快速放款模式，使得整个放款过程不超过 20 分钟。投资者可以清晰地了解每笔业务进展情况。截至 2015 年底，平台注册人数已超过 12 万人，成交总额近 70 亿元，待收在库超过 12 亿元，月成交量超过 7 亿元规模，服务用户辐射全国。

融金所一直坚持打造专业的金融业务团队，在集团员工中，90% 以上的职员具有金融、投资、法律、财务、管理等专业背景和从业经验，除了招聘有经验的员工之外，集团对人才的培养也不遗余力，培养出一大批优秀的员工，保证了集团的活力与长远发展。

2. 车贷产品的资产保全

在借款发生逾期，需要进行法律诉讼时，法务部门就会通过客户的资料进行诉讼。车辆借贷业务的最大优势是，作为动产的车辆的处理流程相对较快，在处理的时候所产生的时间成本和机会成本均比较小。同时，车辆的流通性也非常好，其贬值的速度远远跟不上客户的还款速度。然而作为抵押类贷款的车贷产品操作难度较大，以二手车作为抵押在银行贷款比较困难。融金所则将金融的专业化和与车辆相关的专业技术有效地结合起来，专门定位于这个在传统银行业较为边缘的业务。

融金所借助二手车市场中较为成熟的买卖方法，将车贷打造成可交易的标准化金融产品。通过长期对于车贷市场的了解和借款者风险分析，其选取价值在 10 万～30 万元的中档车作为资产管理市场主要开发目标，通过严格的风控措施和资产跟踪管理保障，对抵押车辆进行管理和跟踪。通常网贷平台会与一些知名的 GPS 公司合作，专门为车辆抵押借款研发用于车辆定位的车贷 GPS 系统，使得平台上所有的借款客户均可以在系统中得到有效的跟踪和控制。而融金所则采用 GPS 和 GPRS 双重定位技术，切实保障对资产状况的跟踪和反作弊，避免呆坏账发生。

四、小结

总体来看，国内大多数 P2P 网贷通过复杂的多方合约构造出来的业务模式具有很强的银行业务的影子，相反欧美国家的 P2P 网贷业务则大相径庭。3000 余家 P2P 网贷平台中，采取标准的信息中介模式者寥寥，并且其也很难做大。据爱有财数据显示，国内第一家同时也是为数不多的坚持做信息中介的 P2P 网贷平台拍拍贷，其截止到 2016 年 2 月累计成交金额仅 17 亿元，与陆金所、红岭创投等过千亿元的平台相比相差不止一个数量级；按成交金额拍拍贷仅排在第 86 位，而在 2015 年底则连前 100 位也排不进。

然而背离了 P2P 网贷本质并不意味着国内的 P2P 网贷没有存在的价值。尽管大多数 P2P 网贷平台的风险管理极其简单化，并且还存在大量涉嫌欺诈的平台，但不能否认的是，为了在国内经济金融环境下解决正规金融机构都无法解决的服务次级客户和小微企业的难题，一些 P2P 网贷平台付出极大的努力在探索适合的风险管理创新，又或将民间金融中的“土办法”改造为超越地域和圈子范围的风控手段。当然，国内 P2P 网贷的风险管理创新离不开以平台为中心的整个服务生态圈的共同努力和探索。通过 P2P 网贷平台以及服务生态圈的努力，信贷市场的一块新领域被开辟出来，原本因缺乏有效信用数据而被排除在外的客户群体，其信用数据现在也被逐步积累起来，同时大数据风控的技术和模型也得到一定程度的发展，这些都为未来推进金融普惠创造了良好的条件。

因此，我们即便可以不认可国内这些变异的 P2P 网贷平台，但却不能不正视其中存在的金融创新。在规范发展互联网金融的大背景下，应引导 P2P 网贷平台朝着信息中介的方向发展，而不是简单地出台禁令禁止其做信用中介业务。因为只要实体经济的合理需求是存在的，同时这些平台在风险管理各个环节的创新是有效的，那便意味这些平台随便换顶帽子便又可重操旧业，只是被赶出了监管的视线。与此同时，可引导银行等正规金融机构充分借鉴国内 P2P 网贷所体现出的灵活的差异化的经营方式，这样一方面在规范互联网金融发展的同时，可促使正规金融机构将原本由 P2P 式信用中介承担的业务真正承接起来；另一方面，这也有利于金融机构自身进一步的创新发展以应对未来利率市场化带来的挑战。

第二节　野蛮生长后的问题爆发

一、问题平台情况

随着中国互联网金融的不断发展，中国 P2P 网贷平台在本土化的运营过程中，诸多水土不服现象开始凸显。最直接的表现就是违约频现，“跑路”频发。由于监管主体尚未正式就位，加上风险管理技术相对落后，导致市场中出现了大量的问题平台，对整个行业的发展造成很大的影响。根据 Wind 资讯数据库，如图 4－2 所示，截至 2016 年 2 月底，网络信贷行业正常运营平台为 2519 家，环比下降了 1.9%。截至 2015 年 12 月底，由于新上线平台数量下降，问题平台数量高企，增长速度近 2 年首次出现负增长。2015 年 12 月新上线平台数量为 89 家，新增问题平台 106 家，P2P 网贷平台进入淘汰期，2015 年，检察机关惩治利用互联网金融平台进行非法集资犯罪，起诉涉众型经济犯罪 12791 例。截至 2016 年

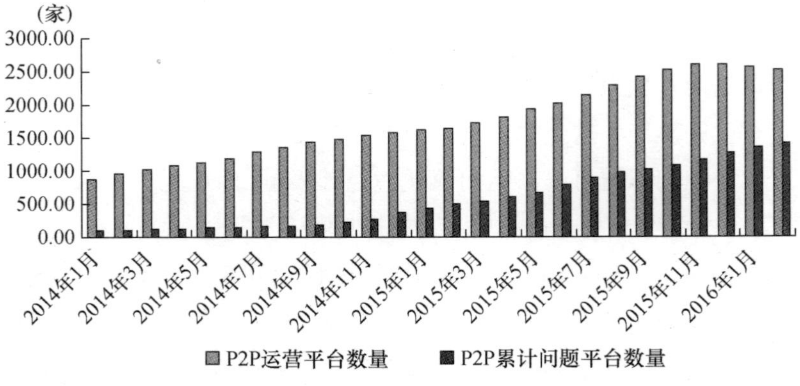

图 4－2　P2P 网贷平台数量

资料来源：Wind 资讯数据库。

2 月底，P2P 网贷行业累计平台数量达到 3944 家（含问题平台），而累计问题平台达到 1425 家，将其与累计平台数量相比较则意味着全部 P2P 网贷平台中有近 1/3 出现停业、“跑路”、提现困难等问题。

如表 4－1 所示，最近两年，P2P 网贷问题平台迅速增加。2013 年及以前，P2P 网贷问题平台多为诈骗“跑路”类，2014 年因出现流动性风险与违约风险而爆发的问题平台数量与诈骗“跑路”类不相上下，比例分别为 44% 与 47%。另外，还有部分问题平台的产生是因为停业或者经侦介入等原因。2014 年 10 月以来，由于流动性风险与违约风险而出现的提取现金困难类平台大幅增多。一方面，可能是由于宏观经济增速放缓，借款者逾期、展期频繁，而投资者又纷纷撤出资金，导致平台无力兑现；另一方面，也存在问题平台经营不规范、风险控制能力弱等原因。例如，有些平台忽略流动性风险，拆标现象严重，一旦有负面消息，容易导致挤兑现象。

表 4－1　问题平台统计

时间	问题平台数（家）	涉及投资者数（万人）	占比（%）	涉及贷款余额（亿元）	占比（%）
2013 年及之前	92	0.9	3.7	14.7	5.5
2014 年	275	5.5	4.7	50.5	4.9
2015 年	896	17.8	3.1	87.6	2.0

资料来源：网贷之家。

从地域分布上看，截至 2015 年 12 月 31 日，零壹研究院数据中心统计的问题平台共 1733 家（不含港澳台地区），其中山东、广东、浙江三地问题平台均超过 200 家，合计达到 870 家，占全部问题平台的 50.23%。2015 年各月问题平台数量居高不下，总数达 1120 家，是前几年问题平台总和的 2 倍有余。

从 P2P 网贷问题平台投资主体来看，根据 Wind 资讯数据库的统计数据，在 2014 年 1 月至 2016 年 2 月，银行系、国企系、风投系与上市公司系的问题平台为 0，而民营系的问题平台达到 1425 家。

从 P2P 网贷问题平台的类型来看，在 2015 年的 1120 家问题平台中，歇业停业（包含隐形停运）的平台占到近 1/3，此类平台数量虽多，但大都偿还了借款，没有给投资者造成较大的损失。与之相对的是恶意“跑路”和诈骗平台，此两类平台共占到 34.35% 的比重。另外提现困难和“失联”的平台分别占比 18.73% 和 12.67%，挤兑倒闭和经侦介入的分别有 16 家和 7 家，相对较少，但影响很大，包括 11 月出事的“e 租宝”。

二、典型问题平台案例一览

以下为公开媒体上搜索得到的近些年部分问题平台情况汇总。

（一）“e 租宝”案件

一年半内非法吸收资金 500 多亿元，受害投资者遍布全国 31 个省市区。2016 年 1 月 14 日，备受关注的“e 租宝”平台的 21 名涉案人员被北京检察机关批准逮捕。其中，“e 租宝”平台实际控制人、钰诚集团董事会执行局主席丁某，涉嫌集资诈骗、非法吸收公众存款、非法持有枪支罪及其他犯罪。

“e 租宝”是“钰诚系”下属的金易融（北京）网络科技有限公司运营的网络平台。2014 年 2 月，钰诚集团收购了这家公司，并对其运营的网络平台进行改造。2014 年 7 月，钰诚集团将改造后的平台命名为“e 租宝”，打着“网络金融”的旗号上线运营。办案民警介绍，2015 年底，多地公安部门和金融监管部门发现“e 租宝”经营存在异常，随即展开调查。公安机关发现，至 2015 年 12 月 5 日，“钰诚系”可支配流动资金持续紧张，资金链随时面临断裂危险；同时，钰诚集团已开始转移资金、销毁证据，数名高管有潜逃迹象。为了避免投资者蒙受更大损失，2015 年 12 月 8 日，公安部指挥各地公安机关统一行动，对丁某等“钰诚系”主要高管实施抓捕。办案民警表示，此案案情复杂，侦查难度极大。“钰诚系”的分支机构遍布全国，涉及投资者众多，且公司财务管理混乱，经营交易数据量庞大，仅需要清查的存储公司相关数据的服务器就有 200 多台。为了毁灭证据，犯罪嫌疑人将 1200 多册证据材料装入 80 多个编织袋，埋藏在安徽省合肥市郊外某处 6 米深的地下，专案组动用两台挖掘机，历时 20 多个小时才将其挖出。

“e 租宝”对外宣称，其经营模式是由集团下属的融资租赁公司与项目公司签订协议，然后在“e 租宝”平台上以债权转让的形式发标融资，融到资金后，项目公司向租赁公司支付租金，租赁公司则向投资者支付收益和本金。办案民警介绍，在正常情况下，融资租赁公司赚取项目利差，而平台赚取中介费。然而，"e 租宝"从一开始就是一场"空手套白狼"的骗局，其所谓的融资租赁项目根本名不副实。"我们虚构融资项目，把钱转给承租人，并给承租人好处费，再把资金转入我们公司的关联公司，以达到事实挪用的目的。"丁某说，他们前后为此花了 8 亿多元向项目公司和中间人买资料。"1 元起投，随时赎回，高收益低风险。"这是"e 租宝"广为宣传的口号。许多投资者表示，他们就是听信了"e 租宝"保本保息、灵活支取的承诺才上当受骗的。记者了解到，"e 租宝"共推出过 6 款产品，预期年化收益率在 9% ~14.6%，远高于一般银行理财产品的收益率。"e 租宝"抓住了部分老百姓对金融知识了解不多的弱点，用虚假的承诺编织了一个"陷阱"。为了加快扩张速度，钰诚集团还在各地设立了大量分公司和代销公司，直接面对老百姓"贴身推销"。其地推人员除了推荐"e 租宝"的产品外，甚至还会"热心"地为他们提供开通网银、注册平台等服务。正是在这种强大攻势下，"e 租宝"仅用一年半时间就吸引来 90 多万实际投资者，客户遍布全国。

（二）中宝投资案件

2014 年"3·15"前夕，中宝投资"停业整顿"，官网公告称"因涉嫌经济犯罪被衢州市公安局立案调查，网站业务暂停运作"。时隔 1 个月，公安机关对该案件通报指出，中国人民银行衢州市中心支行于 2013 年 12 月举报中宝投资企业法人周辉个人银行账户交易异常，频繁接收全国各地大量资金，涉及人员多，地域广，有涉嫌以开设网络借贷平台名义，实施破坏金融管理秩序违法犯罪嫌疑。该平台借款者极少，信息严重不透明，47 名借款者累计借款总额超过 45 亿元，还有不少收益极低但通过线下另有回报的标的。截至出事之时，中宝投资待收本金约 4.7 亿元，涉及人数逾千人。

（三）东方创投案件

东方创投是深圳的一家 P2P 网贷平台，上线运营 4 个月后即宣布停止提现，东方创投案实际投资者数为 1325 人，投资本金约 1.26 亿元。2013 年 11 月，东方创投两名负责人邓某、李某相继自首。法院一审判决两名合伙人非法吸收公众存款罪，分别判处有期徒刑 3 年、处罚金 30 万元和有期徒刑 2 年缓刑 3 年、处罚金 5 万元。2015 年 10 月下旬，罗湖法院发布了该案的涉案款项的分配方案。根据该方案，扣划在案的金额为 2522 万元，实际未归还投资参与人本金为 5177 万元，返还比例为 48.7%，即投资者最终仅能取回不到一半的本金。东方创投非法集资案是司法体系对 P2P 网贷平台自融案件的首次裁决。①

（四）中贷信创等关联平台案件

2015 年 1 月，深圳中贷信创、杭州国临创投、上海锋逸信投相继出事，办公地点人去楼空。这三家 P2P 网贷公司实际控制人都是郑某，曾在温州从事多年的民间借贷活动并导致负债累累。据不完全统计，“套牢”在三家平台中的资金分别为 7500 万元、8900 万元和 6700 万元左右，关联公司文交所（香港）也有 4.4 亿元，合计约 7 亿元。事发后郑某已携巨款逃至香港，随后不知去向。郑某通过 P2P 网贷平台高息集资，在续投有奖的诱惑下，投资者的年化收益率可达 30% ~40%，这些资金大部分都被挪用到文交所，后崩盘，造成了极其恶劣的影响。

（五）优易网案件

优易网在 2012 年成立，系香港亿丰国际集团投资发展有限公司旗下的 P2P 网贷平台，全称“南通优易电子科技有限公司”。2012 年 12 月 21 日，亿丰突然宣布优易网“停止运转”，网站无法正常交易，三位负责人，即缪某、王某、蔡某当日便失去了联系。犯罪嫌疑人缪某、王某利用优易网 P2P 网贷平台共计集资 2500 万元人民币，其中 1500 万元未能偿还给投资者。

（六）中欧温顿案件

中欧温顿基金管理有限公司成立于 2012 年 7 月，注册资本 1 亿元人民币，总部位于深圳，拥有庞大的线下“理财团队”，分公司办公地点位于一线城市的 CBD 豪华写字楼内，并对外宣称资金由中国银行托管，给人“高大上”的感觉。实际上，理财资金和理财项目不匹配，操作极不透明，最终于 2014 年 2 月 25 日“跑路”，总经理李某“失联”，涉及金额约 4 亿元，涉及人数 2000 多人。据悉，该公司之前宣称的包括注册资

① 《“东方创投”跑路案，5000 万本金仅挽回近半》，《南方都市报》，2014 年 10 月 23 日。

金和法人在内的信息全部造假。

（七）“网金宝”案件

“网金宝”于2014年2月1日上线，自6月4号便不能打开（“跑路”），共有300多人受骗，累计吸纳资金过亿元。后经调查发现，网站宣称的“工信部认证”、“与央行合作”、“有担保公司保证保本付息”均为造假。这也是北京市首个P2P网贷平台“跑路”，引起北京市政府高度重视。

（八）“铂利亚”案件

2013年6月24日，上线不足百日的“铂利亚”发出歇业整顿的公告，两个月后又恢复运营。年仅26岁的CEO滕某高调亮相各场合，讲述自己的励志故事，平台业务规模也迅速增长，到10月累计交易额超过10亿元。2014年9月15日网站公告称滕某于9月19日结婚，16～22日连发588万元或888万元的秒标，年息6%，凡投标即可获投标金额0.2%的红包。该活动吸引大量资金参与，活动结束后，网站又发布名目繁多的短期资金周转、注册验资、银行摆账等高息天标以留住资金，总额在1亿元左右。10月8日晚，有投资者表示无法提现，两天后平台负责人“失联”，涉案金额逾7000万元。

（九）锦荣运通案件

锦荣运通上线运营一年后，于2014年8月出现500万元大额逾期，爆料人称原因是某集团1000万元贷款未能按时偿付。此后平台网站关闭，老板卷款“失联”或已“跑路”。据锦荣运通运营数据显示，平台收益率超35%，出事时还有高达2亿多元的待收款。

（十）美贷网、中融资本、信达财富案件

2014年11月20日，美贷网第一次在其网站发布公告，以美贷网、中融资本、信达财富资产重组为借口停止提现。随后，该平台在12月1日称，将承担中融信达债权债务，4天后又发布延期重组公告。2014年12月12日，美贷网再次发布公告，称将成立“投资者委员会”，直到春节假期过后，美贷网彻底“跑路”并遣散了所有知情员工。据统计，美贷网涉案金额8000多万元，中融资本5000多万元，信达财富3000多万元，3家平台合计1.8亿元。

（十一）中汇在线案件

2014年12月13日，深圳P2P网贷平台中汇突然无法提现，2.5亿元资金去向成谜，大量投资者深陷其中，与其有合作关系的新浪微财富、财经道、火球网也遭受牵连，引发连锁反应。中汇在线主要业务为票据质押贷款，其投资收益率达到 18%，远高于银行票据（4%~6%）和民间小额票据（5%~8%）的贴现利率。该平台涉嫌挪用票据甚至造假嫌疑，法人陈某初中毕业，并无经营 P2P 网贷平台的能力，背后很可能有操纵团队。截至出事时，中汇在线待收本息高达 2.6 亿元，新浪微财富已于 2015 年初为中汇事件兜底了 5000 万元。

（十二）盛世财富案件

2016 年 1 月 12 日，武汉盛世财富发布对广大投资者的紧急通告，该紧急通告称，因为盛世财富受到本地区 P2P 网贷行业市场状况以及近期市场对其负面消息影响，造成该平台投资者出现较为集中的挤兑现象，导致融资方资金发生提现困难，难以兑付投资者本金和利息。

同时武汉硚口公安局发布对该公司立案调查的通告。据上述硚口公安局通告表示，目前盛世财富因资金问题停止经营。该公司法人已经到硚口公安局紧急侦查大队投案自首，硚口公安局已对该公司立案调查。盛世财富是万安盛世集团倾力打造的网络投融资平台，于 2014 年 8 月正式上线运营，其自称为“具备国资背景的 P2P 网贷平台”。工商资料显示，该公司法人代表、董事长为朱某。

（十三）盛融在线案件

2015 年 5 月 14 日，广州志科电子商务有限公司涉嫌非法吸收公众存款案已被刑事立案，该公司正是广州最大的 P2P 网络借贷平台盛融在线的运营方，自 2015 年 2 月提现困难后最终倒闭。盛融在线是广州成立最早且规模最大的 P2P 网贷平台，据网贷之家数据显示，截至 2015 年 2 月 10 日，盛融在线总成交量为 126.63 亿元，待收本息共计达 9.21 亿元。其中，待收的投资者达 10837 人，人均待收金额为 8.5 万元。

盛融在线提现困难时曾致电广州志科 CEO 刘某，其解释是因为一些制造业、金融业借款方逾期、展期导致的，已经争取到平台股东以及项目投资者的支持，并承诺问题可以解决。多位业内人士指出盛融在线出问题的真正原因在于逾越了假标自融、设立资金池、违规担保等多条红线，“刘某本人借多个账号在平台上融资，是最大的借款者”。

（十四）中大财富案件

2015年1月27日，中大财富被公安立案，成为广州首家被经侦立案的P2P网贷平台。目前平台3位相关负责人和担保方负责人已被警方控制，而平台法定代表人夏某目前已“失联”，天河经侦已对中大财富进行立案。中大财富2014年12月底已被爆出提现问题，而2015年1月8日该平台发布了提现调整公告。有投资者向媒体透露，根据第三方数据，中大财富注册用户1万多人，涉及投资者超过3000人，代收资金约7000万~8000万元。有业内人士透露，中大财富出现资金链问题或因为平台自融。据投资者透露，当初为了缓解资金流，中大财富在公告中表示，每天回款2000元以上的客户，限制提现期间每天最多提2000元，其余金额续投。也可在回款后的第1个工作日提现回款本息的5%，如不续投，1个月后可按此方案提现，平台将根据实际催收情况对提现比例进行增加。

（十五）融资城案件

2016年1月18日，深圳南山警方对融资城网络服务中心有限公司、深圳市聚盛资产管理有限公司及相关公司涉嫌犯罪问题依法立案侦查，并对相关犯罪嫌疑人采取了强制措施，对涉案资产实施了查封、冻结、扣押。注册于2009年3月27日的融资城平台运营公司深圳市融资城网络服务中心有限公司，在被投资者实名举报近十个月后，终于被深圳警方依法立案侦查。融资城自称为致力于“解决中小企业融资难”的资源资金监管技术系统平台。作为一家典型的P2P网贷公司，其涉嫌违法的行为中，既有涉嫌自建资金池、夸大项目规模、资金管理不规范等典型行为，又开发了涉嫌在没有任何担保条件下，通过在合同中设置资产回购、债转股，非法公开发行证券等一系列P2P的“新骗局”。融资城上的融资项目平均年化收益率高达20%，目前平台待收余额约19亿元。其平台上的项目多数没有担保人，之所以能够引来近千名活跃大客户的原因在于：在协议条款中有“资产回购”约定。

2014年8月，由于融资方维纳斯项目和三门岛项目分别出现1亿元坏账，相关产品出现了不能兑付本息的情况，但聚盛资产并没有按约定进行回购，而是在宣称上市的背景下，开始劝说相关投资者将债权产品置换成融资城收益权。资料显示，融资城网络已有50余万投融资事主，2013年平台成交300亿元；2014年8月，平台融资项目出现坏账，承诺回购方亦未回购；2015年3月开始有投资者陆续举报融资城存在非法吸收公众存款、集资诈骗等问题；2015年11月19日，深圳警方正式受理融资城案件；2016年1月18日深圳南山警方对融资城及其关联公司进行立案侦查。

（十六）同鑫创投案件

2016年2月3日，山东P2P网络借贷平台同鑫创投一则公告再度刷新人们的“三观”，公告表示，公司法人苏某已被火化，并附上两张证明。其中一张是由泰安市中医二院出具的姓名为苏某的死亡医学证明，证明显示苏某的出生日期为1973年2月7日，于1月31日在家中因心脏骤停死亡。泰安市公安局岱岳区分局表示，2月3日上午8时许，接到泰安市泰山区39岁的男士崔某报警称：泰安市同鑫创业投资有限公司突然无故关闭，导致其投资无法赎回。接到报警后，岱岳区公安分局立即开展调查。经专案组初步查证，截至目前共有14名投资者报警称蒙受经济损失。岱岳区公安分局也以涉嫌非法吸收公众存款罪对该平台立案侦查。

（十七）鑫利源案件

2016年2月18日，山东日照网贷平台鑫利源高调发布“跑路”公告，并公布身份证、家庭住址等信息的消息在网上广泛流传，2月19日，犯罪嫌疑人刘某被缉拿归案。据悉，刘某在经营日照鑫利源投资咨询有限公司期间，伪造虚假合同，骗取投资者资金。现刘某已被依法刑事拘留，案件正在进一步侦办中。

三、刑事风险分析

本章仅就P2P网贷主要涉及的六类刑事风险进行分析，其余风险将在第五章、第六章、第七章进行全面、细致的分析与解读。

（一）非法经营罪的刑事法律风险

我国《刑法》第二百二十五条规定：“违反国家规定，有下列非法经营行为之一，扰乱市场秩序，情节严重的，处五年以下有期徒刑或者拘役，并处或者单处违法所得一倍以上五倍以下罚金；情节特别严重的，处五年以上有期徒刑，并处违法所得一倍以上五倍以下罚金或者没收财产：（一）未经许可经营法律、行政法规规定的专营、专卖物品或者其他限制买卖的物品的；（二）买卖进出口许可证、进出口原产地证明以及其他法律、行政法规规定的经营许可证或者批准文件的；（三）未经国家有关主管部门批准非法经营证券、期货、保险业务的，或者非法从事资金支付结算业务的；（四）其他严重扰乱市场秩序的非法经营行为。”

该罪的构成要件为：①本罪侵犯的客体是国家对市场的管理秩序。②本罪客观方面表现为未经许可经营专营、专卖物品或者其他限制买卖的物品；买卖进出口许可证、进出口原产地证明以及其他法律、行政法规规定的经营许可证或者批准文件；未经国家有关主管部门批准非法经营证券、期货、保险业务的，或者非法从事资金支付结算业务以及其他严重扰乱市场秩序，情节严重的行为。③本罪的主体是一般主体，即一切达到刑事责任年龄，具有刑事责任能力的自然人均可以成为本罪的主体。④本罪在主观方面表现为故意，并且具有牟取非法利润的目的。如果行为人没有以牟取非法利润为目的，而是由于不懂法律、法规，买卖经营许可证的，不应当以本罪论处，应当由主管部门对其追究行政责任。

违规 P2P 网贷平台在运营过程中，为了获取利差，会设立资金池即平台的中间账户，并出现先借后贷或者先贷后借的情况，即统一借款再统一放款或者统一放款再统一借款。在平台统一借款和统一放款的过程中，平台吸收资金的方式是多样的：可能是向投资者发放理财产品吸收资金再将所吸收的资金汇入资金池，最后借贷给投资者。也可能是将自有资金或者债权转让模式中专业放贷人的资金先行垫付给借款者，然后将债权转让给投资者。在这一过程中，平台就具有了吸储和放贷的功能，由信息中介转变为信用中介，具有了金融机构的属性。根据国家的监管意见，从 2015 年 7 月 18 日《关于促进互联网金融健康发展的指导意见》（银发〔2015〕221 号）到 2015 年 12 月 28 日《网络借贷信息中介机构业务活动管理暂行办法（征求意见稿）》，P2P 网贷平台信息中介的角色定位不会改变，而平台设立资金池吸储放贷收取利差的行为，实质上是平台利用自身信用做背书分担风险获取收益，使 P2P 网贷平台本身从原本的信息中介演化为信用中介。在社会主义市场经济体制的框架下，从事资金支付结算等金融业务是需要经有关部门批准和登记备案的。对于未经依核法准，设立资金池通过债权转让或是以投资理财产品的形式募集资金的行为，依照《关于审理非法集资刑事案件具体应用法律若干问题的解释》第七条规定，符合《刑法》第二百二十五条“未经国家有关主管部门批准非法经营证券、期货、保险业务的，或者非法从事资金支付结算业务的”的情形，可以认定为非法经营罪。

（二）擅自发行股票、公司、企业债券罪的刑事法律风险

我国《刑法》第一百七十九条规定：“未经国家有关主管部门批准，擅自发行股票或者公司、企业债券，数额巨大、后果严重或者有其他严重情节的，处五年以下有期徒刑或者拘役，并处或者单处非法募集资金金额百分之一以上百分之五以下罚金。单位犯前款罪的，对单位判处罚金，并对其直接负责的主管人员和其他直接责任人员，处五年以下有期徒刑或者拘役。”

该罪的构成要件为：①本罪的客体为国家对股票和公司、企业债券的管理秩序。②本罪在客观方面，行为人必须实施了未经国家有关主管部门的批准，擅自发行股票、公司、企业债券，数额巨大、造成严重后果或者有其他严重情节的行为。具体包括以下要素：首先行为人须有发行股票、公司、企业债券的行为。如果尚未发行或正在准备发行的，不构成本罪；如果不是采取发行股票、公司、企业债券的方式，而是采取其他方法非法集资的也不构成本罪。其次行为人发行股票、公司、企业债券的行为是未经国家有关主管部门批准而擅自实施的。其主要表现为以下三种情形：第一，股票、债券的发行主体未向有关主管部门报请批准就擅自发行；第二，股票、债券的发行主体已经向有关主管部门报请批准，但是申请没有通过审批或者申请还未完成审批就提前施行了发行行为；第三，发行主体的申请被相关主管机关批准，但是在审批完成后，主管机关发现之前的批准事项不符合法定要求，而追加撤销，此时发行主体在知晓了主管机关的撤销决定后仍然继续发行；第四，股票、债券的发行主体的申请通过了该主管部门的批准，但是在发行过程中，该发行人在发行已达到批准的数额时，仍然继续发行，使其所发行的股票、债券超额发行，超过批准数额发行的部分可以认定为“擅自发行”。最后必须达到数额巨大、造成严重后果或者有其他严重情节的程度。③本罪的主体为一般主体，单位和个人均可构成本罪。④本罪在主观方面表现为故意。

2010 年《最高人民法院关于审理非法集资刑事案件具体应用法律若

干问题的解释》第六条规定：“未经国家有关主管部门批准，向社会不特定对象发行、以转让股权等方式变相发行股票或者公司、企业债券，或者向特定对象发行、变相发行股票或者公司、企业债券累计超过 200 人的，应当认定为《刑法》第一百七十九条规定的‘擅自发行股票、公司、企业债券’。构成犯罪的，以擅自发行股票、公司、企业债券罪定罪处罚。”

发行股票和债券是现代经济中最为重要和常见的融资手段，股票和债券的发行不仅关系到发行主体的生存和发展，更影响了不特定的社会公众的利益与生活状态，在整个国家的金融秩序中占有举足轻重的地位，对整个社会的稳定、发展也具有重大的意义。因此，国家对股票、债券的发行通过配套的法律、法规做了严格的规制，除了需要具备特殊的主体资格，还需要符合一定的发行条件、遵守相应的发行程序。债券是一种金融契约，是政府、金融机构、工商企业等直接向社会借债筹措资金时，向投资者发行，同时承诺按一定利率支付利息并按约定条件偿还本金的债权债务凭证。P2P 网贷的投资标的就是个人债或企业债，企业通过开放性的互联网平台向不特定多数人发放债券进行融资的行为没有经过专业程序的审批和备案，监管部门也未对企业的盈利情况和还款能力进行事先的审核，符合擅自发行股票、公司、企业债券罪的四个构成要件。需要注意的是，该罪可能存在与非法吸收公众存款罪的竞合，可以根据《关于审理非法集资刑事案件具体应用法律若干问题的解释》所列举的情形区分两种罪名，即“不具有发行股票、债券的真实内容，以虚假转让股权、发售虚构债券等方式非法吸收资金的；不具有募集基金的真实内容，以假借境外基金、发售虚构基金等方式非法吸收资金的……应认定为非法吸收公众存款罪”。具有发行股票、债权和募集基金的实质内容，只是未经过主管部门批准或依法核准的行为应认定为擅自发行股票、公司、企业债券罪，而对于不具有发行股票、债权、募集基金的实质内容的，应认定为非法吸收公众存款罪。

（三）非法吸收公众存款罪的刑事法律风险

我国《刑法》第一百七十六条规定：“非法吸收公众存款或者变相吸收公众存款，扰乱金融秩序的，处三年以下有期徒刑或者拘役，并处或者单处二万元以上二十万元以下罚金；数额巨大或者有其他严重情节的，处三年以上十年以下有期徒刑，并处五万元以上五十万元以下罚金。单位犯前款罪的，对单位判处罚金，并对其直接负责的主管人员和其他直接责任人员，依照前款的规定处罚。”

该罪的构成要件为：①本罪侵犯的客体是国家金融管理制度。②本罪客观方面表现为违反金融管理法规，非法向公众吸收存款或者变相向公众吸收存款，扰乱金融秩序的行为，其犯罪行为表现为违反金融法规，非法吸收或者变相吸收存款；犯罪对象为公众存款；犯罪结果为扰乱金融秩序。《最高人民法院关于审理非法集资刑事案件具体应用法律若干问题的解释》第一条规定了非法吸收公众存款或变相吸收公众存款行为的四个特征：“（一）未经有关部门依法批准或者借用合法经营的形式吸收资金；（二）通过媒体、推介会、传单、手机短信等途径向社会公开宣传；（三）承诺在一定期限内以货币、实物、股权等方式还本付息或者给付回报；（四）向社会公众即社会不特定对象吸收资金。”即“非法性、公开性、利诱性、社会性”。③本罪的主体为一般主体，包括单位和个人。④本罪的主观罪过形式为故意，并且只能是直接故意，间接故意和过失不构成本罪；同时本罪不要求行为人主观上具有特定目的。

目前，全国范围内 P2P 网贷平台多在工商注册登记为“投资有限公司”、“科技有限公司”、“信息服务有限公司”等。我国明确对工商企业和金融行业实行分业经营、分业管理制度，即工商企业不得开展金融业务，金融机构不得开展工商业务，以防止风险传递、保障金融安全。国家对金融业的管控是非常严格的，除了须经监管部门批准并依法颁发金融业务经营许可证才能开展金融业务外，设立金融机构需要的门槛更高。2015 年 8 月 13 日，国务院法制办对外发布《非存款类放贷组织条例（征求意见稿)》（以下简称《条例》），目的是使民间借贷合法化、阳光化，同时也为 P2P 网贷平台合规开辟了新的路径。《条例》对非存款类放贷组织的设立规定了更高的门槛，即“非存款类放贷组织申请经营放贷业务许可，应当具有与业务规模相适应的实缴注册资本。但有限责任公司的注册资本不得低于等值500 万元人民币，股份有限公司的注册资本不得低于等值1000 万元人民币”。并且对担任非存款类放贷组织的董事、监事、高级管理人员设定了更高的从业资格要求，即“应当具备相应的任职专业知识、3 年以上金融、法律、会计或其他相关业务的从业经验和良好的品行、声誉。除《中华人民共和国公司法》规定的情形外，有以下情形之一的，不得担任非存款类放贷组织的董事、监事、高级管理人员：（一）因贪污、贿赂、侵占财产、挪用财产或者破坏社会主义市场经济秩序，被判处刑罚，或者因犯罪被剥夺政治权利的；（二）因采用非法手段催收债务或非法泄露客户信息受到过刑事处罚的；（三）被列入全国法院系统失信被执行人名单的”。此外，《条例》规定了依法批准设立的非存款类放贷组织不得以任何形式吸收或变相吸收公众存款，应当主要运用自有资金从事放贷业务，也可以通过发行债券、向股东或银行业金融机构借款、资产证券化等方式融入资金从事放贷业务。监督管理部门可以综合辖区内非存款类放贷组织整体资信状况、盈利能力等因素，合理确定非存款类放贷组织融入资金余额与资本净额的比例上限。

P2P 网贷平台作为信息服务公司在设立之初并没有准入门槛，也未经有关部门批准。本身不具备从事吸收公众存款业务的风险承受能力与主体资格，平台吸收资金的行为具有非法性；互联网的开放性决定了宣传方式的公开性以及投资对象的不特定性；由于国内征信体系的缺失，平台出于揽客需要只得为投资标的违约风险提供担保，而部分平台对于高收益率的过度宣传使平台具备了非法吸收公众存款的利诱性特征，可以说 P2P 网贷平台与生俱来就具备了“非法吸收公众存款和变相吸收公众存款”的四个特征。P2P 网贷平台未经中国人民银行批准，擅自从事资金拆借业务；在开放性的互联网平台上发放借款标的，以自身名义与投资者签订借款合同，引入第三方担保或以平台自身做担保的行为符合“向社会不特定对象吸收资金，出具凭证，承诺在一定期限内还本付息的活动”特征，符合《最高人民法院关于审理非法集资刑事案件具体应用法律若干问题的解释》法释〔2010〕18 号文件中第二条“以委托理财的方式非法吸收资金的”行为，具有非法吸收存款罪的刑事风险。从借款者角度来看，借款者同样可以将网贷平台作为工具供自己使用从事非法吸收公众存款犯罪，如果平台明知借款者利用平台实施非法吸收公众存款或变相吸收公众存款的行为而为其提供帮助的，平台按照共同犯罪中的从犯处理。

（四）集资诈骗罪的刑事法律风险

我国《刑法》第一百九十二条规定："以非法占有为目的，使用诈骗方法非法集资，数额较大的，处五年以下有期徒刑或者拘役，并处二万元以上二十万元以下罚金；数额巨大或者有其他严重情节的，处五年以上十年以下有期徒刑，并处五万元以上五十万元以下罚金；数额特别巨大或者有其他特别严重情节的，处十年以上有期徒刑或者无期徒刑，并处五万元以上五十万元以下罚金或者没收财产。"

该罪的构成要件为：①本罪侵犯的客体是复杂客体，既侵犯了公私财产所有权，又侵犯了国家金融管理制度。②本罪在客观方面表现为行为人使用诈骗方法非法集资，数额较大的行为。③本罪的主体是一般主体，包括自然人和单位。④本罪在主观上只能是故意且以非法占有为目的。

"以非法占有为目的"是区分集资诈骗行为和非法吸收公众存款行为的重要特征。在司法实践中，一般使用推定的方法，即结合犯罪嫌疑人的客观行为对主观上的"非法占有"做出认定。为此，国家先后出台司法解释规定了"非法占有"的法律推定情形，2001 年《全国法院审理金融犯罪案件工作座谈会纪要》规定："根据司法实践，对于行为人通过诈骗的方法非法获取资金，造成数额较大资金不能归还，并具有下列情形之一的，可以认定为具有非法占有的目的：①明知没有归还能力而大量骗取资金的；②非法获取资金后逃跑的；③肆意挥霍骗取资金的；④使用骗取的资金进行违法犯罪活动的；⑤抽逃、转移资金、隐匿财产，以逃避返还资金的；⑥隐匿、销毁账目，或者搞假破产、假倒闭，以逃避返还资金的；⑦其他非法占有资金、拒不返还的行为。但是，在处理具体案件的时候，对于有证据证明行为人不具有非法占有目的的，不能单纯以财产不能归还就按金融诈骗罪处罚。"2010 年《最高人民法院关于审理非法集资刑事案件具体应用法律若干问题的解释》第四条对集资诈骗罪中"以非法占有为目的"做出进一步规定："（一）集资后不用于生产经营活动或者用于生产经营活动与筹集资金规模明显不成比例，致使集资款不能返还的；（二）肆意挥霍集资款，致使集资款不能返还的；（三）携带集资款逃匿的；（四）将集资款用于违法犯罪活动的；（五）抽逃、转移资金、隐匿财产，逃避返还资金的；（六）隐匿、销毁账目，或者搞假破产、假倒闭，逃避返还资金的；（七）拒不交代资金去向，逃避返还资金的；（八）其他可以认定非法占有目的的情形。”

问题平台的倒闭多半由自融或虚假放标所导致。一些实业经营者为扩大企业规模、方便融资，成立了 P2P 网贷平台，平台经营者在平台上虚构借款者，向不特定多数人发放虚假借款标，向资金池内归拢资金，然后将平台资金池的少部分资金用于归还投资者到期款项，其余资金用于自己企业项目的扩大再生产或是投资房地产、股指期货市场，从而进一步套利，容易构成集资诈骗罪。一般来讲，扩大再生产和投资房地产回笼资金的速度要长于资金到期兑付的周期，将资金投资股指期货市场无形当中扩大了借款者的违约风险。国家对 P2P 网贷进行适度监管，目的是为了解决中小微民营企业的融资难题，引导民间资本流入实体行业。平台将资金投资到国家管控的房地产业和股指期货市场的行为违背了国家的宏观调控政策，也放大了金融风险，扰乱了金融秩序，有悖于国家对 P2P 网贷行业监管原则。该行为中，平台虚构了借款用途，以虚构事实隐瞒真相的方式骗取不特定多数投资者的资金，符合《最高人民法院关于审理非法集资刑事案件具体应用法律若干问题的解释》第四条第一款中“使用诈骗方法非法集资，集资后不用于生产经营活动或者用于生产经营活动与筹集资金规模明显不成比例，致使集资款不能返还的”情形，应以集资诈骗罪论处。更可怕的是，一些平台为了缓解资金流动性风险，在投资款短期无法收回的情况下，平台便会采用借新还旧的方式弥补资金缺口，形成“庞氏骗局”。这样一来，将有新的投资者被拉入场内，如果平台的盈利不够支付新入场者的利息，情况会进一步恶化，社会危害面也将进一步扩大，平台一旦倒闭，后果将十分严重。从借款者角度，借款者也具有更改资金用途将从平台募集到的资金用于投资高风险行业或是卷款“跑路”的风险，构成集资诈骗罪。

（五）合同诈骗罪的刑事法律风险

我国《刑法》第二百二十四条规定：“有下列情形之一，以非法占有为目的，在签订、履行合同过程中，骗取对方当事人财物，数额较大的，处三年以下有期徒刑或者拘役，并处或者单处罚金；数额巨大或者有其他严重情节的，处三年以上十年以下有期徒刑，并处罚金；数额特别巨大或者有其他特别严重情节的，处十年以上有期徒刑或者无期徒刑，并处罚金或者没收财产：（一）以虚构的单位或者冒用他人名义签订合同的；（二）以伪造、变造、作废的票据或者其他虚假的产权证明做担保的；（三）没有实际履行能力，以先履行小额合同或者部分履行合同的方法，诱骗对方当事人继续签订和履行合同的；（四）收受对方当事人给付的货物、货款、预付款或者担保财产后逃匿的；（五）以其他方法骗取对方当事人财物的。"

该罪的构成要件为：①本罪侵犯的客体是复杂客体，即国家对经济合同的管理秩序和公私财产所有权。②本罪的客观方面，表现为在签订、履行合同过程中，以虚构事实或者隐瞒真相的方法，骗取对方当事人财物，数额较大的行为。本罪的诈骗行为主要表现为：第一，以虚构单位或者冒用他人的名义签订合同。第二，以伪造、变造、作废的票据或者其他虚假的产权证明做担保。这里所称的票据，主要指能作为担保凭证的金融票据，即汇票、本票和支票等。所谓"其他产权证明"，包括土地使用权证、房屋所有权证以及能证明动产、不动产的各种有效证明文件。第三，没有实际履行能力，以先履行小额合同或者部分履行合同的方法，诱骗对方当事人继续签订和履行合同。第四，收受对方当事人给付的货物、货款、预付款或者担保财产后逃匿。第五，以其他方法骗取对方当事人财物。这里所说的其他方法，是指在签订、履行经济合同过程中除使用上述四种方法以外，以经济合同为手段、以骗取合同约定的由对方当事人交付的货物、货款、预付款，或者定金以及其他担保财物为目的的一切手段。③本罪的主体是一般主体，个人和单位均可构成本罪。④本罪的主观方面，表现为直接故意，并且具有非法占有对方当事人财物的目的。

就借款者而言，借款者在借贷过程中利用虚假身份冒用他人名义借贷、使用虚假标的物担保以及在借款后逃逸，造成投资者经济损失的行为均可构成本罪。

（六）洗钱犯罪的刑事风险

根据我国《刑法》，洗钱犯罪的上游犯罪包括毒品犯罪、黑社会性质的组织犯罪、恐怖活动犯罪、走私犯罪、贪污贿赂犯罪、破坏金融管理秩序犯罪、金融诈骗犯罪 7 种犯罪形式，其具体行为包括对上游犯罪所得及其产生的收益，为掩饰、隐瞒其来源和性质，而提供资金账户的，或者协助将财产转换为现金、金融票据、有价证券的，或者通过转账或者其他结算方式协助资金转移的，或者协助将资金汇往境外的，或者以其他方法掩饰、隐瞒犯罪所得及其收益的来源和性质的行为。

该罪的构成要件为：①本罪侵犯的客体是复杂客体，既侵犯了金融秩序，又侵犯了社会经济管理秩序，还侵犯了国家正常的金融管理活动及外汇管理的相关规定。②本罪在客观方面表现为：第一，提供资金账户：为犯罪人开设银行资金账户或者将现有的银行资金账户提供给犯罪人使用；第二，协助将财产转为现金或者金融票据：既包括将实物转换为现金或金融票据，也包括将现金转换为金融票据或者将金融票据转换成现金，还包括将此种现金（如人民币）转换为彼种现金（如美元），将此种金融票据（如外国金融机构出具的票据）转换为彼种金融票据（如中国金融机构出具的票据）；第三，通过转账或者其他结算方式协助资金转移；第四，协助将资金汇往境外；第五，以其他方式掩饰、隐瞒犯罪的违法所得及其收益的性质和来源。《关于审理洗钱等刑事案件具体应用法律若干问题的解释》对以“其他方式”进行洗钱犯罪做出进一步规定，即：通过典当、租赁、买卖、投资等方式，协助转移、转换犯罪所得及其收益的；通过与商场、饭店、娱乐场所等现金密集型场所的经营收入相混合的方式，协助转移、转换犯罪所得及其收益的；通过虚构交易、虚设债权债务、虚假担保、虚报收入等方式，协助将犯罪所得及其收益转换为“合法”财物的；通过买卖彩票、奖券等方式，协助转换犯罪所得及其收益的；通过赌博方式，协助将犯罪所得及其收益转换为赌博收益的；协助将犯罪所得及其收益携带、运输或者邮寄出入境的；通过前述规定以外的方式协助转移、转换犯罪所得及其收益的。③本罪的犯罪主体是一般主体，即包括年满十六周岁、具有刑事责任能力的自然人和单位。④本罪在主观方面表现为故意，即行为人明知自己的行为是在为犯罪违法所得掩饰、隐瞒其来源和性质，为利益而故意为之，并希望这种结果发生。

由于受成本限制，网贷平台很难对资金端资金来源进行完全的审核，只能通过填写身份信息、关联实名银行卡和绑定手机的方式对借款者身份进行实名认证，网贷平台交易的虚拟化特性，也为洗钱者提供了天然的保护屏障，绝大多数网贷平台在第三方支付平台设立托管账户，由于第三方支付平台与银行存在的信息不对称，阻断了银行对资金流向的监控，也形成了反洗钱监管的“黑箱”。从投资者角度，洗钱者完全可以借用他人身份将犯罪非法所得投资于平台的债权，从而达到洗钱的目的；从平台角度，平台可以通过虚构借款者的方式进行洗钱活动；从借款者角度，洗钱者可以假扮借款者，从平台进行融资，然后将犯罪所得以偿还贷款的方式返还到投资者手中，以实现对犯罪收益的“清洗”。

为此，《互联网金融指导意见》明确提出了互联网从业机构的反洗钱和防范金融犯罪义务，即“从业机构应当采取有效措施识别客户身份，主动监测并报告可疑交易，妥善保存客户资料和交易记录。从业机构有义务按照有关规定，建立健全有关协助查询、冻结的规章制度，协助公安机关和司法机关依法、及时查询、冻结涉案财产，配合公安机关和司法机关做好取证和执行工作。坚决打击涉及非法集资等互联网金融犯罪，防范金融风险，维护金融秩序。金融机构在和互联网企业开展合作、代理时应根据有关法律和规定签订包括反洗钱和防范金融犯罪要求的合作、代理协议，并确保不因合作、代理关系而降低反洗钱和金融犯罪执行标准”。同时，《网络借贷信息中介机构业务活动管理暂行办法（征求意见稿）》也将履行反洗钱义务、接受反洗钱监督管理列入了 P2P 网贷平台的机构义务中。第九条第二款规定：“对出借人与借款者的资格条件、信息的真实性、融资项目的真实性、合法性进行必要审核。”《网络借贷信息中介机构业务活动管理暂行办法（征求意见稿）》中要求平台应当选择符合条件的银行业金融机构作为出借人与借款者的资金存管机构，可以有效地避免反洗钱监管“黑箱”，以积木盒子为代表的多数平台已经实现了银行存管业务。但就目前阶段来讲，由于 P2P 网贷存管业务利润低、风险高等原因，不少银行还未开展 P2P 网贷存管业务，对于一些中小型平台实现银行存管还尚需时日，洗钱犯罪的刑事风险还将存在。

第三节　P2P 网贷风险概述及总结

P2P 网贷起源于英国，随后在欧美等地蓬勃发展并且行之有年。虽然各国的网络借贷行业的各项数据指标不尽相同，但是作为补充既有金融市场功能的角色却是共通的。近几年来 P2P 网贷开始受到亚洲各国市场及金融监管部门的重视。各国对于 P2P 网贷金融创新的鼓励，实际上也是对中小企业及新创事业融资渠道变革需求的回应。我国随着经济增长率下降，银行放款政策趋于保守，中小企业面临贷款不易的困境，资本市场的需求大于供给，故目前在中国 P2P 网贷行业有 2000 多家公司从事相关业务，2015 年的市场规模（总成交量）约 1 万亿元。

本章对中国式 P2P 网贷的创新进行了较为详细的探讨，并通过介绍平台个案，以勾勒出 P2P 网贷机制在我国既有金融系统下所扮演的角色及其发挥的功能，可以概略了解到目前我国 P2P 网贷平台与既有传统金融机构功能之间的互补关系。虽然目前的 P2P 网贷行业存在诸多乱象，以及相关立法监管尚未出台带来的不确定等因素，使得部分潜在投资者抱持着观望的态度，但是我国 P2P 网贷行业在几年的发展下，也开始走出自己的道路，并累积相当的经验，从年度交易规模近万亿元观之，能够了解 P2P 网贷在我国资本市场的重要性。

由于 P2P 网贷投资者包含一般投资大众，其对于相关新创事业及中小企业的还款评估能力较为薄弱，其风险相对较高，这不得不引起监管部门高度重视。P2P 网贷本质上仍然属借贷契约关系，而非零和游戏，在借款者暂时无法偿还的情况下，仍可通过各种法律途径予以追偿。值得注意的是，传统上民间借贷在空间上有其地域的限制，因此，无论是证据收集或者诉讼管辖法院，与 P2P 网贷跨地域的特性有显著的区别。在此情形下，P2P 网贷如何提供快速便捷、具有时效性的替代性纷争解决机制，会是 P2P 网贷行业强化投资者信心，以及进一步发展的关键。不过更为重要的是，P2P 网贷最初意指个人对个人的贷款媒介，然而在数年来的网贷平台发展之下，逐渐衍生出各种商业借贷模式，其金融风险也因而随业务模式的不同而有相对应的高低差异。除了一对一、一对多及多对多等模式以外，依照网贷平台的不同，也提供不同的业务服务。值得注意的是，许多网贷平台所提供的 P2P 网贷业务已经不是原始定义下直接的贷款媒介，而是将不同程度风险高低的贷款，打包成相对应的金融产品，供消费者投资。此外，随着 P2P 网贷的快速发展，相关各式各样的纠纷也伴随而生。

除了平台恶意吸金及经营不善倒闭，导致投资者血本无归的情形以外，同时也开始出现大量借款者无法偿还利息或本金的情况。即便截至 2015 年底，累计问题平台已达 1200 余家，然而或许仍然只是冰山一角。随着政策逐渐收紧，未来可能会有更多的平台出现问题。随着业务发展多元化，未来如何有效防控，降低问题平台的数量，将会是一个棘手问题。

近年来，我国随着 P2P 网贷平台大规模地倒闭，市场对于 P2P 网贷产生负面的观感，市场上也存在着 P2P 网贷是否有存在必要的质疑。然而我们有理由相信，随着市场机制的自我调节以及政府有关部门的适时介入，P2P 网贷行业未来是能够发挥其积极功能的。因此，通过将 P2P 网贷纳入到金融监管体系从而规范其发展应该是解决野蛮生长带来的种种问题的最好方法。然而监管细则迟迟难以落地则意味着，现在的这种混乱局面极大地增加了制定规则的复杂性。事实上可以预期，即便细则最终出台，未来还会有很大概率进一步被调整或明确。

从完善监管规则的角度来讲，过往 P2P 网贷政策研究，主要聚焦于两大领域：①P2P 网贷与现行法律的冲突评析；②国外 P2P 网贷法律的介绍。对于前者，我们在上文中对其中的刑事风险部分也已经予以简要的概括。不过总体而言，在与现行法律冲突方面，其问题在于，无论是对于非法集资还是民间借贷的法律规定可能都存在很大的滞后性，因此，即便发现了冲突所在，可能也会难以判断究竟是需要以现有法规来规范业务还是需要进一步完善法规。对于后者，可能存在的另一个问题是国外对于 P2P 网贷业务的法律也处于探索之中。如第三章中所述，目前美国的 P2P 网贷行业，主要是以再融资及偿还信用卡债务为大宗项目。而在英国，则是以商业贷款为主，同时英国政府当局对于 P2P 网贷的政策鼓励，更是互联网金融得以兴盛的重要原因。另外在日本的发展上，以往不动产开发项目向银行融资并不容易，通过引入 P2P 网贷机制，一方面提供不动产开发商所需资金，另一方面也提供给市场投资大众以新兴投资渠道。各国希望借 P2P 网贷所实现的目标的不同，必然导致对于 P2P 网贷的相关监管规则也有很大差异。实际上，世界各国监管部门仍然在摸索及发展阶段，诸多法律问题方兴未艾。

有鉴于此，我们认为对于监管部门来说，无论是监管政策的制定还是完善，其面临的最主要的问题便是对国内 P2P 网贷行业现实中存在的主要风险进行全面而准确的把握。特别是我们认为从微观的角度、从不同参与者的角度来对 P2P 网贷行业进行深入剖析，将会更好地实现这一点。P2P 网贷行业相较于传统金融机构仍是在初步萌芽阶段，通过对不同市场参与者的分析以及对潜在风险点的识别，我们可以更好地把握 P2P 网贷近年来的演进，进而可以一方面掌握 P2P 网贷对于资本市场的功能，另一方面检视我国 P2P 网贷行业发展方向是否需要适度修正或者应该要采取其他具体精进措施，以改善现行 P2P 网贷行业发展所面临的困境，确保我国 P2P 网贷能够走上正确的发展道路。因此，这种分析可以作为未来制定或修正法律的相关基础，对我国完善相关立法具有积极的意义。

实际上，已有研究从不同参与者的角度对 P2P 网贷面临的各种风险及成因进行归并和总结（见表 4－2），因此，本书不仅限于这种简单的归纳总结，而更加侧重于结合定量分析与定性分析，更为细致地、有针对性地分别对投资者、借款者、P2P 网贷平台进行探讨。从篇幅上讲，这三块内容在本书中将各成一章（第五章至第七章）。鉴于国内 P2P 网贷行业长期处于监管真空状态，因此对于重要参与者之一的监管者，本书将不做详细的探讨，仅在第八章提出政策建议之前做简要的分析。

表 4－2　P2P 网贷相关风险汇总

风险承担主体	风险类型	风险来源	风险成因	备注
投资人	信用风险	借款人	1. 借款人破产（能力风险） 2. 借款人骗贷（意愿风险）	投资人购买的收益权凭证等没有抵押或担保，或者抵押不能完全覆盖风险暴露，若有借款人违约，会造成损失
		P2P 平台	1. 平台倒闭（能力风险） 2. 平台“跑路”（意愿风险） 3. 征信系统不完备 4. 与担保业务存在关联，增信不力	投资人因平台倒闭或“跑路”而遭受的投资损失

续表

风险承担主体	风险类型	风险来源	风险成因	备注
投资人	市场风险	宏观政策和市场环境	1. 利率变动 2. 其他价格变动	因利率等宏观经济变量的变动，导致债权（贷款）价值下跌，使投资人遭受损失
	操作风险	P2P 平台	1. 平台因技术和体验原因，导致投资人操作失误 2. 平台因技术和系统原因，导致投资人信息泄露	
	流动性风险	P2P 平台	1. 投资人认购的收益权凭证无法流通 2. 收益权凭证转让范围受限，流动性不强	投资人认购的收益权凭证无法流通，或转让范围受局限，仅限于本平台的投资人间转让，导致投资者不能顺利地转让凭证，流动性不强
	法律合规风险	政策制度	1. 法律不完善 2. 监管存漏洞	法律制度不够完善，监管机构对收益权凭证的收益有不同的解释，可能会导致投资人损失
P2P 平台	信用风险	借款人	1. 借款人破产（能力风险） 2. 借款人骗贷（意愿风险）	借款人因能力和意愿方面的原因违约，导致网贷平台损失
	市场风险	宏观政策和市场风险	1. 利率变动 2. 其他价格变动	因利率等宏观经济变量的变动，导致债权（贷款）价值下跌，使网贷平台遭受损失
	操作风险	平台	1. 平台操作失误 2. 平台因技术和系统原因而遭受外部攻击 3. 结算过程可能存在的风险	
	流动性风险	P2P 平台	1. 平台期限和金额错配 2. 平台权益凭证转让范围较小，流动性不强 3. 行业竞争导致产品异化，产生流动性风险	
	法律合规风险	政策制度	1. 非法集资 2. 涉嫌高利贷 3. 涉嫌非法泄露平台会员信息 4. 涉嫌洗钱	

续表

风险承担主体	风险类型	风险来源	风险成因	备注
借款人	市场风险	宏观政策和市场环境	1. 利率变动 2. 其他价格变动	因利率等宏观经济变量的变动，导致债权（贷款）价值发生不利于借款人的变化
	操作风险	P2P平台	1. 平台因技术和体验原因，导致借款人操作失误 2. 平台因技术和系统原因，导致借款人信息泄露	

资料来源：黄国平、伍旭川（2015）：《中国网络借贷行业发展报告（2014～2015）：P2P 网络借贷平台风险评级与分析》，社会科学文献出版社。

第五章 P2P 网贷市场参与者分析 I：投资者

对于投资者而言，P2P 网贷拓宽了投资者的投资渠道，而且还可以为投资者“量身定做”，通过资产的灵活组合创造出投资者需要的特定的投资品种，以满足不同投资者对期限、风险和利率的不同偏好。[①] 但是，正是由于跳过了“点—中介—点”中间的环节，如何有效控制风险，也成为 P2P 网贷最大的问题。

第一节 投资者行为分析

由于受银行“双降”、股市难以企稳因素的影响，P2P 网贷已经成为当前比较热门的投资理财工具，其以低门槛、高收益、种类多等特点获得了众多投资者的青睐，2015 年网络借贷行业投资者数达 586 万人，较 2014 年增长 405%，网络借贷行业人气明显飙升，预计 2016 年网络借贷行业投资者数将达到 2000 万人；在收益率方面，平均收益率由年初的 15% 降至年底的 12%。[②] 为了了解投资者对 P2P 网贷产品的认识和投资状况，我们设计了《P2P 网络借贷平台投资用户调研》，调查问题主要涉及投资者个人特征、投资经历以及投资于 P2P 网贷的投资经历等，共收回了 2150 份问卷。

---

① 谢平、陈超、陈晓文等（2015）：《中国 P2P 网络借贷：市场、机构与模式》，中国金融出版社。

② 资料来源：网贷之家（2016）：《P2P 行业 2015 年度报告简报》，http：//www. wdzj. com/。

一、投资者的个人特征

从我们回收的 2150 份问卷答案来看，对于投资者的年龄特征信息（参见调查问题 1），返回问卷选择结果显示：25 岁以下年龄段占比超过 15%，25～35 岁年龄段占比近 60%，35～45 岁年龄段占比近 20%，"80 后"成为 P2P 网贷的主力军。这与网络信贷之家最新发布数据在大体分段上基本相近。总体上看，一方面，年轻人比中老年人更容易接受 P2P 网贷这样的新投资渠道。另一方面，"80 后"相比于"90 后"整体财务更自由、资金更为充裕；与"70 后"、"60 后"等年龄段相比，对于互联网的运用更为熟练，拥有更好的互联网理财思维。① 从被调查者的学历层次来看，2150 位被调查者接近 70% 具有本科及以上的学历（参见调查问题 2）。

1. 您属于那个年龄段？[单选题]

选项	小计（人）	比例（%）
25 岁以下	328	15.26
25～30 岁	564	26.23
30～35 岁	717	33.35
35～45 岁	408	18.98
45 岁以上	133	6.19
本题有效填写人次	2150	

2. 您的学历状况如何？[单选题]

选项	小计（人）	比例（%）
高中、中专及以下	235	10.93
大专	440	20.47
本科	1190	55.35
研究生	275	12.79
博士及以上	10	0.47
本题有效填写人次	2150	

① 资料来源：网贷之家（2016）：《P2P 行业 2015 年度报告简报》，http://www.wdzj.com/。其中，投之家数据显示的 26～35 岁的"80 后"占比 40.81%，其次是 36～45 岁的"70 后"人群，占比 25.06%，"90 后"网络借贷投资者占比 13.83%。

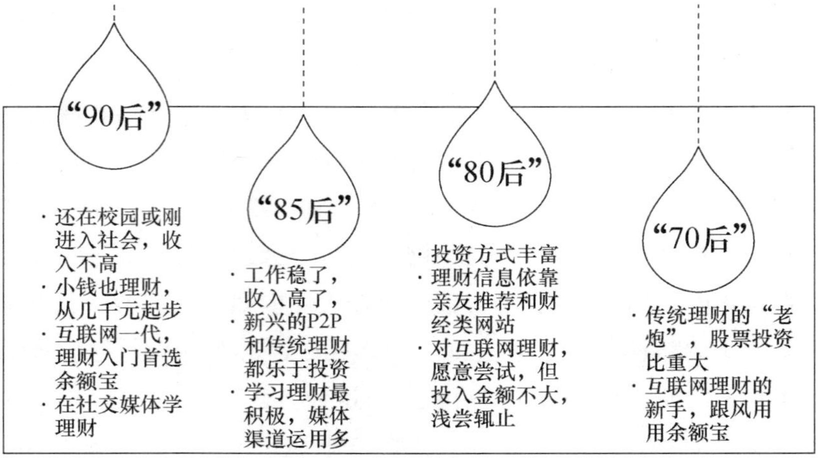

图 5－1　不同年龄层和生活阶段的理财特征

资料来源：AdMaster（2015）：《P2P 投资者行为白皮书》。

从投资者的主要地区分布来看（参见调查问题 3），一线城市和二线城市占比总和超过 70%。据投之家数据，投资者主要分布在沿海地区，其中广东、江苏、浙江、山东、上海这五个省市地区的人数最多，投资者地区分布情况与 P2P 网络借贷地区发展繁盛度基本相一致。① 对于 2150 位被调查的投资者的收入水平（参见调查问题 4），统计结果表明：绝大多数投资者的年收入水平在 5 万～15 万元。一方面，这与年龄分布比较符合，因为年龄特征主要集中在 40 岁以下的年轻人，大多数应该是正在工作的年轻人，而不会是退休人员；另一方面，反映出 P2P 网贷的投资者"草根"居多，以通过 P2P 投资改善经济状况。

3. 您目前所在的城市属于几线城市？[单选题]

选项	小计（人）	比例（%）
一线城市（北上广深）	660	30.7
二线城市（省会、自治区、直辖市）	860	40
三线城市	473	22

① 资料来源：网贷之家（2016）：《P2P 行业 2015 年度报告简报》，http：//www.wdzj.com/。

续表

选项	小计（人）	比例（%）
城镇	115	5.35
农村	42	1.95
本题有效填写人次	2150	

4. 您目前的年收入水平如何？［单选题］

选项	小计（人）	比例（%）
5万元及以下	452	21.02
5万~15万元	916	42.6
15万~25万元	449	20.88
25万~50万元	253	11.77
50万~100万元	70	3.26
100万元及以上	10	0.47
本题有效填写人次	2150	

二、对投资者的投资经历调查

从用于投资的资金量来看（参见调查问题5），1万~10万元占32.37%，10万~20万元占24.74%。尽管投资者集中为年轻人，但实际上他们之前已有相关的投资经历，从我们调查问卷返回结果来看（参见调查问题6），超过70%的投资者有过股票、基金的投资经历，约60%的投资者有过定期储蓄、国债等传统投资产品的投资经历。与此同时，近60%的投资者有互联网理财（余额宝等）、P2P网贷的投资经历。其中，互联网理财方式在理财人群中渗透率已达到88%，预计在2016年互联网理财还将迎来高速增长。此外，从是否有民间借贷的经历（参见调查问题7）来看，没有的占比为53.3%。

5. 您目前用于投资的资金量有多少？［单选题］

选项	小计（人）	比例（%）
1万元以下	388	18.05
1万~10万元	696	32.37

续表

选项	小计（人）	比例（%）
10 万～20 万元	532	24.74
20 万～50 万元	406	18.88
50 万元以上	128	5.95
本题有效填写人次	2150	

6. 您有过以下哪些投资经历？［多选题］

选项	小计（人）	比例（%）
定期储蓄、国债	1298	60.37
股票、基金	1550	72.09
期货、贵金属	458	21.3
外汇、信托产品	296	13.77
房地产、文化投资	363	16.88
分红保险	581	27.02
互联网理财（余额宝等）、P2P 网贷	1287	59.86
其他	10	0.47
本题有效填写人次	2150	

7. 您是否有过民间借贷的经历？［单选题］

选项	小计（人）	比例（%）
有	1004	46.7
没有	1146	53.3
本题有效填写人次	2150	

三、投资者对互联网金融投资的了解与关切

从投资者对互联网金融的了解来看（参见调查问题 8），结果显示近 50% 的投资者了解互联网金融，不了解的大约占 10%。从听说过的互联网金融产品来看（参见调查问题 9），最熟悉的是“余额宝”，其次是 P2P

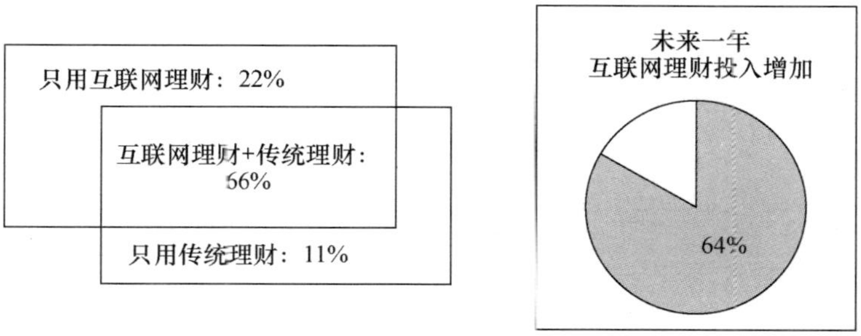

图 5－2　互联网理财方式在理财人群中渗透率

资料来源：AdMaster（2015）：《P2P 投资者行为白皮书》。

网贷和“理财通”。目前，P2P 理财普及程度已接近银行理财产品。从投资者对 P2P 网贷的了解来看（参见调查问题 10），近 60% 的投资者比较了解。从投资者所听说过的 P2P 网贷来看（参见调查问题 11），主要是人人贷、陆金所和阿里金融。

8. 您了解互联网金融吗？［单选题］

选项	小计（人）	比例（%）
非常了解	271	12. 6
了解	1045	48. 6
一般	606	28. 19
不太了解	181	8. 42
没听过（跳转 20 题）	47	2. 19
本题有效填写人次	2150	

9. 您听说过哪些互联网金融产品？［多选题］

选项	小计（人）	比例（%）
余额宝	1938	92. 15
理财通	1549	73. 66
P2P 网贷	1580	75. 13
网银在线	967	45. 98
都没听过	23	1. 09
本题有效填写人次	2103	

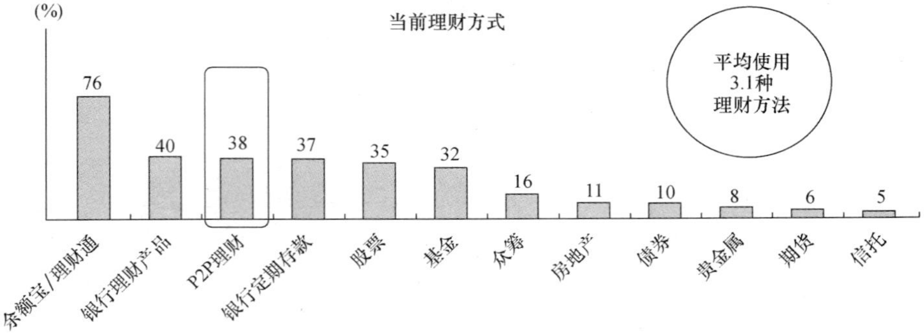

图 5－3　P2P 理财快速崛起，普及程度已接近银行理财产品

资料来源：AdMaster（2015）：《P2P 投资者行为白皮书》。

10. 您听说过 P2P 网贷吗？［单选题］

选项	小计（人）	比例（%）
非常了解	320	15. 22
了解	932	44. 32
一般	541	25. 73
不太了解	224	10. 65
没听过	86	4. 09
本题有效填写人次	2103	

11. 您听说过哪些 P2P 网络借贷平台？［多选题］

选项	小计（人）	比例（%）
宜信	1062	50. 5
人人贷	1585	75. 37
阿里金融	1209	57. 49
平安陆金所	1386	65. 91
其他	186	8. 84
都没听过	163	7. 75
本题有效填写人次	2103	

从投资者通过何种渠道了解并选择平台来看（参见调查问题 12），在

被调查者中，超过一半选择通过媒体宣传和活动推广、亲友推荐以及搜索引擎获得 P2P 网贷平台信息。其中，可能存在的问题是通过上述方式获得投资信息，是否会导致 P2P 网贷平台投资羊群效应？从投资者的终端体验反馈来看（参见调查问题 13），近一半的被调查者选择手机 APP。从 P2P 网贷风险与传统金融理财产品相比较来看（参见调查问题 14），近 70% 认为风险较高。

12. 您一般通过何种渠道了解并选择平台？[多选题]

选项	小计（人）	比例（%）
媒体宣传和活动推广	1300	61.82
亲友推荐	1161	55.21
搜索引擎	1147	54.54
逛论坛，看大家都用什么就跟着用什么	763	36.28
利息高	621	29.53
有集团背景	591	28.1
本题有效填写人次	2103	

13. 您觉得哪种终端的体验更好？[单选题]

选项	小计（人）	比例（%）
网站	429	20.4
微信公众号	358	17.02
手机 APP	989	47.03
人工咨询，直接刷卡	124	5.9
以上都不好	38	1.81
以上都可以	165	7.85
本题有效填写人次	2103	

15. 您认为 P2P 网贷的风险与传统金融理财产品相比如何？[单选题]

选项	小计（人）	比例（%）
风险较高	1124	68.96
感觉差不多	506	31.04
本题有效填写人次	1630	

投资者对于互联网金融中风险与收益的关切（参见调查问题 24～27），主要体现为：第一，期望还款期限为短期。第二，认为互联网技术安全性得不到保障、投资标的不够透明风险大以及国家相关法规制度仍不完善是互联网金融存在的主要风险。第三，遇到过的互联网金融风险主要是个人信息外泄，接到骚扰电话以及投资金额无法提现。第四，投资者对于投资风险和收益更偏向于自行进行投资组合，选择收益稍高的平台分散投资。

24. 当您需要借款时，期望的还款期限为？［单选题］

选项	小计（人）	比例（%）
1～3 个月	102	15.74
半年	252	38.89
1 年	207	31.94
2～3 年	76	11.73
3 年及以上	11	1.7
本题有效填写人次	648	

25. 您认为互联网金融存在的主要风险是什么？［单选题］

选项	小计（人）	比例（%）
互联网技术安全性得不到保障	704	32.74
投资标的不够透明风险大	751	34.93
国家相关法规制度仍不完善	689	32.05
其他	6	0.28
本题有效填写人次	2150	

26. 您遇到过以下哪些互联网金融风险？［多选题］

选项	小计（人）	比例（%）
网上转账被骗，账户金额丢失	472	21.95
个人信息外泄，接到骚扰电话	1318	61.3
账户内存款金额无故减少或丢失	437	20.33
因平台问题，导致投资金额无法提现	606	28.19
被不法分子进行技术攻击，盗取密码导致金钱损失	270	12.56

续表

选项	小计（人）	比例（%）
没有遇到过风险	554	25.77
其他	4	0.19
本题有效填写人次	2150	

27. 您对于投资风险和收益更偏好哪种情况？[单选题]

选项	小计（人）	比例（%）
会自行进行投资组合，但是选择收益低、风险低的平台投资	695	32.33
会自行进行投资组合，选择收益稍高的平台分散投资	1115	51.86
会自行进行投资组合，但是只选择高收益平台投资	207	9.63
完全不会组合投资，不愿意有任何风险	130	6.05
其他	3	0.14
本题有效填写人次	2150	

四、对投资者 P2P 网贷投资使用调查

从对 P2P 网贷平台的使用来看（参见调查问题 14 和调查问题 23），有超过 77% 的被调查者投资过 P2P 网贷理财产品，有近 70% 被调查者从 P2P 网贷平台借过款。在实际中，加深对 P2P 网贷的认识能明显促进理财人群使用 P2P 网贷理财的积极性。从投资者 P2P 网贷产品的投资经历来看（参见调查问题 16），6 个月到 1 年的投资经历与 1～2 年的投资经历各占约 1/3。从投资者对标的期限偏好的统计来看（参见调查问题 19），投资者主要趋向于 1 年以内的短期投资，而且以 3～6 个月以内的短期投资为主。

14. 您投资过 P2P 理财产品吗？[单选题]

选项	小计（人）	比例（%）
有	1630	77.51
没有（跳转 23 题）	473	22.49
本题有效填写人次	2103	

23. 您从 P2P 网贷平台借过款吗？［单选题］

选项	小计（人）	比例（%）
有	648	30.14
没有（跳转 25 题）	1502	69.86
本题有效填写人次	2150	

16. 您投资 P2P 产品的时间有多久？［单选题］

选项	小计（人）	比例（%）
6 个月以内	368	22.58
6 个月到 1 年	550	33.74
1～2 年	533	32.7
2 年以上	169	10.37
从没投过	10	0.61
本题有效填写人次	1630	

19. 您对 P2P 理财产品的一般投资期限为多久？［单选题］

选项	小计（人）	比例（%）
30 天以内	197	12.09
3～6 个月	798	48.96
6～12 个月	473	29.02
1 年及以上	63	3.87
只要觉得合适就投，没有期限要求	99	6.07
本题有效填写人次	1630	

从投资者用于投资的资金主要来源来看（参见调查问题 17），调查结果显示超过 65% 的被调查者是用家庭的闲置资金进行投资。从投资于 P2P 网贷的资金占比来看（参见调查问题 18），资金占比在 20%～50% 的，在被调查者中的比例近 50%。在实际中，投资者用于实际投资的金额不会太多，更多可能是投资者分散投资的结果。

17. 您用于投资的资金主要来源于哪里？[多选题]

选项	小计（人）	比例（%）
零用钱	558	34.23
工资的固定一部分	886	54.36
家庭的闲置资金	1074	65.89
以前在银行的固定存款	472	28.96
其他	11	0.67
本题有效填写人次	1630	

18. 您投资于 P2P 的资金占您资金的比重是？[单选题]

选项	小计（人）	比例（%）
0～20%	629	38.59
20%～50%	751	46.07
50%～80%	238	14.6
80%～100%	12	0.74
本题有效填写人次	1630	

五、投资者选择 P2P 网贷投资时的主要关注因素

当投资者选择 P2P 网贷平台并通过平台进行投资时，从投资者最重点关注的因素来看（参见调查问题 20），资金和信息安全排在了第一位，其次是收益率。由此可见，风控对 P2P 网贷平台至关重要，是能否有效吸引投资者的最重要因素。从投资者认为 P2P 网贷平台规避风险的必备条件来看（参见调查问题 21），投资者进一步决策需要对 P2P 投资标的进行选择。其中，第三方担保机构保本保息以及国家法律的监管约束是被调查者最为关注的 P2P 网贷平台规避风险的必备条件。从被调查者有关在 P2P 网贷平台进行投资时，是否会认真阅读合同条款的反馈情况来看（参见调查问题 22），偶尔阅读和会阅读但不完全理解的各约占 1/3。从对 P2P 网贷平台发展趋势的简单看法来看（参见调查问题 28），50% 的

被调查者认为随着网贷规模的扩大，P2P 网贷平台会逐渐增加，但银行依然是金融服务的主体；近 20% 的被调查者认为 P2P 网平台将会成为未来金融服务的主要方式；另有超过 17% 的被调查者认为 P2P 网贷平台将逐渐规范并成为金融服务的一部分。

20. 您选择 P2P 网络借贷平台以及投资标的最看重的因素有哪些？[多选题]

选项	小计（人）	比例（%）
收益率	1235	73.64
资金和信息安全	1305	77.82
投资门槛	863	51.46
标的透明可靠	867	51.7
资金流动性是否便利	844	50.33
平台背景（是否有银行、政府背景等）	720	42.93
其他	0	0
本题有效填写人次	1677	

21. 您认为 P2P 网络借贷平台规避风险的必备条件有哪些？［多选题］

选项	小计（人）	比例（%）
第三方资金托管	1033	61.6
第三方担保机构保本保息	1241	74
国家法律法规监管约束	1116	66.55
工商营业执照、较高的注册资金	953	56.83
风险备用金	845	50.39
合理的投资收益率	855	50.98
平台信息公开透明	740	44.13
其他	0	0
本题有效填写人次	1677	

22. 您在 P2P 网络借贷平台进行投资时，是否会认真阅读合同条款？[单选题]

选项	小计（人）	比例（%）
不阅读	71	4.23
偶尔阅读	541	32.26
会阅读但不完全理解	619	36.91
认真阅读并逐条理解	446	26.6
本题有效填写人次	1677	

28. 您对 P2P 网络借贷平台发展趋势的简单看法是什么？[单选题]

选项	小计（人）	比例（%）
P2P 网络借贷平台将会成为未来金融服务的主要方式	427	19.86
随着网贷规模的扩大，P2P 网络借贷平台会逐渐增加，但银行依然是金融服务的主体	1075	50
随着监管的加强，P2P 网络借贷平台会逐渐减少	218	10.14
P2P 网贷只是金融服务暂时的搅局者，不会有长时间持续发展	55	2.56
P2P 网络借贷平台将逐渐规范并成为金融服务的一部分	375	17.44
本题有效填写人次	2150	

第二节 基本理论、关键技术与实证分析

P2P 网贷是个体和个体之间通过互联网平台实现的直接借贷。[①] P2P 网贷模式的核心主要表现为个体对个体的信息获取和资金流向，在债权债务关系中逐步脱离了传统的资金媒介。与银行借贷“点—中介—点”

① 戴相龙（2014）：《领导干部金融知识读本》（第三版），中国金融出版社。

模式相比，P2P 网贷是“点—点”模式。在本质上，P2P 网贷更像是一个债券市场，是一种个人之间的非标债权交易。从起源上来看，P2P 网贷属于金融脱媒。

一、基本理论：投资者偏好与资产组合选择

综观 P2P 网贷中诸多投资现象，对于投资者，P2P 网贷实际上是投资者放弃当期消费，以 P2P 网贷所提供的非标债权资产形式持有的一种投资品。2015 年，P2P 网贷爆发的风险而引起的投资者维权活动此起彼伏。据相关统计，目前已发生的 P2P 网贷非法集资案件中，多数投资者未能挽回本金损失。① 因此，从本质上讲，P2P 网贷可被视为一种违约风险较大的高收益债券。

与投资于其他投资品一样，投资者的偏好同样是影响 P2P 网贷投资的重要因素，即投资行为具有依赖于不同投资者的个体行为的属性。对于风险偏好的投资者，其投资行为倾向于追求高额的风险报酬率，从而愿意承担风险，并放弃本来可以有保证获得的无风险报酬率；对于风险厌恶的投资者，其投资行为可能更倾向于获取保守的无风险报酬，而避免承担额外的不确定性和风险。②

概括而言，考察投资过程，实际上就是分析一个投资者如何进行投资决策的过程。其中，投资决策的基础是选择预期回报和风险的一定组合。基于投资者资产选择角度，以投资的风险和回报的权衡为中心，资产组合管理理论深入研究了资产的风险因素对投资者决策的影响，进而从理论上为投资者指明了降低风险、建立起最优投资组合的方向和路径。根据资产组合理论推出 Markowiz 有效边界理念，追求同样风险下最高投资收益的理性投资者应选择资产组合区间，而非哪一个确定的点。具体选择哪一个点，取决于投资者的偏好：对于不同的投资者来说，是否“最好”，取决于他对风险的承受能力。③ 在理论上，与债券定价相似，

① 从公认的 P2P 网贷定义来看，界定 P2P 网贷与非法集资的红线，关键是要看投资者的资金是否进入了 P2P 网络借贷平台公司自己的账户。

② 刘红忠（2003）：《投资学》，高等教育出版社。

③ 黄达（2012）：《金融学》（第三版），中国人民大学出版社。

P2P 网贷的利率定价也等于无风险利率与风险溢价之和，并且信用评级越低，风险溢价越高，从而实现风险和收益平衡。

二、关键技术：贷款利率定价、信用评级与组合构建工具

P2P 网贷平台之所以能够吸引借款者和投资者，主要原因就在于使借贷双方的收益最大化、成本最小化。从收益来看，实际上债券支付利息是公司向投资者所做出的承诺，投资者购买债券就是冲着利息收入来的。在本质上，P2P 网贷可视为一种违约风险较大的高收益债券。一方面，P2P 网贷可以让部分原来应由投资者分享但却让渡给银行的收益重新回到投资者手中；另一方面，P2P 网贷投资者也直接承担借款者的信用风险。从核心技术来看，对于借款者，P2P 网贷主要采用信用评级和贷款利率定价机制。[①] 以美国 Lending Club 为例，随着贷款人信用评级的下降，2010～2014 年 Lending Club 贷款年化利率为 5%～12% 不等，平均 10.1%，贷款金额为 5000～30000 美元不等，金额越大，利率越高。[②]

对于投资者，P2P 网贷主要涉及组合构建工具。根据渐进单因子风险模型框架，以 L 表示贷款组合收益率，在风险充分分散时，贷款组合中发生违约的比例 L^* 的累积概率分布为 $F(x)=\Pr(L^*\leqslant x)=\Phi\left[\frac{\sqrt{1-\rho}\Phi^{-1}(P)}{\sqrt{\rho}}\right]$，其中 ρ 为 $0.12\left(2-\frac{1-e^{-50P}}{1-e^{-50}}\right)$，组合遭受损失的概率为 $\Pr(L<0)=\Pr\left(L^*>\frac{r}{r+\lambda}\right)=1-F\left(\frac{r}{r+\lambda}\right)$。在 r、λ、P 等参数的通常取值下，不难证明：与集中型贷款组合相比，分散型贷款组合更不易遭受损失。[③]对于投资者而言，这种风险分散效果在理论上是非常明显的。

三、实证分析：OLS 回归与 VAR 方法

从不同市场间的关联来看，由于商业银行是当前我国债券市场的主

---

①③　谢平、邹传伟、刘海二（2014）：《互联网金融手册》，中国人民大学出版社。

②　杨涛（2015）：《互联网金融理论与实践》，经济管理出版社。

力，考察商业银行金融债券（普通债）当月发行量、P2P 网贷月度成交量和 P2P 网贷当月投资者数之间的关系。见图 5 -4，2015 年 11 月，P2P 网贷当月投资者数和 P2P 网贷月度成交量同时达到最高点，与此同时，普通债当月发行量出现低点。在此之前，P2P 网贷当月投资者数和 P2P 网贷月度成交量两者同步提升，并且在进入 2015 年以后出现大幅上涨。2015 年 11 月以后两者开始下降。与此同时，普通债当月发行量也冲高回落。总体来看，在走势上，P2P 网贷月度成交量和 P2P 网贷当月投资者数走势大致相似，在规模上，2015 年以前 P2P 网贷月度成交量低于普通债当月发行量，2015 年以后两者已大体相当。这表明，P2P 网贷市场与商业银行金融债券市场之间已存在一定的联动作用。

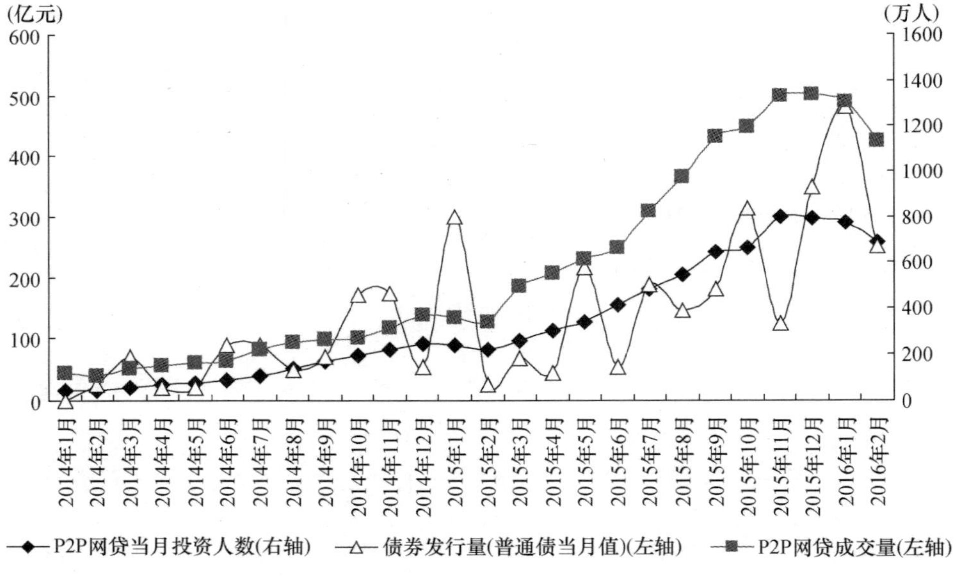

图 5 -4　普通债当月发行量、P2P 网贷月度成交量与 P2P 网贷当月投资者数

资料来源：网络借贷之家、中国债券信息网、Wind 资讯。

从三者之间的关系来看，选取样本为 2014 年 1 月至 2016 年 2 月共计 26 个月度数据，根据计量经济学方法，首先对 P2P 网贷当月投资者数（Y）、P2P 网贷月度成交量（X）和普通债当月发行量（Z）取对数后进行 OLS 分析。见式（5.1），P2P 网贷当月投资者数（Y）与 P2P 网贷月度成交量（X）显著正相关，并且 P2P 网贷月度成交量提升 1%，P2P 网贷当月投资者数也相应提升 1%。从三个变量间的因果关系来看，见表 5－1，P2P 网贷当月投资者数（Y）与 P2P 网贷月度成交量（X）的变化均是造成普通债当月发行量（Z）变化的格兰杰原因，并且这种影响的时滞较短，在 2 个月后就十分显著。

$$\log(Y) = -2.0550 + 1.0504 \times \log(X) + 0.0417 \times \log(Z)$$
$$(-9.885466) \quad (22.18846) \quad (1.010391)$$
$$R^2 = 0.9790 \qquad DW = 0.598157 \tag{5.1}$$

表 5－1　格兰杰因果关系（Granger Causality）检验

Null Hypothesis	Obs	F－Statistic	Prob.
Y does not Granger Cause X	24	0.02641	0.9740
X does not Granger Cause Y		2.07436	0.1532
Z does not Granger Cause X	24	0.98866	0.3904
X does not Granger Cause Z		9.20928	0.0016
Z does not Granger Cause Y	24	0.49760	0.6157
Y does not Granger Cause Z		10.7633	0.0007

考虑到 OLS 分析可能会产生解释变量的内生性问题，进一步使用 VAR 方法，考察 P2P 网贷当月投资者数（Y）、P2P 网贷月度成交量（X）和普通债当月发行量（Z）三者之间的动态影响。见图 5－5，实证研究的结果表明：第一，P2P 网贷月度成交量（X）的一个脉冲对 P2P 网贷当月投资者数（Y）有较显著的持续的正向效应，尤其是在前 4 个月。第二，P2P 网贷月度成交量（X）的一个脉冲对普通债当月发行量（Z）在前 2 个月有负向效应，在 2 个月后又产生持续的正向效应。这表明 P2P 网络借贷市场在短期可能会对普通债市场形成一定替代效应，在长期两者可能会共同发展。第三，P2P 当月投资者数（Y）的一个脉冲对普通债当月发行量（Z）在前 3 个月有正向效应，在 3 个月后又产生负向效应并且在 10 个月后逐步衰减。这表明 P2P 当月投资者数提升在短期可能会带

动普通债当月发行量，但与此同时也逐渐形成一定的负面压力，大约 10 个月后这种压力趋于消失。

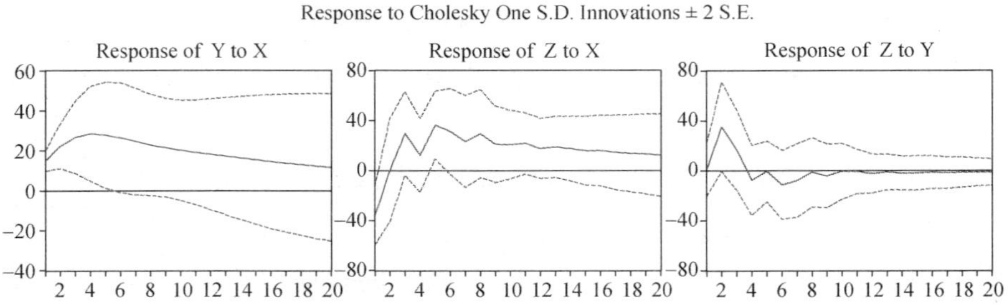

图 5－5 脉冲响应（虚线为正负 2 个标准误差）

回顾金融脱媒的发展，投资银行的兴起使大企业成功脱媒，垃圾债券的兴起使中小企业成功脱媒，P2P 网贷的兴起有望使个人消费者成功脱媒。实证分析表明，逐步标准化的 P2P 网贷产品既与其他已成熟的债券产品相近，同时作为中国高收益债券的萌芽，P2P 网贷也在弥补中国债券市场的不足。当然若要使 P2P 网贷发挥其更大的积极作用，为中国多层次资本市场建设提供支持，则首先需要在培养投资者的风险自担意识方面投入更大的力量。

第三节 对投资者的一般风险提示

P2P 网贷投资受到追捧的同时，其本身所蕴含的高风险也不容忽视。由于监管缺位、门槛虚置，P2P 网贷平台在 2013 ~ 2015 年野蛮生长，其中不乏一些借 P2P 网贷投资理财之名，行金融欺诈之实的平台；更多的则是看到行业丰厚的利润，盲目涉足，结果缺乏专业的金融从业经验和风控能力，导致资金链断裂，经营失败，一走了之。同时，投资者缺乏基本的投资知识，其风险认识能力和风险承受能力较低，“风险自担”的投资理念还未深入人心。对于投资者而言，其面临的风险主要是一般的风险以及刑事风险。一般风险主要有指投资者在投资活动中可能面临的尚未触碰刑事法律的风险，也是投资活动中经常存在的基本的风险。对于投资者而言，一般风险主要有信息不对称风险、羊群行为风险、个人信息泄露风险、投资集中风险、本金损失风险等。

一、信息不对称风险

信息不对称是指从事市场经济活动的双方或多方对于同一个事物所掌握的信息是有差异的，掌握信息较为充分的一方往往能够根据其自身需要做出更加有利于自身利益的决策，而信息获取处于相对劣势的一方则往往处于较为被动的地位。P2P 网络借贷平台是信息中介，必须起到信息中介的作用，即降低出借人和借款者之间的信息不对称程度，通过自身的大数据风控系统，并借助互联网征信机构和传统征信机构，帮助出借人筛选借款者。在《网络借贷信息中介机构业务活动管理暂行办法》中规定："网络借贷信息中介机构应当履行下列义务：①依据法律法规及合同约定为出借人与借款者提供直接借贷信息的采集整理、甄别筛选、网上发布，以及资信评估、借贷撮合、融资咨询、在线争议解决等相关服务；②对出借人与借款者的资格条件、信息的真实性、融资项目的真实性、合法性进行必要审核；③采取措施防范欺诈行为，发现欺诈行为或其他损害出借人利益的情形，及时公告并终止相关网络借贷活动；④持续开展网络借贷知识普及和风险教育活动，加强信息披露工作，引导出借人以小额分散的方式参与网络借贷，确保出借人充分知悉借贷风险；⑤按照法律法规和网络借贷有关监管规定要求报送相关信息，其中网络借贷有关债权债务信息要及时向网络借贷行业中央数据库报送并登记"。

由于我国信息披露机制的不健全，P2P 网贷信息不对称问题尤为突出。在《网络借贷信息中介机构业务活动管理暂行办法》中规定："网络借贷信息中介机构应当实时在其官方网站显著位置披露本机构所撮合借贷项目交易金额、交易笔数、借贷余额、最大单户借款余额占比、最大10 户借款余额占比、借款逾期金额、代偿金额、借贷逾期率、借贷坏账率、出借人数量、借款者数量、客户投诉情况等经营管理信息。网络借贷信息中介机构应当在其官方网站上建立业务活动经营管理信息披露专栏，定期以公告形式向公众披露年度报告、法律法规、网络借贷有关监管规定及工商登记注册地省级网络借贷行业自律组织要求披露的其他信息，内容包括但不限于机构治理结构、董事、监事、高级管理人员及管理团队情况、经会计师事务所审计的财务会计报告、风险管理状况、实收资本及运用情况、业务经营情况、与资金存管机构及增信机构合作情况等。”由于信息披露机制的不健全 P2P 网贷模式被大肆用于金融诈骗。信息不对称风险将进一步引发羊群效应、道德风险和信用风险。

二、羊群行为风险

羊群行为是指在信息不充分的情况下，人们在采取决策和行动的时候通常偏向于选择模仿他人的行为。从主观上羊群行为也可分为理性的羊群行为和非理性的羊群行为。理性的羊群行为是基于自己分析的基础上，融合对他人行为的观察，作为对自己分析的补充从而弥补自己信息的不全面或是分析能力的有限。非理性的羊群行为则是放弃了自身的分析，仅凭对他人行为的观察来采取行动，虽然这样一种模仿行为对于个体投资者而言在信息不足或是自身分析能力有限的情况下不失为一种可行的行为决策方法，但是这样一种决策方法却加大了自身行为的盲目性。在 P2P 网贷投资中，非理性羊群行为更多地表现在没有提供本金担保的平台中，由于害怕自己投资资金的损失，往往投资者采取先观察后投资的行为，青睐于那些满标速度快、多人推荐的标的。

“e 租宝”事件就清楚地展示了所谓的非理性羊群行为，“e 租宝”短短一年的时间建立起了自己的帝国，其方法就是大力宣传，借助人们对于央视和各大卫视的信任，花费重金投标黄金段广告，并且赞助高铁，拥有自己署名的高铁“e 租宝号”；被央行多次提示投资者注意风险的“MMM 平台”，其手段是利用网络传销，拉人头最终形成金字塔式的结构，众多被骗的投资者都是在熟人与亲属的拉拢下涉足“MMM 平台”，两轮正常的返利，打消投资者心中的疑惑，进入第三轮后，投资者在利益的驱动下投入重金，平台实际控制人立即圈钱“跑路”。研究表明，投资者羊群行为主要受借款者性别、年龄、收入、学历、婚姻、待还款总额、信用评级、借款利率、借款期限、已完成借款进度和已投资者数这些因素的影响。①

三、个人信息泄露风险

我国的 P2P 网贷平台大多属于草根创业，资金与技术都相对有限，对网络技术风险普遍重视不足。在《网络借贷信息中介机构业务活动管理暂行办法》中规定：“网络借贷信息中介机构应当加强出借人与借款者信息管理，确保出借人与借款者信息采集、处理及使用的合法性和安全性；网络借贷信息中介机构及其资金存管机构、其他各类外包服务机构等应当为业务开展过程中收集的出借人与借款者信息保密，未经出借人与借款者同意，不得将出借人与借款者提供的信息用于所提供服务之外的目的；在中国境内收集的出借人与借款者信息的储存、处理和分析应当在中国境内进行。除法律法规另有规定外，网络借贷信息中介机构不得向境外提供境内出借人和借款者信息。网络借贷信息中介机构应当实行自身资金与出借人和借款者资金的隔离管理，选择符合条件的银行业金融机构作为出借人与借款者的资金存管机构。”根据零壹数据的统计，从 P2P 网站展现的认证信息来看，仅有 11.4% 的网站采用了 HTTPS 安全超文本传输协议，并在数据传输中使用了 SSL 加密。P2P 网站的软件系统大部分外包给第三方外部公司完成，安全技术难以把关，部分外部公司为了牟利甚至在系统中预留后门。第三方公司为了降低成本，往往将一个版本运用于多家 P2P 网贷公司。在 2012 年末，淘宝网出现了标价仅 2000 元的 P2P 网贷平台网站代码后，P2P 平台网络建设的成本进一步下降，安全性也随之下降。网络技术的风险大多源于黑客的攻击。原本安全性不足的网络系统，加上 P2P 网站因为使用相同代码而导致的普遍性漏洞，给黑客攻击创造了技术可能性。此外，大量 P2P 网贷公司游走于灰色地带，并可能存在部分原罪，本身畏惧使用法律武器维护网站安全。

新的 P2P 网贷平台的技术系统大多数来自第三方，价位在几万元到

---

① 王川（2012）：《P2P 网络借贷中投资者羊群行为研究及影响因素》，首都经济贸易大学硕士学位论文。

几十万元，平台的设计者可能会因为对相应的业务流程不够了解，从而对运行中可能存在的风险点考虑不周全，这样的系统可能存在高危安全漏洞，使其容易受到黑客攻击。另外，P2P 网贷平台还未建立起完善的风险控制体系，用户的资金安全和信息安全得不到较好保障。P2P 网贷平台的交易双方，都要在网络上提交个人信息，拥有个人账户，并且记录所有的交易数据，无论是作为用户端的计算机还是作为服务器的计算机受到黑客攻击或者其他形式的侵害，个人数据都很容易泄露，会对个人权益造成较大的威胁。

四、投资集中风险

投之家数据显示，42.31% 的投资者选择“将鸡蛋放在一个篮子里”，57.69% 的投资者投资的平台数量在 2 家及以上。P2P 网贷投资最基本的原则是“小额分散”，然而由于 P2P 网贷平台自身风险巨大，在监管政策落地后，投资者应当更多地将资金分散于信息披露完善，风控实力强的优质平台，而不是简单地机械分散。大多的 P2P 网贷平台上的贷款项目都是进行风险定价的，即收益越高，风险越高。反之，稳健的产品往往收益较低。所以为了在追求一定收益的同时，降低风险，必须在不同利率区间的贷款标的中进行分散投资。

一般来说，高收益的占 20% 左右，中等收益的占 60% 左右，低息平台占 20% 左右是比较合理的布局。P2P 网贷平台都会发布不同期限的借款标的，短期标资金回笼速度快，长期标收益较高。此外，时间上的分散还可以将资金分成多份，第一天投第一份资金，过十几天投第二份资金，接着再投第三份资金，这样循环下去，待还款期限到后，投资者就可以陆陆续续拿回好几笔资金。一旦平台不幸出现风险，采用这种方法的投资者可能已经有一些投资到期并顺利提出本息，避免了大量资金留在平台。

五、本金损失风险

任何投资行为都是有风险的，P2P 网贷是一个高风险、高收益的投资行业，在《网络借贷信息中介机构业务活动管理暂行办法》中就明确规定："网络借贷信息中介机构应当向出借人以醒目方式提示网络借贷风险和禁止性行为，并经出借人确认；网络借贷信息中介机构应当对出借人的年龄、健康状况、财务状况、投资经验、风险偏好、风险承受能力等进行尽职评估，不得向未进行风险评估的出借人提供交易服务。出借人应了解融资项目信贷风险，确认具有相应的风险认知和承受能力；自行承担借贷产生的本息损失。"

据网贷之家公布的数据显示，截至 2016 年 2 月底，网络借贷行业累计问题平台达 1425 家，而行业累计平台总数为 3944 家（含问题平台），问题平台占比达 36%，已超三成，但投资者维权成功的案例却较为鲜见，回款几率仅为两成左右，八成投资者血本无归，而从已立案的 P2P 网贷平台看，能取回的本金仅为投资金额的 40% 以内。以铜都贷为例，其于 2013 年 5 月上线，2013 年 11 月 2 日仅运行半年，平台因资金链告急而被警方介入调查。直至 2015 年 12 月，安徽铜陵铜官山区人民法院正式公告披露，平台应退赔 1682 名受害人近 1 亿元经济损失。截至目前，可执行的退赔总金额约为 1200 万元，即所有受害人均按约 12.3% 的比例退赔。

六、道德风险

从事经济活动的人在最大限度地增进自身效用的同时做出不利于他人的行为，这种行为就被称为道德风险，这种风险也同样产生于信息不对称。在 P2P 网贷投资中，投资者无疑是信息最为匮乏者，因此也是所有风险的积聚者。一方面，P2P 投资者缺乏对于借贷平台真实的、全面的信息掌握，往往导致平台经营者任意支配投资者资金，沉淀资金，甚至产生自融等金融风险，严重损害投资者的利益，2016 年两会期间"首付贷"已经被周小川行长认定违法，其本质就是平台经营者任意修改投资者资金用途，放大楼市杠杆，沉淀金融风险；另一方面，投资者对于借款者的信息掌握不全，导致了借款者出现逾期，平台坏账率居高不下，甚至有些恶性借款者存在诈骗的嫌疑。

七、信用风险

信用风险又称违约风险，是指借款者、证券发行人或交易对方因种种原因，不愿或无力履行合同条件而构成违约，致使银行、投资者或交易对方遭受损失的可能性。P2P 网贷中信用风险是指借款者因各种原因未能及时且足额偿还债务而违约可能性。信用风险按借贷主体不同，又分为企业信用风险和个人信用风险。P2P 网贷是一种点对点（Peer - to - Peer）的个人信贷行为，所以这里的信用风险是指个人信用风险。在 P2P 网贷投资中，借款者不具有契约精神而发生逾期和坏账的概率较大，P2P 网贷投资作为金融业态的补充，其服务的客户主要为个人创业者或者中小微企业，由于征信体系不健全，各个网络借贷平台成为信息孤岛，借款者信用成本低，因此逾期和坏账率较高。控制信用风险、缓解信任危机需建立与完善信息开放与共享机制，填补行业信用信息空白，同时引入大众与第三方评级机构进行信用等级评估，协助行业监管体系的构建与落实。

首先，P2P 网贷平台未能建立系统的借款者信用风险评估机制，无法对借款者的信用做出较为准备的判断，这是 P2P 网贷所面临风险的源头，也是其最大风险隐患；其次，没有对借款者还款能力进行预评估，贷款人只能根据平台所提供的资料感性判断借款者的还款能力；最后，大多数 P2P 网贷的借款利率在 10% ~15%，远高于传统商业银行的借款利率，加上 P2P 网贷平台的账户管理费、手续费、担保费等，借款者实际承担的综合利率接近 20%，我国法律认定超过同期银行贷款利率 4 倍即为高利贷，高昂的借款利率增加了借款者的违约概率。

八、斯德哥尔摩风险[①]

P2P 网贷投资者在明知道犯罪分子从事非法集资的情况下，依旧选择相信犯罪分子可以骗到更多的钱，并且自身可以在泡沫破灭之前逃出骗局。投资者在一定程度上成为非法集资犯罪分子的帮凶，加大了规避行业风险的难度。正是投资者这种心态影响了经侦部门对于 P2P 犯罪平台的打击处理，在投资前期，打击犯罪平台是最佳时机，但由于投资者不

① 斯德哥尔摩综合征是指犯罪的被害者对于犯罪者产生情感，甚至反过来帮助犯罪者的一种情结。

理解，考虑利益最大化，阻挠经侦部门开展工作，甚至采用极端的上访等方式干预司法独立，而当诈骗泡沫破碎时又因血本无归而干扰司法部门工作。

第四节 对投资者的刑事风险提示

一、洗钱风险

我国《刑法》明确规定明知是毒品犯罪、黑社会性质的组织犯罪、恐怖活动犯罪、走私犯罪、贪污贿赂犯罪、破坏金融管理秩序犯罪、金融诈骗犯罪的违法所得及其收益，为掩饰、隐瞒其来源和性质，而提供资金账户的，或者协助将财产转换为现金、金融票据、有价证券的，或者通过转账或者其他结算方式协助资金转移的，或者协助将资金汇往境外的，或者以其他方法掩饰、隐瞒犯罪所得及其收益的来源和性质的行为构成洗钱罪。P2P 网贷平台的洗钱风险主要由以下缺陷造成：

（1）法律责任和义务的不明确加大反洗钱监管难度，目前我国还没有制定明确的法律法规对此种新兴业务进行约束和规范，从而导致网贷业务的进入门槛低，极易复制，并且由于相关的立法尚属于空白，使得 P2P 网络借贷业务定位和风险防控出现了无据可依的状况，致使业务监管的缺位。法律法规的空白，业务监管的真空以及商家资质的良莠不齐极大地增加了经济犯罪诱发的可能性。与此同时，网络借贷平台还缺乏报送可疑交易报告、进行交易记录保存等反洗钱责任和义务的约束，极易被不法分子利用，成为新的洗钱通道。

（2）认证措施宽松致使客户身份识别存在缺陷，客户身份识别在反洗钱制度体系中处于基础核心地位，尽管国内许多 P2P 网贷平台制定了相关的客户身份识别措施，但由于其非面对面的业务性质，使其身份认证存在缺陷和风险。国内 P2P 网贷平台在业务开展初始均会要求借贷双方进行相关信息的注册认证，例如填写姓名、职业、住址、单位、身份证号、联系方式等基本资料，并对姓名和身份证信息进行核查以检验真实性，但是对于冒用他人身份资料、一人控制多个身份证件注册多个账户等现象还是难以排除，更有甚者会出现一人同时注册为贷款人和借款者，利用平台进行自融资，通过不断地发布借款信息和竞标，实现“洗白”黑钱的目的。

（3）虚拟账户屏蔽了对资金流向的有效监控，P2P 网贷业务的资金流转主要通过第三方支付的账户来实现。平台的虚拟账户可以与绝大多数的银行账户相关联，通过虚拟账户可以快速、高效地转移资金，但是却使得完整的资金流转过程被割裂成两个看起来无关联的交易，屏蔽了银行对资金流向的识别。且现今未有相关的法律法规明确规定 P2P 网贷平台承担客户身份识别和可疑交易报告等反洗钱的责任，即网络借贷平台不需要将资金流转数据向监管部门或是金融机构进行报送，从而使得原本按照法律规定通过金融机构报送可疑交易来打击洗钱犯罪的效果受到了限制，加大了监管部门对于资金流向的追踪难度。

（4）产品结构的复杂性为洗钱提供了多样化渠道，P2P 网贷平台提供了多元化的产品结构和特定化的服务方式来满足广大客户群体的不同需求，同时也为洗钱分子提供了多样化的渠道。首先，从统计数据来看，大部分 P2P 网贷业务产品的年化利率均保持在 12% ~22%，而期限多数规定在 1 ~6 个月，尤其是秒标，作为对投资者的一种变相回馈方式，融资后资金会在 24 小时内连本带息还清。如此高效高收益的产品种类非常符合洗钱分子对于快速周转并且获取收益的要求，具有极大的诱惑力。其次，在 P2P 网贷业务操作中，投资者还可以将资金分散进行部分投标，洗钱分子可以轻易利用这一特性将资金分拆后贷给不同的借款者，从而掩盖了资金本来的属性，不利于大额和可疑交易的识别和监测。最后，由于法律法规和监管主体的空白以及业务定位的缺失，国内许多 P2P 网贷平台相继推出了概念模糊的债权转让、理财计划等业务产品类型，蕴含较大的洗钱风险。

（5）线上非面对面交易洗钱风险不易识别，P2P 网贷业务中网络技术运用的普遍性使得借贷双方了解的信息仅限于网络发布的信息，尤其是在线上交易模式中体现得更为明显。并且在缺乏法律约束和主体监管的现状下，P2P 网贷平台对资金来源和借款用途等相关信息的审核缺乏制度约束力，往往流于形式。而资金的划转无须面对银行业务人员和柜台，只需通过网上银行方式即可进行转账的非面对面交易特性在这一定程度上也为洗钱者隐匿、掩饰违法所得，清洗黑钱提供了便利条件，极易引发洗钱风险。

二、高利转贷风险

我国刑法中的高利转贷罪，是指以转贷牟利为目的，套取金融机构信贷资金高利转贷他人，违法所得数额较大的行为。认定高利转贷行为必须把握以下几点：

（1）“套取”行为的认定。刑法有关本罪的规定明确将“套取金融机构信贷资金”作为构成犯罪的前提条件，也即高利转贷罪的客观行为构成要件之一是套取金融机构信贷资金，这里所谓“套取金融机构信贷资金”，是指行为人在不符合贷款条件的前提下，以虚假的贷款理由或者贷款条件，向金融机构申请贷款，并且获取由正常程序无法取得的贷款。判断行为人的行为是否是套取，关键是看行为人贷款的实际用途，事实上借款者不按照正常的贷款用途使用贷款，这就证明了其贷款的理由和贷款的条件均是虚假的。在 P2P 网贷中，由于无法识别投资者资金来源，导致存在投资者用虚假的理由骗取银行等金融机构的贷款，进而投资 P2P 网贷赚取高额利息的行为。根据中国人民银行《贷款通则》的相关规定，借款者不得用贷款从事股本权益性投资，国家另有规定的除外；不得套取贷款用于借贷牟取非法收入；不得采取欺诈手段骗取贷款。借款者有下列情形之一的，由贷款人对其部分或全部贷款加收利息：①用贷款进行股本权益性投资的。②套取贷款相互借贷牟取非法收入的。不得进行高利转贷，否则不仅加收利息，而且会被收回贷款进行处罚。

（2）“高利”标准的认定。高利转贷罪中“高利”不能以民间高利贷的标准作为衡量标准，而应以金融机构同期贷款利率为标准，只要高于这一标准进行转贷，即可视为高利转贷。P2P 网贷平台其贷款利率均超过 15%，明显高于金融机构同期贷款利率。

（3）“转贷牟利”目的认定。行为人转贷牟利目的产生的时间不应该成为影响本罪构成的因素。即如果行为人在套取金融机构信贷资金前就产生转贷牟利的目的，自然可以构成本罪；如果行为人在套取金融机构信贷资金后产生转贷牟利目的，同样也可以构成本罪。这是因为，首先，行为人转贷牟利目的产生的时间其实很难加以确认。如果我们强调在套取金融机构信贷资金后产生牟利目的，就不构成本罪，就会导致行为人以此为借口而逃脱刑法的制裁。特别是在司法实践中，要准确证实行为人转贷牟利目的产生的时间，不仅会徒增司法成本，且实际也无法做到。其次，转贷牟利目的产生的先后，对于套取金融机构信贷资金行为的认定并不会产生实质的影响。

第六章　P2P 网贷市场参与者分析Ⅱ：借款者

借款者即融资者，是指 P2P 网贷市场中以自身信用（或第三方担保）为基础，从投资者处获得资金的个人或企业，也就是资金的使用方。在所有 P2P 网贷中，借款者与投资者、P2P 网贷平台不可或缺。但是在现有的风险研究中，学者们更多地以投资者和 P2P 网贷平台作为切入点，而对借款者风险的分析则相对有限。因此，本章就尝试从借款者入手分析 P2P 网贷中蕴含的风险。为使本章的分析更加全面，这里的借款者风险具有双重含义：一是借款者通过 P2P 网贷平台融资时产生的风险；二是借款者通过 P2P 网贷平台融资时面对的风险。

第一节　借款者的基本情况

借款者是 P2P 网贷的直接参与者，也是 P2P 网贷资金的使用者，其质量不仅关系到投资者的资金安全，也在一定程度上决定着平台的生死。在分析借款者风险之前，对借款者的基本情况有一定的了解是非常必要的。在衡量指标上，本节主要选择借款者数量、借款金额、借款期限、借款利率等指标反映借款者的多方面情况。

一、借款者数量

从借款者总数上看，2014 年，P2P 网贷取得了很大进展，借款者数量超过了 100 万人。2015 年，P2P 网贷继续保持了高速增长，截止到 2015 年末，P2P 网贷的借款者已达 501.52 万人，是 2014 年借款者数量的近 5 倍。从近两年的月度数据看，P2P 网贷的借款者数量基本上呈逐月上升的态势，但在每年 10 月（“双十一”前的一个月），借款者数量的增长率都会降至很低的水平，而在每年 2 月（大致是春节所在的月份），借款者数量甚至会有所下降，这意味着，P2P 网贷会受到整体商业环境的影响，并且具有一定的周期性。从近两年的累计数据看，P2P 网贷的借款者数量的增长率并没有出现显著的下降，可以预见，P2P 网贷的借款者数量仍将快速增长。

表 6－1　P2P 网贷的借款者数量（2014～2015 年）

月份	2014 年			2015 年		
	本月借款者数量（万人）	变动率（%）	累计借款者数量（万人）	本月借款者数量（万人）	变动率（%）	累计借款者数量（万人）
1	3.77	—	3.77	19.1	3.24	19.1
2	2.67	－29.18	6.44	16.18	－15.29	35.28
3	4.38	64.04	10.82	18.17	12.3	53.45
4	5.95	35.84	16.77	22.69	24.88	76.14
5	6.15	3.36	22.92	27.84	22.7	103.98
6	8.34	35.61	31.26	33.04	18.68	137.02
7	9.89	18.59	41.15	44.13	33.57	181.15
8	9.09	－8.09	50.24	54.94	24.5	236.09
9	12.19	34.1	62.43	56.91	3.59	293
10	12.7	4.18	75.13	58.09	2.07	351.09
11	14.9	17.32	90.03	71.94	23.84	423.03
12	18.5	24.16	108.53	78.49	9.1	501.52

资料来源：据网贷之家数据整理和计算。

分地区看，P2P 网贷的借款者主要集中在广东、北京和上海。其中，上海的借款者数量最多，2015 年达到 193.68 万人，占总数的 38.62%；北京的借款者数量仅次于上海，2015 年为 164.04 万人，占总数的 32.71%；广东的借款者数量在三个省市中最少，2015 年是 99.25 万人，占总数的 19.79%。与 2014 年相比，P2P 网贷的借款者集中度进一步提升，广东、北京和上海三省市的借款者已经占到了总数的 91.12%，比 2014 年上升了 8.92%。江苏、湖北、山东和四川等省份的 P2P 网贷的借款者数量虽有增加，但所占份额快速下降，可以看到，P2P 网贷在各地区的发展情况很不均衡。

表 6－2　各地区 P2P 网贷的借款者数量（2014～2015 年）

地区	2014 年		2015 年		
	借款者数量（万人）	比重（%）	借款者数量（万人）	变动率（%）	比重（%）
四川	1.52	1.45	4.16	173.68	0.83
湖北	1.24	1.19	2.8	125.81	0.56
山东	2.05	1.96	3.84	87.32	0.77
江苏	1.67	1.6	2.68	60.48	0.53
上海	47.76	45.69	193.68	305.53	38.62
浙江	9.65	9.23	27.82	188.29	5.55
北京	22.28	21.31	164.04	636.27	32.71
广东	15.89	15.2	99.25	524.61	19.79
其他	2.48	2.37	3.23	30.24	0.64

资料来源：据网贷之家数据整理和计算。

从平台类型上看，民营背景的平台的借款者数量最多，2015 年是 326.34 万人，占总数的 61.43%；国资、上市公司和银行背景的平台的借款者数量虽均有大幅提升，2015 年分别为 25.84 万人、60.01 万人和 38.58 万人，但其借款者数量之和仍未达到总数的 1/4；风投背景的平台的借款者数量虽也快速增加，2015 年达到 80.47 万人，但所占份额并未发生明显变化，大致相当于借款者总数的 1/7。与 2014 年相比，民营背景的 P2P 网络借贷平台虽仍是借款者的首选，但这类平台对借款者的重要程度已经显著下降，可以预见，非民营背景的平台在未来会取得进一步的发展。

表 6－3 各类型 P2P 网贷平台的借款者数量（2014～2015 年）

类型	2014 年		2015 年		
	借款者数量（万人）	比重（%）	借款者数量（万人）	变动率（%）	比重（%）
民营	79.23	75.77	326.34	311.89	61.43
银行	3.41	3.26	38.58	1031.38	7.26
上市公司	5.53	5.29	60.01	985.17	11.3
国资	2.4	2.3	25.84	976.67	4.86
风投	13.99	13.38	80.47	475.2	15.15

资料来源：据网贷之家数据整理和计算。

最后，借助 P2P 网贷平台的交易数据，可以更清楚地认识借款者数量的情况。受数据可得性的限制，表 6－4 仅给出了 2016 年 1 月借款者数量排名前 25 位的平台的信息。在 1 月，共有 357 个平台存在交易活动，借款者总数为 805263 人，而这 25 个平台的借款者数量之和是 754910 人，占总体的 93.75%，其具有代表性。

从表 6－4 中很容易发现，各 P2P 网贷平台的借款者数量有着不小的差别。仅这 25 个平台，就有 60% 的平台借款者数量超过 20000 人，但也有接近 1/4 的平台借款者数量在 4500 人以下。

进一步地，可以计算集中率（Concentration Ratio）衡量 P2P 网贷的聚集程度。在这里，集中率是指借款者数量处于前四（或前八）位的 P2P 网贷平台的借款者数量占借款者总数的比重，其计算公式为：

$$CR_n = \sum_{i=1}^{n} X_i / \sum_{i=1}^{N} X_i \qquad (n = 4,8) \tag{6.1}$$

其中，CR_n 代表集中率，X_i 代表第 i 个平台的借款者数量，N 代表平台总数。集中率同时反映了 P2P 网贷的平台数量和借款者数量分布，其数值越大，聚集程度越高。通过计算可得：$CR_4 = 0.46$，$CR_8 = 0.66$，按照通常的标准可以推断，P2P 网贷的聚集程度不会很低。

但是，集中率无法体现单个平台（特别是借款者数量处于前几位的平台）的情况，因此，下面计算赫芬达尔指数（Herfindahl Index）作为补充。该指数的计算公式为：

$$HI = \sum_{i=1}^{N} (X_i / \sum_{i=1}^{N} X_i)^2 \tag{6.2}$$

其中，HI 代表赫芬达尔指数，X_i 代表第 i 个平台的借款者数量，N 代表平台总数。很容易理解，在聚集程度很低的情况下，赫芬达尔指数会趋近于0；在只有一个平台的情况下，赫芬达尔指数会等于1；而在所有平台借款者数量相同的情况下，赫芬达尔指数会等于1／N。因此，赫芬达尔指数越大，越接近于1，P2P 网贷的聚集程度也就越高，不过，随着平台数量的上升，赫芬达尔指数趋近于1会变得越来越困难。通过计算可得：HI ＝ 0.08，这一数值与1差距不小，但远高于1／357，同样按照通常的标准，可以大致判断，P2P 网贷的聚集程度不会很低。

表 6－4　借款者数量排名前 25 位的 P2P 网贷平台的借款者数量（2016 年 1 月）　　单位：人

排名	平台	借款者数量
1	拍拍贷	135759
2	有利网	93198
3	陆金所	87829
4	爱钱进	52834
5	你我贷	46887
6	诺诺镑客	40433
7	人人聚财	36748
8	微贷网	34851
9	积木盒子	31579
10	PPmoney	29838
11	麻袋理财	26288
12	翼龙贷	24739
13	投哪网	23028
14	宜人贷	22197
15	恒易融	21498
16	红岭创投	8956
17	人人贷	8330
18	小牛在线	5890

续表

排名	平台	借款者数量
19	钜宝盆	4232
20	信融财富	4213
21	钱吧	4156
22	爱投资	3127
23	团贷网	2876
24	投米	2731
25	易贷网	2693

资料来源：网贷之家。

二、借款金额（成交量）

从总量上看，2014 年，P2P 网贷的借款金额是 2528.17 亿元。2015 年，借款金额的上升势头不减，截至 2015 年底，P2P 网贷的借款金额已接近 1 万亿元，比 2014 年增长了近 3 倍。月度数据方面，P2P 网贷的借款金额基本上与借款者数量具有相同走势。同样地，借款金额的增长率会在每年 10 月降至极低的水平，而在每年 2 月出现下滑，这再一次表明，总体经济环境会对 P2P 网贷产生影响。累计数据方面，P2P 网贷的借款金额的增长率有上升的趋势，P2P 网贷的借款金额在今后仍会继续增长。

表 6－5　P2P 网贷的借款金额（2014～2015 年）

月份	2014 年			2015 年		
	本月借款金额（亿元）	变动率（%）	累计借款金额（亿元）	本月借款金额（亿元）	变动率（%）	累计借款金额（亿元）
1	117.68	—	117.68	357.82	－3.49	357.82
2	105.44	－10.4	223.12	335.14	－6.34	692.96
3	140.25	33.01	363.37	492.6	46.98	1185.56
4	148.92	6.18	512.29	551.45	11.95	1737.01
5	162.78	9.31	675.07	609.62	10.55	2346.63
6	171.53	5.38	846.6	659.64	8.21	3006.27

续表

月份	2014 年			2015 年		
	本月借款金额（亿元）	变动率（%）	累计借款金额（亿元）	本月借款金额（亿元）	变动率（%）	累计借款金额（亿元）
7	216.73	26.35	1063.33	825.18	25.1	3831.45
8	250.14	15.42	1313.47	974.63	18.11	4806.08
9	262.33	4.87	1575.8	1151.97	18.2	5958.05
10	268.36	2.3	1844.16	1196.51	3.87	7154.56
11	313.24	16.72	2157.4	1331.33	11.27	8485.89
12	370.77	18.37	2528.17	1337.4	0.46	9823.29

资料来源：据网贷之家数据整理和计算。

从平均借款金额上看，2014 年，P2P 网贷的平均借款金额为 23.29 万元。2015 年，平均借款金额有所下降，根据 2015 年末数据，P2P 网贷的平均借款金额是 19.59 万元，比 2014 年下降了 15.89%。月度数据方面，P2P 网贷的平均借款金额更多时候处于下降的态势，2014 年 2 月，平均借款金额一度达到近 40 万元，而到了 2015 年 12 月，平均借款金额已降至 17.04 万元，下降幅度达到 56.85%。在借款者数量和借款金额均不断提高的情况下，平均借款金额的下降表明借款者数量的增长率更高，这意味着，有更多的借款者享受到了 P2P 网贷的好处。累计数据方面，P2P 网贷的平均借款金额同样呈现下降趋势，但降幅有所缩小，可以预见，P2P 网贷的平均借款金额在之后会继续小幅下降。

表 6-6　P2P 网贷的平均借款金额（2014～2015 年）

月份	2014 年		2015 年	
	本月平均借款金额（万元）	变动率（%）	本月平均借款金额（万元）	变动率（%）
1	31.21	—	18.73	—
2	39.49	26.53	20.71	10.57
3	32.02	-18.92	27.11	30.9
4	25.03	-21.83	24.3	-10.37
5	26.47	5.75	21.9	-9.88

续表

月份	2014 年		2015 年	
	本月平均借款金额（万元）	变动率（%）	本月平均借款金额（万元）	变动率（%）
6	20.57	-22.29	19.96	-8.86
7	21.91	6.51	18.7	-6.31
8	27.52	25.60	17.74	-5.13
9	21.52	-21.80	20.24	14.09
10	21.13	-1.81	20.6	1.78
11	21.02	-0.52	18.51	-10.15
12	20.04	-4.66	17.04	-7.94

资料来源：据网贷之家数据整理和计算。

进一步地，可以根据部分 P2P 网贷平台公开的借款项目信息对借款金额的分布进行分析，以观察借款金额的特征。从整体上看（见图 6-1），借款金额在 10 万元以下的项目为大多数，占全部项目的 95.39%。为避免特定平台项目数量过大影响其他平台数据的呈现，这里进一步整理了 7 个平台的项目数据（见表 6-7），其中，有 5 个平台 10 万元以下的项目达 60% 以上，更有 3 个平台的占比超过 95%。不过，也有 2 个平台 10 万元以下的项目占比低于 50%，甚至为 0。这意味着，P2P 网贷平台主要提供补充市场缺乏或有待改善的小额贷款。当然，随着 P2P 网贷市场的快速成长，其业务范围也不一定局限于小额贷款，P2P 网贷会向多元化的方向发展。

表 6-7　P2P 网贷平台的借款金额按项目分布

	PPmoney	信融财富	人人聚财	融金所	众信金融	理财范	网利宝
0~10 万元（个）	287973	4246	18452	3992	0	225	568
0~10 万元（%）	95.88	98.63	99.79	67.01	0	41.06	62.83
10 万~30 万元（个）	5224	12	4	1614	0	129	78
30 万~100 万元（个）	2934	6	0	225	0	36	57

续表

	PPmoney	信融财富	人人聚财	融金所	众信金融	理财范	网利宝
100 万～500 万元（个）	4130	13	35	116	13	132	201
>500 万元（个）	72	28	0	10	154	26	0

资料来源：P2P 网贷平台调研报告，详情可见 http：//www. rong360. com/licai - news/p1/? typeid = 224。

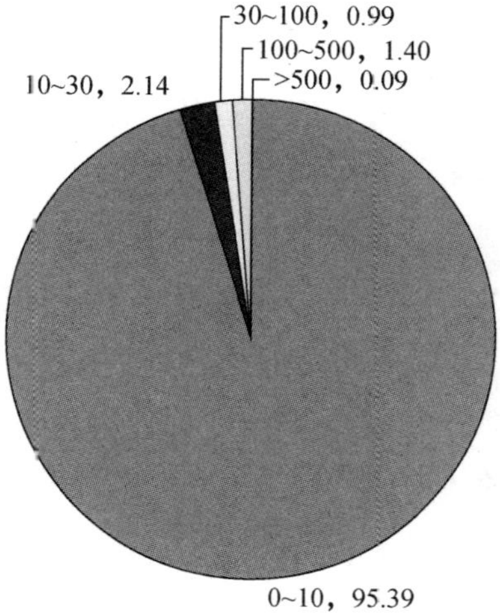

图 6－1　部分 P2P 网贷平台的借款金额分布（万元，%）

资料来源：P2P 网贷平台调研报告，详情可见 http：//www. rong360. com/licai - news/p1/? typeid = 224。

接下来再从所有平台的数据来看平均借款金额的变动趋势。

分地区看，2015 年，P2P 网贷借款金额最多的省份是广东，为 3109. 63 亿元，占总量约 31. 66%；北京的借款金额迅猛增长，达到 2850. 08 亿元，占总量的 29. 01%；浙江和上海的借款金额紧随其后，分别是 1204. 81 亿元和 1126. 63 亿元，占总量的 12. 26% 和 11. 47%。与 2014 年相比，P2P 网贷的借款集中度也有所提高，广东、北京、浙江和上海四省市的借款就占到了总量的 84. 4%，比 2014 一年增加了 7. 29%，由此同样可以发现 P2P 网贷的地区发展不平衡。

仔细对比表 6－8 和表 6－2，可以发现 P2P 网贷的借款者数量分布和借款金额分布并不十分一致。最明显的是上海，借款者数量占比是借款金额占比的 3.4 倍。这一情况也导致各省市（除北京外）的平均借款金额与总体平均水平相去甚远：2015 年，上海的平均借款金额是 5.82 万元，仅相当于总体平均水平的不到 30%；而江苏的平均借款金额则达到 101.39 万元，是总体平均水平的 5.2 倍。

表 6－4 为解释这一现象提供了一条线索：借款者数量位居前列的拍拍贷、陆金所和你我贷等平台均出自上海，这类平台主要从事无抵押 P2P 网贷，以分散投资、降低风险，因此借款者数量众多，但单笔借款金额却不大；相反地，广东的平台团贷网则主要为小型微利企业提供融资服务，这类平台虽然借款者数量不多，但单笔借款金额却很大。因此可以推断，这种情况的出现，或许是因为各省市 P2P 网贷平台的运营模式存在差异。

表 6－8　各地区 P2P 网贷的借款金额（2014～2015 年）

地区	2014 年			2015 年				
	借款金额（亿元）	比重（%）	平均借款金额（万元）	借款金额（亿元）	变动率（%）	比重（%）	平均借款金额（万元）	变动率（%）
四川	54.1	2.14	35.59	196.2	262.66	2	47.16	32.51
湖北	54.09	2.14	43.62	132.71	145.35	1.35	47.4	8.66
山东	95	3.76	46.34	238.42	150.97	2.43	62.09	33.98
江苏	116.38	4.6	69.69	271.73	133.49	2.77	101.39	45.49
上海	300.2	11.87	6.29	1126.63	275.29	11.47	5.82	－7.46
浙江	420.54	16.63	43.58	1204.81	186.49	12.26	43.31	－0.62
北京	382.44	15.13	17.17	2850.08	645.24	29.01	17.37	1.22
广东	846.44	33.48	53.27	3109.63	267.38	31.66	31.33	－41.18
其他	258.96	10.24	104.42	692.87	167.56	7.05	214.51	105.43

资料来源：据网贷之家数据整理和计算。

从平台类型上看，2015 年，P2P 网贷借款金额最多的是民营背景的平台，为6531.25 亿元，占总量的61.24%；风投背景的平台的借款金额紧随其后，是1594.67 亿元，占总量的14.95%；国资、上市公司和银行背景的平台借款金额虽都迅猛增长，分别达到491.24 亿元、1261.54 亿元和785.6 亿元，但其借款金额之和刚刚超过总量的1/5。可以看到，大多数的P2P 网贷依然是在民营背景的平台上完成的，但这类平台的重要性已经明显下降，这与前文的分析是一致的。同样可以预见，非民营背景的平台在未来会取得更快的发展。

类似地，对比表6－9 和表6－3，可以发现这次借款者数量分布和借款金额分布基本一致。相应地，各类型平台的平均借款金额也就与总体平均水平非常接近：2015 年，上市公司背景的平台平均借款金额最大，为21.02 万元，是总体平均水平的107.3%；国资背景的平台平均借款金额最小，是19.01 万元，也达到总体平均水平的97.04%。由此可以大致推断，各类型P2P 网贷平台都会采取多种模式运营，特定类型的平台在特定运营模式上并不具有明显优势。

表6－9　各类型P2P 网贷平台的借款金额（2014～2015 年）

类型	2014 年			2015 年				
	借款金额（亿元）	比重（%）	平均借款金额（万元）	借款金额（亿元）	变动率（%）	比重（%）	平均借款金额（万元）	变动率（%）
民营	1986.7	76.57	25.08	6531.25	228.75	61.24	20.01	－20.19
银行	85.91	3.31	25.19	785.6	814.45	7.37	20.36	－19.17
上市公司	125.6	4.84	22.71	1261.54	904.41	11.83	21.02	－7.44
国资	58.51	2.26	24.38	491.24	739.58	4.61	19.01	－22.02
风投	337.77	13.02	24.14	1594.67	372.12	14.95	19.82	－17.92

资料来源：据网贷之家数据整理和计算。

最后，继续借助P2P 网贷平台的交易数据分析借款金额的情况。类似地，这里选取2016 年1 月借款金额排名前25 位的平台的数据。在1 月，共有357 个平台存在交易活动，借款总量是823.22 亿元，而这25 个平台的借款金额之和是507.45 亿元，占总量的61.64%，具有一定的代表性。

对比表 6－10 和表 6－4，可以发现各 P2P 网贷平台的借款金额的差别远不如借款者数量的差别明显：借款金额排名第 1 位的红岭创投的借款金额仅是排名第 25 位的人人贷的 10.7 倍，而借款者数量排名第 1 位的拍拍贷的借款者数量则是排名第 25 位的易贷网的 50.4 倍。

类似地，再次计算集中率。此时，集中率是指借款金额处于前四（或前八）位的 P2P 网贷平台的借款金额占总借款金额的份额。计算公式为：

$$CR_n = \sum_{i=1}^{n} X_i / \sum_{i=1}^{N} X_i \qquad (n=4,8) \tag{6.3}$$

其中，CR_n 代表集中率，X_i 代表第 i 个平台的借款金额，N 代表平台总数。集中率数值越大，聚集程度也就越高。计算结果是，$CR_4=0.25$，$CR_8=0.36$，从通常的标准看，P2P 网贷的聚集程度并不是很高。

同样地，计算赫芬达尔指数作为补充。计算公式为：

$$HI = \sum_{i=1}^{N} (X_i / \sum_{i=1}^{N} X_i)^2 \tag{6.4}$$

其中，HI 代表赫芬达尔指数，X_i 代表第 i 个平台的借款金额，N 代表平台总数。计算结果是，HI=0.03，这一数值更接近于 1/357，按照通常的标准，可以大致推断：P2P 网贷的聚集程度并不是很高。综合考虑借款者数量和借款金额两个因素，可以认为，P2P 网贷还是具有一定竞争性的。

表 6－10 中的数据还显示，对于各个 P2P 网贷平台，平均借款金额存在着很大差异。半数以上的平台平均借款金额低于 15 万元，但也有超过 1/5 的平台平均借款金额在 300 万元以上。这种差异一方面体现了各个 P2P 网贷平台的借款者数量的差别，另一方面也与平台的运营模式密切相关。以陆金所为代表的平台主要从事无抵押 P2P 网贷，用分散投资的方法降低风险，因此平均借款金额不高；以易贷网为代表的平台多做汽车抵押贷款和房产抵押贷款，有抵押作为增信措施，因此平均借款金额有显著提升；以鑫合汇为代表的平台主要为创新型企业提供贷款，这类企业的借款需求显著高于个人，因此平均借款金额达到百万数量级。

表 6－10　借款金额排名前 25 位的 P2P 网贷平台的借款金额（2016 年 1 月）

排名	平台	借款金额（亿元）	平均借款金额（万元）
1	红岭创投	77.31	86.33
2	陆金所	58.08	6.61
3	PPmoney	37.59	12.6
4	小牛在线	35.54	60.34
5	鑫合汇	25.16	112.42
6	投米	25.07	91.78
7	链家理财	24.6	97.48
8	翼龙贷	22.78	9.21
9	微贷网	22.42	6.43
10	易贷网	17.74	65.89
11	宜人贷	15.51	6.99
12	团贷网	14.93	51.92
13	你我贷	14.29	3.05
14	爱钱进	12.53	2.37
15	恒易融	12.03	5.6
16	紫马财行	11.92	119227.1
17	投哪网	11.34	4.92
18	人人聚财	11.22	3.05
19	金融工场	10.13	3617.35
20	有利网	8.54	0.92
21	开鑫贷	8.43	337.36
22	积木盒子	7.81	2.47
23	汇泉贷	7.65	2637.48
24	聚宝汇	7.57	4451.43
25	人人贷	7.25	8.71

资料来源：网贷之家。

三、借款信用分类

近年来，许多国内的 P2P 网贷平台发生倒闭“跑路”的情况，使得投资者的权益无法获得保障。在这类平台中，有许多是恶意卷款外逃，但也有部分是缺乏相关的信用审核机制，导致借款风险过大。鉴于此，这里选取 5 个可获得公开信息的平台，对其信用分类的分布进行分析，以期能够对 P2P 网贷有更深入的认识。

一般而言，个人或中小企业往往因缺乏一定信用或抵押物而无法从传统金融机构获得所需的借款金额。或者有一定的信用、抵押物及已设定抵押权的产权，但因急需短期资金周转而无法等待银行的审核流程，此时可能会寻求替代性的渠道获得融资。而 P2P 网贷平台提供了一个低成本的便捷渠道，促使借款者及投资者得以完成交易。

不动产抵押及动产质押是最能确保借款风险可控的方式。然而，观察国内 5 个代表性 P2P 网贷平台的运营模式（见表 6－11），可以看出各平台抵押及质押金额占总借款金额的比重并不一致，部分平台还通过与融资性担保公司进行合作，确保及控制其借款债权的风险。此外，市场中的部分借款者也会凭借信用/连带保证等替代方式获得融资。

表 6－11　P2P 网贷平台借款信用分类

	PPmoney	信融财富	人人聚财	理财范	网利宝
抵押/质押（%）	67.57	47.76	24.85	5.3	29.06
票据/保理/供应链（%）	1.09	—	0.12	2.21	—
担保：融资性担保公司（%）	—	46.50	—	—	69.27
信用/连带保证（%）	—	5.74	75.03	92.49	0.051
股票配资（%）	7.57	—	—	—	—
其他（%）	23.76	—	—	—	—

四、借款期限

借款期限决定着资金周转时间。P2P 网贷的借款期限在各国有不同之处。如美国的 Lending Club 作为个人信用借贷平台，其借款期限平均在 40 个月左右，而日本 P2P 网贷市场中主要的借款项目涉及不动产开发及中小企业融资，借款期限多在 12 个月以下。本书对中国 P2P 网贷的借款期限进行探讨。

对于借款期限，几家主要的监测机构公布的数据存在很大的差异。零壹财经提供了一个长期的借款期限变化趋势，即中国P2P网贷平台从2009~2015年借款期限的年平均值（见图6-2），从中可以看到一个U形的变化：在2009~2012年，借款期限不断下降，但在2012年以后则又逐渐上升。转折的发生可能是由于以下几方面原因：第一，通常借款期限短的项目，其利率相对而言更高，因此可能为投资者所偏好；第二，随着2011年约5个及2012年约8个问题平台的出现，投资者合理判断风险的意识获得一定程度的强化；第三，近年来P2P网贷平台相关信息披露的透明化，使得投资者更愿意投入借款期限更长的项目。

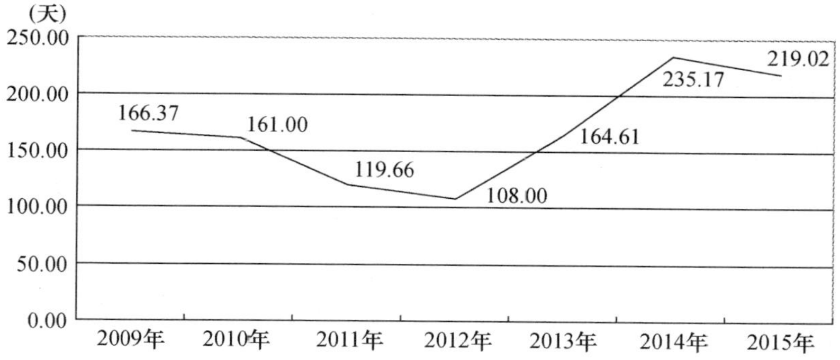

图6-2 借款期限年平均值及趋势

资料来源：零壹财经。

从网贷之家提供的数据中，无法得到这种长期趋势图，但其却提供了更加详细的月度数据以供分析。从表6-12中可以看出，自2014年2月起，P2P网贷的平均借款期限进入较明显的上升通道，到2015年底，平均借款期限增加了近3个月，平均每个月增加近4天。2014年，P2P网贷的平均借款期限介于4.23~6.98个月，而到2015年，平均借款期限区间收窄，介于6.6~7.02个月。不难发现，网贷之家的数据与零壹财经的数据之间存在分歧，主要体现在2014年和2015年平均借款期限的相对长短上。综合来看，零壹财经数据中表现出的U形的长期趋势大致是成立的，但具体到近两年的情况，网贷之家的月度数据或许稍微精确，即 P2P 网贷的平均借款期限应该是有所上升的。这是基于以下两方面原因做出的判断：一方面是因为随着投资者投资能力的增强，其对短期产品的偏好会有所减弱；另一方面则是因为非民营背景的平台在这个时期发展得更快，其明显更高的平均借款期限在很大程度上抬高了总体水平。

表 6－12　P2P 网贷的平均借款期限（2014～2015 年）

月份	2014 年		2015 年	
	本月平均借款期限（月）	期限变动（月）	本月平均借款期限（月）	期限变动（月）
1	5.37	—	6.87	－0.01
2	4.23	－1.14	7.02	0.15
3	4.88	0.65	6.71	－0.31
4	5.13	0.25	6.6	－0.11
5	5.23	0.1	6.79	0.19
6	5.47	0.24	6.63	－0.16
7	6.22	0.75	6.75	0.12
8	6.46	0.24	6.77	0.02
9	6.59	0.13	6.82	0.05
10	6.81	0.22	6.78	－0.04
11	6.98	0.17	6.91	0.13
12	6.88	－0.1	6.93	0.02

资料来源：据网贷之家数据整理和计算。

不过从总体上讲，中国 P2P 网贷的投资者很难获得全面的借款者信息，也难以对长期经济走势做出准确的判断，因此其会更加偏好短期产品。从表 6－12 中可以看到，P2P 网贷的平均借款期限几乎从未超过 7 个月。零壹财经提供的中国 1169 个 P2P 网贷平台从 2014 年 1 月至 2016 年 1 月的月平均数据同样可以看出这种情况，在这个问题上，两家机构数据反映出的情况是相似的。从零壹财经的数据中，可以了解目前 P2P 网贷市场中不同借款期限项目所占比重（见图 6－3）。可以看到，平均借款期限在 3 个月以下的借款项目占大多数，比重达到 63.45%，而在 6 个月以下的借款项目数量更是达到 86.68%。相比之下，借款期限超过 1 年的项目仅占了 3.34%。

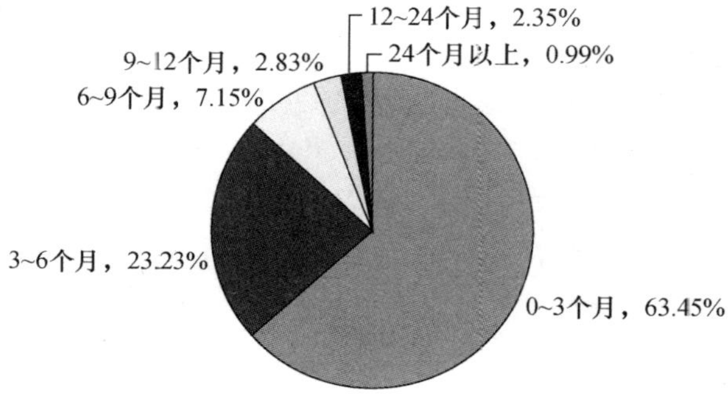

图 6－3　2014 年 1 月至 2016 年 1 月 P2P 网贷项目借款期限分布

资料来源：零壹数据。

如果特定平台的项目数量过多，可能会影响到其他平台数据的呈现。因此，这里使用 11 个公开数据的平台进行对比（见表 6－13 及表 6－14）。可以看到，虽然期限在 6 个月以下的借款项目比重超过 86.68% 的平台仅有 4 个，但有 8 个平台其 6 个月以下借款项目数量超过 50%。值得注意的是，随着 P2P 网贷的快速发展，部分平台的借款期限为 1～3 年不等。

表 6－13　P2P 网络借贷平台的借款期限分布 1　　单位：%

借款期限	积木盒子	融金所	小牛在线	民贷天下	网利宝	PPmoney
0～3 个月	52.37	44.36	76.94	66.44	41.85	27.73
3～6 个月	12.83	13.06	12.06	22.51	54.62	24.48
小计	**65.20**	**57.42**	**89**	**88.95**	**96.47**	**52.21**

续表

<table>
<tr><th>借款期限</th><th>积木盒子</th><th>融金所</th><th>小牛在线</th><th>民贷天下</th><th>网利宝</th><th>PPmoney</th></tr>
<tr><td>6~9 个月</td><td>13.02</td><td rowspan="2">6.01</td><td>0</td><td>1.29</td><td rowspan="4">3.53</td><td rowspan="4">7.79</td></tr>
<tr><td>9~12 个月</td><td>1.18</td><td>7.22</td><td>9.52</td></tr>
<tr><td>12~24 个月</td><td>18.31</td><td>36.44</td><td>3.78</td><td rowspan="2">0.24</td></tr>
<tr><td>>24 个月</td><td>2.29</td><td>0.12</td><td>—</td></tr>
</table>

资料来源：积木盒子数据来自积木盒子平台数据，详情可见 https：//info. jimu. com/；融金所数据来自 P2P 网络借贷平台调研报告之四：融金所，详情请见 http：//www. rong360. com/gl/2015/06/12/73056. html；小牛在线数据来自 2016 年 1 月营运报告，详情请见 http：//image. xiaoniu88. com/image/staticfile_ upload/20161/20161. pdf；民贷天下数据来自 P2P 网络借贷平台调研报告之三十三：民贷天下，详情请见 http：//www. rong360. com/gl/2016/02/24/90921. html；网利宝数据来自平台数据总览，详情请见 http：//www. wanglibao. com/data_ cube/；PPmoney 数据来自 2015 年度运营报告，详情请见 http：//special. ppmoney. com/2015/12/year_ report/index. html#page/17。

表 6－14　P2P 网贷平台的借款期限分布 2　　单位：%

<table>
<tr><th>借款期限</th><th>众信金融</th><th>你我贷</th><th>搜易贷</th><th>抱财网</th><th>安心贷</th></tr>
<tr><td>0~3 个月</td><td>12.83</td><td rowspan="2">3.98
（6 个月）</td><td>38.30</td><td>73.39</td><td>32.52</td></tr>
<tr><td>3~6 个月</td><td>32.12</td><td>20.55</td><td>26.61（6 个月）</td><td>14.54</td></tr>
<tr><td>小计</td><td>44.9</td><td>3.98</td><td>58.85</td><td>100</td><td>47.06</td></tr>
<tr><td>6~9 个月</td><td>55.05</td><td rowspan="3">6.51
（24 个月）</td><td rowspan="2">14.68（6 个月、12 个月）</td><td rowspan="4">0</td><td>52.94</td></tr>
<tr><td>9~12 个月</td><td rowspan="3">0</td><td rowspan="3">0</td></tr>
<tr><td>12~24 个月</td><td>23.81%（12 个月、24 个月）</td></tr>
<tr><td>>24 个月</td><td>84.51
（36 个月）</td><td>2.66</td></tr>
</table>

资料来源：众信金融数据来自 P2P 网络借贷平台调研报告之五：众信金融，详情可见 http：//www. rong360. com/gl/2015/06/25/73397. html；你我贷数据来自 P2P 网络借贷平台调研报告之十二：你我贷，详情请见，http：//www. rong360. com/gl/2015/09/18/77886. html；搜易贷数据来自 2015 年第 3 季度运营报告，详情请见 http：//events. souyidai. com/static/q3report/index. html；抱财网数据来自抱财网 2015 年第四季度运营报告，详情请见 http：//image. baocai. com/data/baocai/pdf/抱财网 2015 年第四季度运营报告 . pdf；安心贷数据来自安心贷 2015 年第三季度季报，详情请见 http：//www. anxin. com/zjax/yjbgdetail/1. html。

不过上述分析均是根据交易数据统计而得，这意味着其中可能存在某些偏差。观察一下全部借款申请的数据可能是有益的，这在好贷网①提供的数据中有所体现。虽然好贷网的数据并不局限于 P2P 网贷，而是会覆盖所有希望通过互联网渠道获得贷款的借款者，因此在通常情况下，其数据很难仅仅反映出 P2P 网贷的情况。但事实上，其统计数据中更多体现的是小贷公司的情况（信贷员占比达到70%），并且由于小贷公司和 P2P 网贷在资产端的操作上有很多相似之处（第三章第二节也可体现出这点），借此可以大致用其数据来作为 P2P 网贷情况的估计。从 2015 年 10～12 月通过好贷网申请贷款的借款者（并不一定最终获得贷款）所希望的借款期限来看（见图 6－4），借款期限低于 1 年的占到 53.7%，借款期限为 1～2 年和 2～3 年的分别为 23.46% 和 15.15%。这虽然还是能够表明借款者主要希望用于短期资金周转的需要，但从短期借款的比重来看，并不像交易数据中体现的那么极端。借款者的借款期限分布与成功借款者的借款期限分布之间的差距，更多反映的是平台自身的经营策略。

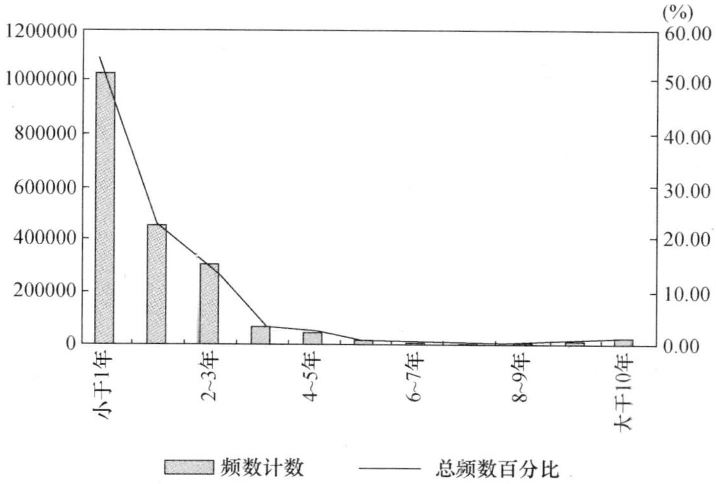

图 6－4　在 P2P 网贷平台上的借款期限

资料来源：好贷网。

① 好贷网是中国最大的信贷服务平台，致力于为信贷双方提供服务。一方面，好贷网帮助借款者寻找匹配的投资者或信贷机构；另一方面，好贷网也帮助金融机构获得优质的借款者。因为银行、小额贷款等公司都与好贷网建立了合作关系，所以借款者可以通过多种渠道获得贷款，而不仅限于 P2P 网贷。

最后，再次借助网贷之家上 P2P 网贷平台的交易数据对借款期限的分布做出大致判断。这里选取了 2016 年 1 月的数据，存在交易活动的 357 个平台中平均借款期限处于最小值、下四分位数、中位数、上四分位数、最大值及其相邻平台的信息见表 6－15。下四分位数、中位数和上四分位数的位置确定方法分别为[①]：

$$Q_l = (N + 3)/4$$

$$M = (N + 1)/2$$

$$Q_u = (3N + 1)/4 \tag{6.5}$$

其中，Q_l 代表下四分位数的位置，M 代表中位数的位置，Q_u 代表上四分位数的位置，N 代表平台总数。可以很容易得出，$Q_l = 90$，$M = 179$，$Q_u = 268$，对应平台的平均借款期限分别是 2.03 个月、3.42 个月和 5.27 个月。

从表 6－15 中可以发现，平均借款期限处于上四分位数的平台平均借款期限是 5.27 个月，比 2016 年 1 月的平均借款期限低 1.74 个月，这表明大多数平台的平均借款期限实际上都在总体水平之下。虽然平台的平均借款期限的最大值与最小值有超过 3 年的差距，但是有近 95% 的平台平均借款期限低于 1 年，不过，陆金所、爱钱进、人人贷、宜人贷等知名平台的平均借款期限都特别长，这在很大程度上抬高了平均借款期限。基于以上分析，可以大致判断 P2P 网贷的借款期限分布右偏，并且这种情况很可能在短期内不会改变。

表 6－15　具代表性 P2P 网贷平台的平均借款期限（2016 年 1 月）

排名	平台	平均借款期限（月）
1	紫马财行	0.22
2	好帮贷	0.4
3	安星财富网	0.43
4	贷贷平安	0.46
5	大丰收金融	0.49

① 这里给出的是 Excel 中确定四分位数位置的方法。

续表

排名	平台	平均借款期限（月）
88	逍遥贷	1. 98
89	阿朋贷	1. 99
90	汇投网	2. 03
91	乐贷网	2. 04
92	金联储	2. 06
177	石投金融	3. 37
178	爱钱帮	3. 38
179	恒信易贷	3. 42
180	聚金资本	3. 47
181	融金所	3. 47
266	沃时贷	5. 15
267	钱道网	5. 19
268	小牛在线	5. 27
269	温商贷	5. 28
270	果树财富	5. 3
353	陆金所	31. 57
354	爱钱进	33. 03
355	钜宝盆	33. 12
356	人人贷	35. 99
357	宜人贷	37. 19

资料来源：网贷之家。

五、借款利率

借款利率决定着资金的成本。P2P 网贷作为既有金融市场不足的补充，其借款利率理论上应该要介于银行与民间借贷之间。一般来讲，与银行相比，P2P 网贷的借款者通常是以往无法通过银行获得贷款者，其通过 P2P 网贷向愿意承担风险而获得更多报酬的投资者进行融资，在信用等级、增信措施等方面更弱，在信息不充分的条件下，其面对的借款利率也更高，这一点在表 6 – 16 中有所展现①。与此同时，我们容易想到，

① 为便于比较，这里把 P2P 网贷的平均借款利率看作期限为 6 个月的债券利率，并与金融机构人民币贷款基准利率（6 个月）以及 Shibor（6M）进行对比。

相较于民间借贷，P2P 网贷通过互联网低廉的获客成本，得以实现借款利率的降低。然而对于这一点，由于 P2P 网贷平台实务运作中受到诸多因素的影响，并不一定总能够被印证。

表 6－16　P2P 网贷的平均借款利率与贷款基准利率、Shibor 的对比

月份	2014 年			2015 年		
	本月平均借款利率（%）	本月贷款基准利率（%）	本月 Shibor（%）	本月平均借款利率（%）	本月贷款基准利率（%）	本月 Shibor（%）
1	19.75	5.6	4.98	15.81	5.6	4.76
2	21.63	5.6	5	15.46	5.6	4.79
3	21.01	5.6	5	15.02	5.35	4.78
4	20.2	5.6	5	14.46	5.35	4.66
5	19.6	5.6	5	14.54	5.18	3.8
6	18.54	5.6	4.94	14.17	5.08	3.19
7	17.84	5.6	4.9	13.58	4.85	3.17
8	17.46	5.6	4.89	12.98	4.8	3.22
9	17.14	5.6	4.84	12.63	4.6	3.31
10	16.46	5.6	4.79	12.38	4.54	3.32
11	16.3	5.6	4.54	12.25	4.35	3.2
12	16.08	5.6	4.51	12.45	4.35	3.2

注：本月贷款基准利率是当月贷款基准利率的算术平均值；本月 Shibor 是当月所有交易日 Shibor 的算术平均值。

资料来源：据网贷之家、中国人民银行和上海银行间同业拆放利率数据整理和计算。

好贷网的数据则可以反映出贷款机构（包含 P2P 网贷平台）希望借款者承担的借款利率的上下限情况。从个人贷款利率来看（见图 6－5、图 6－6 和图 6－7），94054 名信贷员对个人贷款的月利率要求的上限集中于 1%~3%，而月利率下限的集中区域也显著高于同期银行贷款利率。不过信贷员们对被贷款对象的其他方面要求更低，如 82% 以上的不要求有公积金等，这意味着贷款违约风险更大，因而更高的个人贷款利率显示出更高的违约风险溢价。

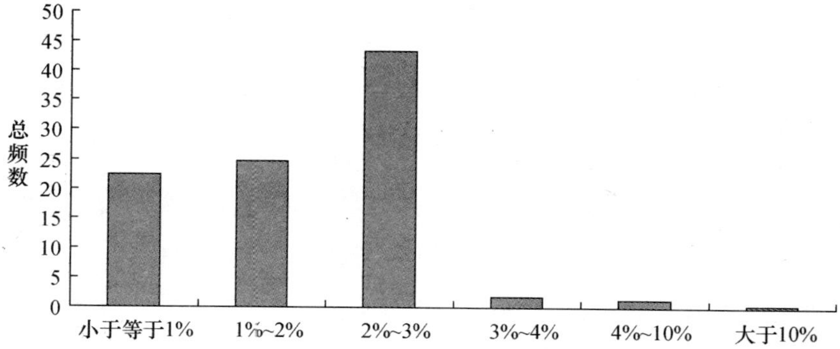

图6－5 个人贷款利率上限分布情况

资料来源：好贷网。

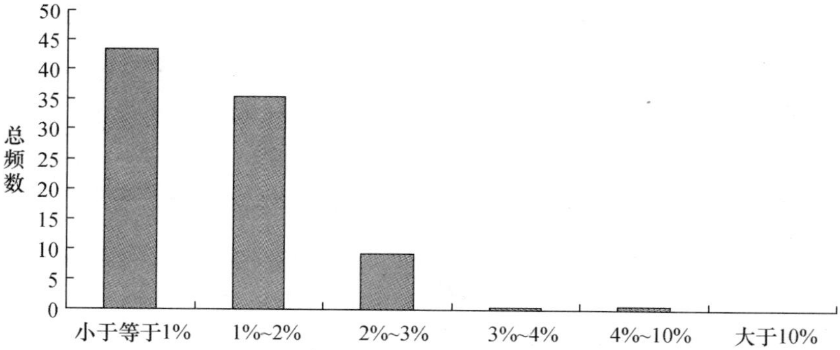

图6－6 个人贷款利率下限分布情况Ⅰ

资料来源：好贷网。

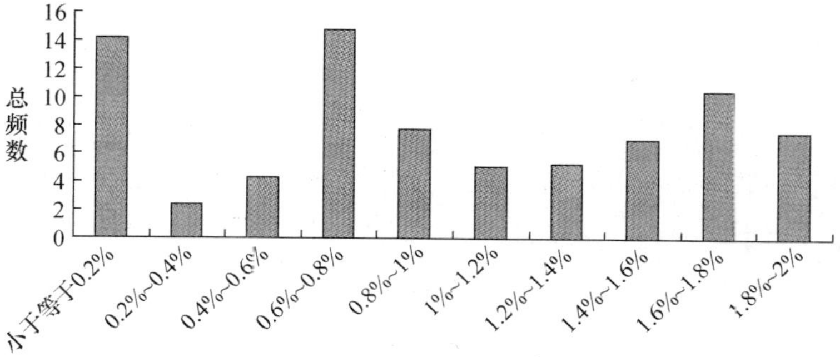

图6－7 个人贷款利率下限分布情况Ⅱ

资料来源：好贷网。

为了进一步从不同方面了解 P2P 网贷在中国融资市场所发挥的功能，以下就借款利率年平均趋势进行探讨，另外，将 P2P 问题平台数作为对照（见图 6－8）。零壹财经数据显示，在 2009～2015 年，P2P 网贷的借款利率整体而言呈现下降趋势，不过在 2010～2011 年借款利率是上升的，但在 2011～2012 年，从 20.79% 大幅下降至 16.75%，而在 2014～2015 年快速下降了 3.43%，至 2015 年时平均借款利率为 10.83%。

虽然影响借款利率的因素有很多，但近年来问题平台大规模地出现使得过去不合理的高利率借款项目自然地借市场筛选机制排除于 P2P 网贷之外，这也导致了平均借款利率的下降。

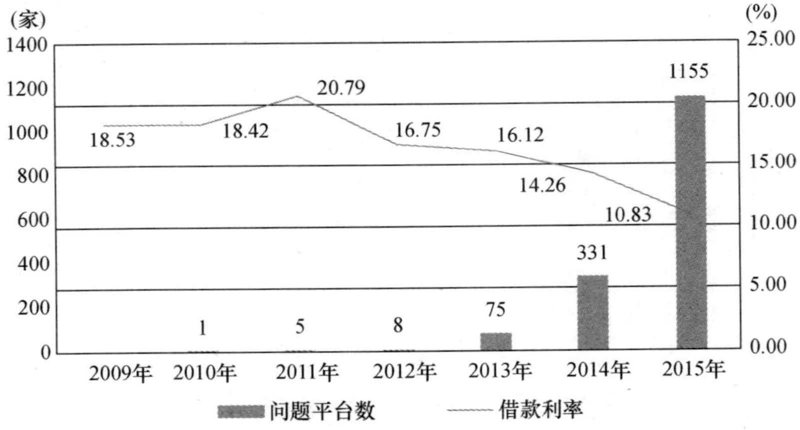

图 6－8　借款利率年平均趋势及问题平台数

资料来源：零壹财经。

网贷之家则提供了 2014～2015 年的月度数据，其中体现出的趋势与零壹财经的数据是相同的。从 2014 年 2 月开始，P2P 网贷的平均借款利率基本上呈下降的趋势，到 2015 年 11 月，平均借款利率的下降幅度达到 9.38%，平均每个月下降 0.45%。2014 年，P2P 网贷的平均借款利率介于 16%～22%，加权平均借款利率①为 17.86%。2015 年，平均借款利率

① 加权平均借款利率是把平均借款利率按照借款金额进行加权调整后的利率。

区间变小，介于 12% ~16%，加权平均借款利率也下降到 13.29%。P2P 网贷的平均借款利率之所以不断下降，主要是因为随着问题平台数量的上升，P2P 网贷的投资者风险意识不断加强，其已不再单纯关注更高的利率，而是把资金投入营运时间更长、风险控制水平更高的平台，加之信息不充分问题的缓解，在宏观经济下行压力下，P2P 网贷的平均借款利率逐渐进入下降通道，平台上投资项目的风险溢价也逐渐降低。

表 6-17　P2P 网贷的平均借款利率（2014~2015 年）

月份	2014 年		2015 年	
	本月平均借款利率（%）	利率变动（%）	本月平均借款利率（%）	利率变动（%）
1	19.75	—	15.81	—
2	21.63	1.88	15.46	-0.35
3	21.01	-0.62	15.02	-0.44
4	20.2	-0.81	14.46	-0.56
5	19.6	-0.6	14.54	0.08
6	18.54	-1.06	14.17	-0.37
7	17.84	-0.7	13.58	-0.59
8	17.46	-0.38	12.98	-0.6
9	17.14	-0.32	12.63	-0.35
10	16.46	-0.68	12.38	-0.25
11	16.3	-0.16	12.25	-0.13
12	16.08	-0.22	12.45	0.2

资料来源：据网贷之家数据整理和计算。

分地区看，各省市 P2P 网贷的加权平均借款利率也都出现不同程度的下降。2014 年，加权平均借款利率最高的是山东，为 28.19%，最低的是上海，为 13.16%，二者相差 15.03%；而到了 2015 年，最高与最低的加权平均借款利率相差 6.91%，差距区间缩小了 54.03%。

进一步地，计算各省市的加权平均借款利率的方差，计算公式是：

$$D_k = \sum_{j=1}^{N} S_j (i_j - i)^2 \qquad (6.6)$$

其中，D_k 代表 k 年的方差，S_j 代表各省市 P2P 网贷的借款金额占总量的比重，i 代表总体加权平均借款利率，N 代表省份个数。计算结果是：$D_{2014}=11.06$，$D_{2015}=3.39$。与 2014 年相比，2015 年各省市的加权平均借款利率的方差明显减小，这意味着，各省市的加权平均借款利率有逐渐接近的趋势。之所以出现这样的趋势，可能是由于两方面的原因：

第一，随着北京、上海和广东以外地区 P2P 网贷的发展，这些省市借贷利率形成机制的成熟性也有了提高，平台的运营者逐渐认识到，高利率并不是吸引投资者的唯一因素，这使其逐渐放弃了有时难以为继的超高利率，加权平均借款利率也就随之下降。可以看到，2014 年加权平均借款利率相对偏高的山东、江苏、四川和浙江，2015 年的利率均出现大幅下降，其中，降幅最大的山东，利率变动超过 10%，降幅最小的江苏，利率变动也有 4.44%。

第二，随着 P2P 网贷在中国如火如荼的发展，媒体的报道铺天盖地，各类研究也使平台的运营不再那么神秘，这大大降低了 P2P 网贷进入门槛，提高了 P2P 网贷发展相对落后省份的新设平台成功模仿传统平台运营模式的可能性。在这样的背景下，各省市 P2P 网络借贷平台间的运营模式差别将会逐渐消失，加权平均借款利率也有了收敛的趋势。从表 6-18 中可以发现，广东、北京和上海的加权平均借款利率的变动都相对更小，也在一定程度上支持了前述判断。

表 6-18　各地区 P2P 网贷的加权平均借款利率（2014~2015 年）

地区	2014 年	2015 年	
	加权平均借款利率（%）	加权平均借款利率（%）	变动率（%）
四川	21.74	14.17	-7.57
湖北	18.67	17.14	-1.53
山东	28.19	18.03	-10.16
江苏	22.79	18.35	-4.44
上海	13.16	11.44	-1.72
浙江	19.92	13.52	-6.4

续表

地区	2014 年	2015 年	
	加权平均借款利率（%）	加权平均借款利率（%）	变动率（%）
北京	15.32	12.14	-3.18
广东	16.65	13.02	-3.63
其他	20.65	17.27	-3.38

资料来源：据网贷之家数据计算。

从平台类型上看，各类型 P2P 网贷平台的加权平均借款利率基本上也呈下降的趋势，仅国资背景的平台加权平均借款利率有小幅的上升。2015 年，加权平均借款利率最高的是民营背景的平台，为 14.39%，最低的是银行背景的平台，为 6.12%，两者相差 8.27%；而在 2014 年，这一数值则是 10.86%，差距区间在一年间缩小了 23.85%。

类似地，继续计算各类型平台的加权平均借款利率的方差，计算公式为：

$$D_k = \sum_{j=1}^{N} S_j (i_j - i)^2 \tag{6.7}$$

其中，D_k 代表 k 年的方差，S_j 代表各类型 P2P 网贷平台的借款金额占总量的比重，i 代表总体加权平均借款利率，N 代表省份个数。计算结果为，$D_{2014} = 10.49$，$D_{2015} = 6.22$。同样地，与 2014 年相比，2015 年各类型平台的加权平均借款利率的方差有所减小，因此，各类型平台的加权平均借款利率也同样有逐渐接近的趋势。

此外，还有一点值得注意：除民营背景的 P2P 网贷平台外，其余所有平台的加权平均借款利率均低于总体水平。上文已经提到，各类型平台均采取多种模式运营，特定类型的平台在特定运营模式上并没有明显优势，因此，上述现象应该与运营模式无关。之所以出现这一情况，最可能的原因是民营背景的平台相对于其他平台风险控制水平更低、信誉度更弱，只能凭借更高的利率吸引投资者。相反地，银行背景的平台往往在控制风险方面更具优势，其与银行的关系也使这类平台看起来安全性更高①，这些都使银行背景的平台可以有效降低风险溢价，吸引到更多的借款者。② 如果真是这样，那么，各类型 P2P 网贷平台的加权平均借款利率将不会在短时间内收敛，利率水平的差别在一定程度上体现了风险控制水平的差别。

表 6 - 19　各类型 P2P 网贷平台的加权平均借款利率（2014 ~ 2015 年）

类型	2014 年	2015 年	
	加权平均借款利率（%）	加权平均借款利率（%）	变动率（%）
民营	19. 13	14. 39	-4. 74
银行	8. 27	6. 12	-2. 15
上市公司	13. 77	10. 08	-3. 69
国资	9. 41	10. 38	0. 97
风投	12. 32	11. 49	-0. 83

资料来源：据网贷之家数据计算。

最后，继续借助 P2P 网贷平台的交易数据大致推测借款利率的分布。这里依然选取 2016 年 1 月的数据。表 6 - 20 给出了 357 个平台中平均借款利率处于最小值、下四分位数、中位数、上四分位数、最大值及其相邻平台的信息。其中，下四分位数、中位数和上四分位数的位置的确定方法与上文相同。同样可以得到，$Q_l = 90$，$M = 179$，$Q_u = 268$，对应平台的平均借款利率分别是 10. 75%、13. 18% 和 15. 98%。

从表 6 - 20 中可以看到，P2P 网贷平台的平均借款利率基本上对称分布，平均借款利率处于中位数的平台平均借款利率是 13. 18%，超过 2016

① 据网贷之家统计，截止到 2016 年 4 月，正常运营的民营背景的平台共有 2237 个，问题平台累计共有 1596 个，问题平台数量占平台总数的 41. 64%；正常运营的国资背景的平台共有 76 个，问题平台累计共有 2 个，问题平台数量占平台总数的 2. 56%；正常运营的银行背景的平台共有 17 个，还没有出现一个问题平台。事实上，不只是银行背景的平台，上市公司和风投背景的平台中问题平台的个数也都是 0。注意，该项统计存在重叠，即将各种类型平台数量加总后大于整体数量。

② 2016 年 4 月，2237 个民营背景的平台借款者总数是 40. 73 万人，平均每个平台 182 人；17 个银行背景的平台借款者总数是 7. 04 万人，平均每个平台 4141 人。可以看到，银行背景的平台对借款者非常具有吸引力。

年 1 月的平均借款利率 1 个百分点，这意味着，平均借款利率在总体水平之上的平台更多一些。虽然平台的平均借款利率的最大值与最小值相差 27.8%①，但实际上有超过一半的平台平均借款利率在 10.5% ~16%。据此，可以推测 P2P 网贷的借款利率大体上呈“草帽”形结构。加之借款利率有收敛的趋势，可以预见，在未来“草帽”的中部将更加突出，两端将更加平缓。

表 6 - 20　具代表性 P2P 网贷平台的平均借款利率（2016 年 1 月）

排名	平台	平均借款利率（%）
1	来财街	0.14
2	金开贷	5.69
3	福银票号	6.93
4	九信金融	7.26
5	浙金网	7.29
88	果儿金融	10.7
89	58 财富	10.74
90	可溯贷	10.75
91	安心 de 利	10.75
92	爱钱帮	10.77
177	微金在线	13.16
178	招商贷	13.17
179	合力贷	13.18
180	51 如易贷	13.2
181	监保贷	13.2
266	大华 e 贷	15.9
267	壹佰金融	15.97
268	领投羊	15.98
269	迷你贷	16
270	湖商贷	16
353	拍拍贷	22.33
354	乐居财富	22.34
355	宏信创投	22.4
356	徽嘉金融	22.67
357	山水聚宝	27.94

资料来源：网贷之家。

① 即使剔除平均借款利率的异常值，这一差距仍达 16.98%。

六、其他一些借款者特征

受数据可得性的限制，现有研究中对于判断借款者特征的一些十分重要的基本情况方面的统计描述非常少，因此研究者也只能借助于若干 P2P 网贷平台公布的数据大致推测总体的情况。在这些研究中，最为详尽的是零壹研究院，其从性别、年龄、地域、婚姻状况、文化程度等多个方面对 P2P 网贷的借款者特征进行了全面的分析。[①] 因篇幅有限，这里不再复述零壹研究院的统计结果[②]，而是尝试探讨下面的问题：P2P 网贷的借款者特征是否与全体借款者的有所不同？为此，就需要将 P2P 网贷的借款者数据与总体数据进行比对。同样受制于数据可得性，这里仍然用样本数据大致推测整体情况。其中，推测 P2P 网贷借款者特征的数据来自零壹财经，推测全体借款者特征的数据来自好贷网。比对的结果是：两个数据集共有的借款者特征是婚姻状况和所属企业类型。

（一）婚姻状况

在零壹财经提供的 P2P 网贷平台的数据集中，有 17 个平台[③]报告了借款者的婚姻状况：在这 222492 名借款者中，未婚的有 37225 名，占 16.73%；已婚（包含离异和丧偶）的有 144848 名，占 65.1%；不详的有 40419 名，占 18.17%。在好贷网提供的数据集中，借款者总计为 130397 名，其中未婚的有 64423 名，占 49.41%；已婚的有 62489 名，占 47.92%；不详的有 3485 名，占 2.67%。由此可以推测，在全体借款者中，已婚的与未婚的数量大致相等；但在 P2P 网贷市场上，已婚的借款者是筹资的主体。之所以出现这一差异，可能的原因是已婚的借款者支出更多，以至传统的融资渠道无法完全满足其资金需求。

（二）所属企业类型

在零壹财经提供的数据集中，有两个平台[④]报告了借款者所属企业的

---

① 零壹研究院（2015）：《中国 P2P 借贷服务行业白皮书（2015）》，东方出版社。

② 感兴趣的读者可以参阅各年份的《中国 P2P 借贷服务行业白皮书》。

③ 这 17 个平台分别是 365 易贷、点融网、合拍在线、金开贷、你我贷、诺诺镑客、人人贷、人人聚财、融金所、投哪网、微金所、温州贷、一起好、医界贷、宜人贷、翼龙贷和煜达投资城。

④ 这两个平台分别是 365 易贷和金开贷。

类型：在 1770 名借款者中，出自私营企业的有 1672 名，占 94.46%；出自机关事业单位的有 32 名，占 1.81%；出自其他类型企业的有 47 名，占 2.66%；个体借款者有 19 名，占 1.07%。而在好贷网提供的数据集中，借款者共有 124650 名，其中出自私营企业的有 67311 名，占 54%；出自机关事业单位的有 13089 名，占 10.5%；出自其他类型企业的有 23918 名，占 19.19%；个体借款者 20332 名，占 16.31%。由此可以推测，在全体借款者中，出自私营企业的借款者大致占借款者总数的一半；但在 P2P 网贷市场上，出自私营企业的借款者是筹资的主体。出现这一情况最可能的原因是出自私营企业的借款者更难从传统的融资渠道获取资金，不得不求助于 P2P 网贷满足资金需求。

第二节　借款者风险

在上一节详细分析了借款者情况的基础上，本节尝试以借款者为切入点分析 P2P 网贷中的风险。受数据收集的限制，本节更多的是理论上的分析。就像本章开头提到的那样，这里的分析分为两个部分：一是 P2P 网贷的借款者“制造”的风险；二是 P2P 网贷的借款者面对的风险。

一、借款者“制造”的风险

近期，中国的 P2P 网贷得到了前所未有的发展，这在很大程度上归因于民间借贷的不断发展和互联网技术的日趋成熟。但在 P2P 网贷蓬勃发展的过程中，征信体系不够完善、监管立法相对滞后等问题也开始显现，直接威胁到投资者的资金安全。近年来，P2P 网贷的借款者卷款外逃和违约后从事高风险投资的情况不时出现，这需要引起各方的充分重视。之所以出现这些问题，主要是因为投资者和借款者之间的信息不对称。在 P2P 网贷交易中，投资者的信息获取基本上是在 P2P 网贷平台上完成的，在缺少面对面交流的情况下，有时难以获取部分关键信息，这就给一些借款者选择失信行为以可乘之机。从理论上讲，这类借款者的上述不当行为有可能导致 P2P 网贷市场的萎缩和消失，从这个角度看，一些借款者在通过 P2P 网贷平台融资时“制造”了风险。具体来讲，这一风险主要来源于 P2P 网贷中的逆向选择和道德风险，下面依次进行分析。

（一）逆向选择

在买卖双方信息不对称的条件下，市场中劣质商品挤占优质商品的空间并最终导致市场上商品整体质量下降的现象就是所谓的逆向选择。具体到 P2P 网贷市场，因其进入门槛很低，使得一些劣质的借款者也融入其中。不过，这类借款者在投资能力、资金管理能力、诚信水平等方面与优质的借款者存在很大差距，投资失败的概率更高，违约的可能性也更大。因为受到时间和地区的限制，投资者实际上无法获取借款者的全面信息，这就导致了 P2P 网贷中的逆向选择问题。那些诚信水平低、投资能力弱的劣质的借款者更有动机去掩饰信息，并通过提高借款利率增加获得资金的可能性，而投资者在难以获得借款者全面信息的条件下，就更有可能选择支付高利率的劣质的借款者①，从而发生逆向选择。如果这种情况持续下去，会有更多优质的借款者被挤出 P2P 网贷市场，借款者的整体质量也会因此不断下降，最终对 P2P 网贷的发展造成威胁。

为了便于理解，这里用一个简单的模型描述 P2P 网贷市场上逆向选择的形成过程。这里假定借款者和投资者均为风险中性，借款者的质量是 q，在 P2P 网贷中，借款者清楚自身的质量，但投资者并不清楚借款者的质量。假定不存在 P2P 网贷时，交易双方的效用都是 0，此时，P2P 网贷产生的效用就是效用的变化。假定投资者的效用函数是：

$$U_1(q,\ l) = q - l \tag{6.8}$$

其中，l 代表投资者出借的资金数量。相应地，借款者的效用函

① 设想一个极端的情况：优质的借款者和劣质的借款者在同一个平台上借款投资同一个项目，并且除投资能力外，二者的其他特征完全一样。在这里，投资能力体现为判断项目收益率的能力，优质的借款者能够准确判断项目收益率，劣质的借款者则会高估项目收益率。不妨假设项目的真实收益率为 12%，优质的借款者在准确判断此收益率后给出 11% 的借款利率，而劣质的借款者则将此收益率高估为 14%，并给出 13% 的借款利率。在现实中，P2P 网贷平台并没有给出借款者投资能力的信息，投资者面对这两个特征完全相同的借款者，最有可能的是向愿意支付高利率的劣质的借款者提供贷款。在这种情况下，劣质的借款者与优质的借款者间 2% 的利差通常并不能使投资者提高警惕，反而会使投资者认为优质的投资者更加贪婪。

数是：

$$U_b(l, q) = l - q \tag{6.9}$$

其中，l 代表借款者借入的资金数量①。

假定 P2P 网贷的借款者可以分为两类：一类是优质的借款者，其质量 $q = q_1$；另一类是劣质的借款者，其质量 $q = q_2$（$q_2 < q_1$），并且两种类型的借款者各占一半。在这样的设定下，如果 P2P 网贷没有发生，投资者和借款者的效用均为 0，而如果 P2P 网络借贷的借款金额是 c，投资者的效用是：

$$U_l = q_1 - c \tag{6.10}$$

而借款者的效用是：

$$U_b = c - q_2 \tag{6.11}$$

很容易理解，如果投资者清楚借款者的质量，均衡的借款金额应该是 $c = q_1$ 或者 $c = q_2$。但是在投资者不清楚借款者质量的情况下，如果两种类型的借款者都进入 P2P 网贷市场，那么投资者愿意借出的资金最多是 $c = (q_1 + q_2)/2$②。在这种情况下，优质的借款者的效用是：

$$U_{b1} = (q_1 + q_2)/2 - q_1 = (q_2 - q_1)/2 \tag{6.12}$$

而劣质的借款者的效用是：

$$U_{b2} = (q_1 + q_2)/2 - q_2 = (q_1 - q_2)/2 \tag{6.13}$$

因为 $q_1 > q_2$，所以 $(q_2 - q_1)/2 < 0 < (q_1 - q_2)/2$。这意味着，如果优质的借款者接受这样的交易，其效用反而会下降。此时，优质的借款者会退出 P2P 网贷市场，劣质的借款者则会留在市场接受 q_2 的借款金额③，P2P 网贷市场因此出现萎缩。

从实际情况看，集资诈骗是发生逆向选择的重要诱因。部分借款者在 P2P 网贷平台上以虚假的身份发布虚假的借款标的，向社会不特定对

---

① 借鉴 Akerlof 的研究，这里采用了最简单的函数形式。因为投资者可以从借款者的质量上升中获得效用，而借款者在 P2P 网贷平台上显示质量需要成本，所以二者的效用函数中包含 q。关于 Akerlof 的研究可参看 Akerlof，G. A.（1970），“The Market for ‘Lemons’：Quality Uncertainty and the Market Mechanism”，*Quarterly Journal of Economics*，84.

② 这是因为借款者质量的期望 $E(q) = (q_1 + q_2)/2$。

③ 在投资者意识到优质的借款者已被挤出市场的情况下，均衡的借款金额会变为 $c = q_2$。

象募集资金，用于投资房地产和有价证券，甚至将所募资金高利贷出赚取利差。此时，借款者以虚假的身份借款，直接构成欺诈，如果借款者以非法占有为目的，则构成集资诈骗罪①。而如果借款者的集资诈骗活动时有发生，势必会对 P2P 网贷的发展造成不利影响。

（二）道德风险

在交易双方信息不对称的情况下，交易的一方因无法监督②另一方的行为选择而使自身利益受到侵害的现象就是所谓的道德风险。具体到 P2P 网贷市场，在借款者取得投资者的资金后，二者间就建立起委托—代理关系，委托者（即投资者）的收益是由代理者（即借款者）的活动来实现的。不过在 P2P 网贷中，投资者通常无法监督借款者的投资决策和资金管理，这就为借款者对投资者隐瞒信息创造了机会。在投资者与借款者的利益有冲突的情况下，借款者就有动机利用不对称的信息侵害投资者的利益，从而产生道德风险。换句话讲，道德风险指的是借款者在与投资者建立契约关系后将所获得的资金用于违规的高风险活动，但因为信息不对称的存在使这类违规行为在短期内很难被发现，因而其凭借信息优势侵害了处于信息劣势的投资者的利益。如果这种情况不断发生，同样会导致 P2P 网贷市场的效率降低，最终对 P2P 网贷的发展造成不利影响。

这里再次以一个简单的模型描述 P2P 网贷市场上道德风险的出现过程。在这里，假定投资者通过 P2P 网贷平台向借款者提供的借款金额为 c，约定的借款利率是 i，借款者的借款标的收益为 R_1，项目成功的概率是 p_1。但如果借款者违反约定，将借款用于高风险活动，则收益会增加到 R_2，但成功的概率也会下降到 p_2，并且如果投资失败，收益为 0，借

① 《中华人民共和国刑法》第一百九十二条规定，以非法占有为目的，使用诈骗方法非法集资，构成集资诈骗罪。《全国法院审理金融犯罪案件工作座谈会纪要》则明确指出，对于行为人通过诈骗方法非法获取资金，造成数额较大资金不能归还，并具有下列情形之一的，可以认定为具有非法占有的目的：①明知没有归还能力而大量骗取资金的；②非法获取资金后逃跑的；③肆意挥霍骗取资金的；④使用骗取的资金进行违法犯罪活动的；⑤抽逃、转移资金、隐匿财产，以逃避返还资金的；⑥隐匿、销毁账目，或者搞假破产、假倒闭，以逃避返还资金的；⑦其他非法占有资金、拒不返还的行为。

② 或者是因为监督成本太高而放弃监督。

款者就会违约。

借款者在收益最大化的目标下选择自己的行为：

$$U_b = \max\{R_1P_1 - (1+i)c,\ R_2P_2 - (1+i)c\} \quad (6.14)$$

投资者则是根据 P2P 网贷平台所提供的信息和自己的判断选择自己的行为：如果借款者投资成功，其收益为 ci，如果借款者投资失败，其收益为 0，预期收益是 ciP_1。

但是，如果借款者预期 $R_1P_1 < R_2P_2$，出于对收益最大化目标的追求，借款者会选择违约并将借款用于高风险活动。在这样的条件下，如果借款者投资成功，其收益仍是 ci，如果借款者投资失败，其收益仍是 0，但此时的预期收益会变为 ciP_2，这意味着，借款者凭借信息优势使处于信息劣势的投资者面临更大的风险。如果这一情况重复出现，会使投资者对 P2P 网贷失去信心，最终对 P2P 网贷的发展造成不利影响。

二、借款者面对的风险

上一部分在信息不对称的框架下对 P2P 网贷中借款者“制造”的风险进行了分析，可以发现，通常所讲的 P2P 网贷中的欺诈风险和违约风险等都可以在这一框架下进行解读。除“制造”风险外，借款者在 P2P 网贷中也需要承担很多风险，本部分就重点讨论这一问题。具体来讲，借款者面对的风险主要有投资歧视风险、信息技术风险、宏观经济风险和政策法规风险四类，下面依次加以分析。

（一）投资歧视风险

从现在的情况看，P2P 网贷的资金用途主要可以分为生产性和消费性两类：生产性借款主要为生产经营筹集资金，消费性借款主要为日常消费筹集资金。P2P 网贷作为中国构建普惠金融制度的一部分，在相当程度上方便了小型微利企业和个人的融资活动。不过，在 P2P 网贷市场上，借款者仍然需要面对投资偏向风险。不少投资者受到传统投资习惯的影响，认为以生产经营项目为依托的借款还本付息的可能性更高，因而在 P2P 网贷市场上更偏好生产性借款，这不经意间抬高了生产性借款标的的关注度，也提高了生产性借款最终成功的可能性。但是，这一投资偏向无异于是对以消费为目的的借款者的歧视，也在一定程度上降低了这类借款者成功筹集资金的概率，使其承受了不必要的风险。

庄雷等建立了一个数理模型，对 P2P 网贷中的投资偏向进行了分析，用以说明 P2P 网贷的资金流向。借助 P2P 网贷平台的交易数据，该研究发现，借款标的的资金用途会显著影响其人气及中标的概率，P2P 网贷市场总体上存在着投资偏向，投资者一般更愿意贷款给以生产为目的的借款者。①

除投资偏向引起的歧视风险外，还有一类投资歧视风险也不容忽视，这就是地域偏好引起的歧视风险。部分投资者受传统观念和流言蜚语的影响，认为经济发展水平相对更高、商业文化相对更发达地区的借款者还本付息的可能性更高，因此在 P2P 网贷市场上更倾向于对特定地域范围内的借款者提供贷款，从而提高了这类借款者获得资金的可能性。这种偏好是对特定地区以外借款者的歧视，也减小了这类借款者获得资金的可能性，使其承受了额外的风险。

廖理等利用平台的交易数据，对市场上是否存在地域偏好进行了实证检验。该研究显示，在 P2P 网贷市场中，各省份间借款成功的概率存在显著的差异，并且在控制了借款者信息和借款标的信息后，该差异依然存在，这意味着 P2P 网贷交易中存在地域偏好。② 这也在一定程度上证实了一些 P2P 网贷的借款者需要面对投资歧视风险。

（二）信息技术风险

在现阶段征信体系还不够完善的情况下，P2P 网贷平台通常会要求借款者提供详细的个人信息，如借款者姓名、公民身份证、手机号码、婚姻状况、收入状况、财产状况等，而借款者为了提高获得资金的可能性，也往往会满足平台的信息披露要求。这就使 P2P 网贷平台中留有大量借款者的个人信息和有关材料，从而形成了一个海量的个人信息数据库。虽然大多数 P2P 网贷平台提供的借款者信息是匿名的，但这些信息加以

① 庄雷、周勤、伏玉林（2015）：《P2P 网络借贷用途、投资偏向效应与软信息价值》，《国际商务》，第 6 期。

② 参见廖理、李梦然、王正位（2014）：《中国互联网金融的地域歧视研究》，《数量经济技术经济研究》，第 5 期。更进一步地，投资者偏好的省份其违约的概率并未显著地低于其他省份，这表明，借款者面对的投资歧视风险实际上是投资者非理性行为的结果。

整合后还是可以大致推测出借款者的真实身份，个人隐私因之暴露，从而给借款者带来风险。[①] 此外，部分平台出于对未能及时还款的借款者进行惩罚的目的，公开其部分信息，如存款账户流水、借款者亲属信息等，同样给部分借款者带来风险。还有少数平台以盈利为目的，对外销售借款者的姓名和手机号码等信息，这不仅侵犯了借款者的隐私，严重者会构成犯罪，更给不法分子实施诈骗以可乘之机，从而给借款者带来了极大的风险。

对于借款者面对的信息风险，还有一点很容易被忽略。《个人信用信息基础数据库管理暂行办法》中明确指出，个人信用报告仅限中国人民银行、各商业银行在规定范围内查询。这意味着，P2P网贷平台不具有查询个人信用报告的资格，并且各商业银行的信用记录也不会与平台共享。这就使P2P网贷平台在对借款者进行信用调查时信息来源相对有限，对借款者进行信用评级时缺少充分的根据，从而导致有偏的甚至是与实际情况相反的风险评估和信用评价，对借款者顺利获得资金造成负面影响。

此外，P2P网贷目前仍处于快速变化时期，借款者对这种融资方式的知识积累还非常有限，加之各平台的流程设计五花八门，极容易导致借款者发生操作失误造成不必要的损失。

（三）宏观经济风险

P2P网贷自产生之日起，就扮演了正规金融的重要补充的角色。一方面，P2P网贷为小型微利企业、低收入群体等通常被排斥于正规金融之外的借款者提供了简便的融资渠道；另一方面，P2P网贷也为不满足于正规金融收益率的投资者提供了增加收益的机会。在经济繁荣时，居民的收入快速增加，消费也会相应增加，但边际消费倾向递减使消费的增加低于收入的增加，大量增加的居民储蓄势必会流入P2P网贷市场，很多小型微利企业和低收入群体的正常借款需求就可以得到满足。但在经济衰退时，上述情况就会发生逆转：居民的收入下降导致消费下降，但边际消费倾向递减使消费的下降低于收入的下降，此时，居民出于避险的考

① 更为严重的情况是，如果P2P网贷平台受到了黑客攻击或是自身管理发生问题，就非常有可能出现大范围的信息泄露。

虑，将不会把剩余的储蓄继续投向 P2P 网贷市场，这就使原本靠 P2P 网贷筹集资金的小型微利企业和低收入群体重新陷入资金短缺的困境，对其正常的生产和生活造成负面影响。[①] 这表明，P2P 网贷的借款者受经济环境的影响很大，其时刻面对着宏观经济风险。

从实际情况看，大部分 P2P 网贷的借款者会向投资者支付 12% ~ 20% 的年息，但若将平台收取的中介服务费包含在内，借款者的借款成本就会被推高。到目前为止，各 P2P 网贷平台的中介服务费标准并不统一，但从总体上看，借款者的还款额大致为本金的 120% ~150%。在宏观经济下行的背景下，P2P 网贷的借款者面对着很大的利率风险，借款者必须具有很高的收益率才能够顺利还本付息。

（四）政策法规风险

P2P 网贷是互联网技术日趋成熟后发展起来的新型融资模式。但在中国，大部分 P2P 网贷平台则是由过去的民间金融机构转化而来的。这类机构不但借助平台降低了信息传播的成本，触及了过去无法触及的贷款人群，还披上了金融创新的外衣。融资者通过开放性平台面向不特定多数人直接募集资金，并承诺在一定期限内还本付息的行为，满足非法吸收公众存款行为的“非法性、公开性、利诱性、社会性”特征。依照《最高人民法院关于审理非法集资刑事案件具体应用法律若干问题的解释》，违反国家金融管理法律规定，向社会公众（包括单位和个人）吸收资金的行为，同时具备下列四个条件的：（一）未经有关部门依法批准或者借用合法经营的形式吸收资金；（二）通过媒体、推介会、传单、手机短信等途径向社会公开宣传；（三）承诺在一定期限内以货币、实物、股权等方式还本付息或者给付回报；（四）向社会公众即社会不特定对象吸收资金，除刑法另有规定的以外，应当认定为刑法第一百七十六条规定的非法吸收公众存款或者变相吸收公众存款。但需要注明的是，该司法解释对“非法吸收或者变相吸收公众存款，主要用于正常的生产经营活动，能够及时清退所吸收资金”的行为，规定了“可以免予刑事处罚；

① 事实上，任何使投资者产生避险动机的宏观经济环境都会给 P2P 网贷的借款者造成不利影响。

情节显著轻微的，不作为犯罪处理”的决定。具体来讲，首先就是借款者通过平台募集资金用于生产经营而非资本运作进行套利，并最终按照约定归还投资者资金的情况下，可以免除刑事处罚或不作为犯罪处理。

其次，借款者在非法吸收公众存款的基础上具备了司法解释中对于“非法占有的”法律推定情节①，或是根据已知事实和经验法则采用逻辑推理的方式来判定“非法占有”的事实推定情节，借款者将构成集资诈骗罪。

最后，如果借款人在非法集资过程中没有达到集资诈骗的追诉标准，而是通过发布虚构项目标的，在签订借款合同中以虚构事实隐瞒真相的方式非法占有他人财物，将构成合同诈骗罪。

---

① 《全国法院审理金融犯罪案件工作座谈会纪要》规定：“根据司法实践，对于行为人通过诈骗的方法非法获取资金，造成数额较大资金不能归还，并具有下列情形之一的，可以认定为具有非法占有的目的：（1）明知没有归还能力而大量骗取资金的；（2）非法获取资金后逃跑的；（3）肆意挥霍骗取资金的；（4）使用骗取的资金进行违法犯罪活动的；（5）抽逃、转移资金、隐匿财产，以逃避返还资金的；（6）隐匿、销毁账目，或者搞假破产、假倒闭，以逃避返还资金的；（7）其他非法占有资金、拒不返还的行为。但是，在处理具体案件的时候，对于有证据证明行为人不具有非法占有目的的，不能单纯以财产不能归还就按金融诈骗罪处罚。”

《最高人民法院关于审理非法集资刑事案件具体应用法律若干问题的解释》第四条规定：“以非法占有为目的，使用诈骗方法实施本解释第二条规定所列行为的，应当依照刑法第一百九十二条的规定，以集资诈骗罪定罪处罚。使用诈骗方法非法集资，具有下列情形之一的，可以认定为‘以非法占有为目的’：（一）集资后不用于生产经营活动或者用于生产经营活动与筹集资金规模明显不成比例，致使集资款不能返还的；（二）肆意挥霍集资款，致使集资款不能返还的；（三）携带集资款逃匿的；（四）将集资款用于违法犯罪活动的；（五）抽逃、转移资金、隐匿财产，逃避返还资金的；（六）隐匿、销毁账目，或者搞假破产、假倒闭，逃避返还资金的；（七）拒不交代资金去向，逃避返还资金的；（八）其他可以认定非法占有目的的情形。”

第七章　P2P 网贷市场参与者分析Ⅲ：网贷平台

P2P 网贷是以互联网技术为支撑，实现个体与个体之间的信息互通、资源共享和资金流动，以为很多无法从银行和其他借贷机构获取资金的融资者提供一种新的融资渠道。自 2005 年全球首家 P2P 网贷平台 Zopa 在英国成立以来，这一新型借贷模式迅速获得了市场的认可，在全球范围内广泛展开。2007 年 6 月，中国第一家 P2P 网贷平台——拍拍贷——上线运营，随后，平台数量开始迅速增加，2012 年之后更是以惊人的速度迅速增长。

由于各国的法律制度和经济环境不同，P2P 网贷在各国的发展模式也不完全相同。当前，我国的 P2P 网贷行业在传统模式的基础上，衍变出多种具有中国特色的运营模式，相对传统模式甚至产生了很大程度的“异化”，这使得 P2P 网贷内部风险管理和外部金融监管变得更加复杂。我国金融监管当局对 P2P 网贷等新的金融发展形式的态度是倾向于承认其合法性，并呼吁阳光化发展。为此，金融监管当局对 P2P 网贷这种创新的金融形式保持了较大的容忍：一方面给予了 P2P 网贷行业一定的发展空间，另一方面也使得 P2P 网贷行业各种风险和问题充分地暴露出来。①

第一节　P2P 网贷平台的模式

一、P2P 网贷平台模式逐渐分化

P2P 网贷平台运作的大致程序是：资金借入者通过网商平台申请在互

① 叶湘榕（2014）：《P2P 借贷的模式风除与监管研究》，《金融监管研究》，第 3 期。

联网上发布资金需求信息（通常包括用途、数额、利率水平和期限等）—P2P 网贷平台对资金借入者的资信进行审核后在互联网平台上发布这一资金需求信息—资金借出者通过 P2P 网贷平台签署资金借贷合约并汇划资金到网商平台账户—P2P 网贷平台再将资金汇划给资金借入者—到期时资金借入者将资金本息汇划给网商平台账户 P2P 网贷平台—P2P 网贷平台再将资金本息汇划给资金借出者。[①] 自 P2P 网贷引入国内以后，网贷平台根据具体国情、地域特色和平台的自身优势，业务模式不断创新，形成了多种多样的 P2P 网贷模式，呈现出混业经营业态。目前，在行业内具有较大影响并被广泛采用的模式主要有：

（一）纯线上模式

纯线上模式是比较原生态的 P2P 网贷模式，其借款者、投资者均从网络渠道获取，标的金额一般较小，多为个人信用贷款，对借款者的信用评估和审核也基本通过网络进行。该模式平台承担风险较小，但对信贷技术要求较高，需要完善的个人征信系统。国内采用此模式的平台并不多，最典型的是拍拍贷，作为第一家 P2P 网贷平台，其很好地坚持了 P2P 网贷的传统模式。

（二）纯线下模式

纯线下模式即借款者和投资者均通过平台线下渠道独立开发部分债权转让模式。线下模式多以专业放款人先放贷，然后把债权转让给投资者来进行操作，因此又被称为债权转让模式。线下 P2P 网贷平台因成长速度快、规模较大和信息不透明更容易被质疑为资金池。

（三）担保/抵押模式

采用担保模式的平台一般引入融资性担保公司对每一笔借款进行担保，担保公司将承担借款者的违约风险。担保的引入降低了投资者风险，但增加了借款者的融资成本。采用抵押模式的平台要求借款者以一定的资产（房产、汽车等）进行抵押，足值抵押和变现能力强的抵押物将增强还款保障能力，因此贷款费率有下降空间。采用担保模式的典型平台包括陆金所、开鑫贷等，典型的抵押模式平台包括互利网、91 旺财（均

---

① 王国刚、张扬（2015）：《互联网金融之辨析》，《财贸经济》，第 1 期。

为房产抵押）等。

（四）O2O 模式

O2O 即 Online To Offline，特点是 P2P 网贷平台主要负责借贷网站的维护和投资者的开发，而借款者由线下小额贷款公司或担保公司开发和审核，平台再次审核后把借款信息发布到网站上，接受线上投资者的投标，小贷公司或担保公司将承担完全担保或连带责任。此类模式特点是风险控制的重心在小贷公司或担保公司，平台的风险控制偏弱，因而平台将承受较高的经营风险。典型的 O2O 模式平台包括有利网、金信网等。

（五）P2B 模式

P2B 模式中的“B”是指 Business，即企业，也就是说采用此模式的平台上的借款者多为企业。模式特点是单笔借款金额高，上百万元甚至上亿元的都有，担保公司提供担保，平台要求企业有足值的反担保物。P2B 模式平台数量不多，但发展很快，具备强大的风险控制能力和承受能力的平台能够迅速做大。典型的平台包括爱投资、红岭创投等。

（六）混合模式

实际上，许多 P2P 网贷平台并不是完全或绝对采用以上一种模式的，比如，有的平台虽然采用线下债权转让模式，但也在线上获取投资者；有的平台借款者同时来自线上和线下，既有个人借款者也有企业借款者，既有信用借款也有担保或抵押借款。这些平台被统称为混合模式平台，典型代表为人人贷。

二、P2P 网贷平台的风险管理模式

风险控制是 P2P 网贷平台能否持续健康发展的关键所在。对投资者而言，P2P 网贷平台主要存在的风险包括：违约风险，即 P2P 网贷平台上借贷项目到期不能还本付息，存在违约的可能性；操作风险，即 P2P 网贷平台上由于操作失误或者遭受外部冲击而存在的风险；流动性风险，即 P2P 网贷平台上由于金融产品期限与金额错配而存在的风险；系统性风险，即当实体经济处于衰退周期时，P2P 网贷不能偿付的风险。目前来看，多数 P2P 网贷平台不在项目本身的风险控制上下功夫，而是借助于自身和第三方提供担保。

（一）担保模式（见表 7－1）

表 7－1 中国部分 P2P 网贷平台担保情况

P2P 网贷平台	担保机构	保项
陆金所	平安融资担保公司	本息担保
有利网	合作机构担保	本息担保
积木盒子	融资性担保公司、非融资性担保公司	本息保障
信融财富	融资性担保公司	本息保障
礼德财富	小额贷款公司、融资性担保公司、非融资性担保公司	本息保障
付融宝	小额贷款公司、担保公司、资产管理公司	本息保障
微金所	小额贷款公司、融资性担保公司、电商平台	本息保障
融金所	担保公司	视 VIP 等级而定
PPmoney	融资性担保公司	本息保障
你我贷	非融资性担保公司	本金保障

资料来源：谢平、陈超、陈晓文等（2015）：《中国 P2P 网络借贷：市场、机构与模式》，中国金融出版社。

平台自身担保。行业发展初期，中国多数的 P2P 网贷平台通过自身来提供担保。采用这种模式，P2P 网贷平台主要以服务小微企业为主，借款额度一般较大，通过要求借款者引入担保人，可以在平台垫付的基础上，进一步保证资金安全。其缺点是：对平台和担保人的实力要求较高，同时，存在较大的法律风险。

关联方担保。关联方担保是发生于有关联的或者间接关联企业之间的担保。另外，也有一部分融资性担保机构通过控股或者参股 P2P 网贷平台，进而对 P2P 网贷平台提供担保。

第三方担保。主要是通过小额贷款公司和担保公司提供担保，这种模式受制于担保公司的资本实力，担保能力有限。同时，一些担保公司要求 P2P 网贷平台提供反担保。

关联方担保与第三方担保的优势是：担保机构为了保证自身的资金安全，对借款者的审核也会更加严格，这都有利于投资者的本金安全，同时降低违约风险。其缺点是：担保是合法的杠杆行业，受制于杠杆限制，如果坏账率过高，担保公司自身经营就会出现问题。

此外，一些 P2P 网贷平台通过发布商业银行股东背景来提供隐性担保，这种担保模式的信号作用大于实质作用。

（二）风险准备金模式

平台每笔借款成交时，提取一定比例的利息管理费放入“风险准备金账户”，当借款出现逾期时，根据本息保障规则通过“风险准备金”向投资者垫付部分或者全部本息。为了防止平台挪用风险准备金，需要自有资金与风险准备金分离，并交由银行等第三方托管。采用这种模式的典型代表是和信贷，这种模式的主要缺陷在于部分 P2P 网贷平台风险准备金提取过低，不能形成有效的保障。

（三）保险模式

为了分散风险，P2P 网贷平台开始引入保险，以此来吸引投资者，同时又能保证自身安全性。典型代表是房金所与众安保险的合作，财路通与民安保险、中国人寿财产保险公司北京分公司的合作。相比担保公司，保险公司的资金实力更强，平台借贷风险能够实现部分转移。现实中，被保险人可能是 P2P 网贷平台、合作金融机构、投资者和借款者。此外，P2P 网贷平台第三方保险模式存在与保平台还是保项目的争议。直接为平台提供保险，风险较大，并且存在技术障碍，但是，如果对每个项目单独承保，操作又过于烦琐。

（四）技术手段规避风险

采用大数据技术来甄别客户，降低客户违约风险。整合征信公司、司法数据、工商数据、消费数据等重要数据源头，构建金融贷款机构风险控制所需全行业各领域的风险数据库，通过多维度进行交叉智能分析，判别出大量传统风控手段难以发现的高危风险，进而规避潜在坏账损失。在此过程中，征信机构通常专注于数据收集和前期处理，而将数据挖掘和数据分析等工作交给专业化的数据公司，例如传统公司 FICO（费埃哲）和新兴技术公司 ZestFinance 等，有利网与 FICO 合作，开发了针对中国微小企业贷款人群的评分卡，评分卡包括个人信息、财产信息、工作信息、征信信息四个类别、22 项评分要素，该评分卡能够较好地分析每个借款者的潜在信用信息。

（五）增信手段

开发适合互联网金融模式的多样化增信手段，如借款者信用评级及适用的抵押品、市场化资产转让平台、收益权质押、流动性风险准备金等。

发挥行业协会组织优势提供合作共享的信用数据库，避免各家 P2P 网贷平台恶性竞争，不能共享黑名单，反而增加了征信成本，上海市网络借贷服务业企业联盟正在搭建这一信息共享平台。

构建开放式的全社会互联网金融征信体系，这一征信体系包括个人及企业的社交网络信息、工商行政信息、互联网金融交易信息、消费行为不良记录、市场融资违约记录等，网络金融征信系统正在搭建这一平台。

鼓励第三方评级机构尽快规范 P2P 网贷平台相关的信用评级，可适用于内部单个贷款项目评级，或者对 P2P 网贷平台的评级。

三、P2P 网贷平台的定价模式

目前，中国 P2P 网贷平台的定价还没有完全找到市场化的方式，定价模式主要有风险定价、成本加成、竞标定价等模式。P2P 网贷平台自身的收益来源于：一是向投资者收取；二是向借款者收取；三是同时向投资者和借款者收取。在实际操作中，P2P 网贷平台为了提升人气，倾向于向借款者收费，向投资者少收费或者不收费，甚至向投资者提供各种补贴。

（一）风险定价模式

贷款利率主要取决于项目风险，通过内部信用评估，确定贷款利率。信用评级越高，贷款利率越低，而信用评级越低，贷款利率越高，有利网、易贷通等 P2P 网贷平台采用这种定价模式。

从国际经验来看，Lending Club 根据借款者的 FICO 信用评分、贷款金额、过去 6 个月借款次数、信用记录长度、账户数量、循环信用证使用率和贷款期限等进行内部信用评级，将贷款申请者分成 A ~ G 共 7 个等级，每个等级又细分成 5 档，共 35 档。不同信用评级对应着不同贷款利率，从 6%~25% 不等，信用评级越低，贷款利率越高。同时，对不同评级的贷款人也收取不同的管理及服务费用，信用评级越低，服务费用越高，以弥补平台自身可能面临的风险损失。

采用风险定价方法需要满足两个前提：一是信息充分完全，二是信息真实可靠。这就要求较高的信息质量与较大的信息数量，表现为信息的收集、分析、处理与运用等方面，而这些需要社会征信体系的健全、大数据技术的运用等配合，在中国现行的市场环境下，征信体系有待完善，云计算和大数据技术应用刚刚起步，标准化和安全可控要求还未实现，因此，要满足社会征信体系的健全、大数据技术的运用与配合这两个前提，难度很大。

（二）成本加成定价模式

实行成本加成定价模式的 P2P 网贷平台大多是信息中介平台，具有信用转换功能。这种定价模式主要依据 P2P 网贷平台运营成本来制定贷款价格，贷款价格主要由贷款利率、现场考察费、借款管理费、投标管理费、担保费用等构成。而 P2P 网贷平台的收益主要是注册费和交易费。

（三）竞标定价模式

竞标定价模式能够较好地反映融资方的需求状况，是纯粹信息中介型 P2P 网贷平台的主要运营模式。运作原理是：第一步，借款者发布借款金额、借款期限、最高利率等相关信息。第二步，投资者查询相关信息，在最高利率范围内进行投标。第三步，如果投标资金总额超过借款者的融资金额，则利率最低的投标人中标；如果投标资金总额低于借款者的融资金额，则流标。如果借贷交易成功，那么 P2P 网贷平台自动生成电子合同。目前，采用竞标定价模式的典型代表是拍拍贷。

四、P2P 网贷平台的资金存管

资金在 P2P 网贷平台的留存方式，共有四种模式：“资金池”模式、第三方支付托管模式、银行大账户存管模式和强存管模式。其中，资金托管与资金存管之间的区别比较复杂。简单而言，存管即为将 P2P 网贷平台自有资金和客户资金进行区分管理，而托管则对银行职责要求更加严格，需要对 P2P 网贷平台投资项目的真实性进行调查。

（一）“资金池”模式

“资金池”模式，即平台直接在银行开设企业账户，甚至个人账户，投资者将钱汇给平台在银行的账户，平台方是否挪用投资者资金全靠“自觉”，没有任何保障。这种模式早在划定“红线”之前就被行业所禁止，但是仍有大量平台在实际运作中使用该种模式。

（二）第三方支付托管模式

第三方支付托管模式，即第三方支付在银行开设的备付金账户，这种模式的弊端在于，所有与该第三方支付拥有托管协议的平台，以及第三方自营业务资金，例如收单资金、支付资金，统一放在备付金账户中，没有清晰划分，资金流向处于监管灰色地带。P2P 网贷平台主要通过第三方支付平台进行资金托管，其中使用最多的是“汇付天下”托管系统，其 P2P 网贷账户托管业务已经接入七百多家平台。

（三）银行大账户存管模式

银行大账户存管模式，即采用银行大账户存管，此类账户更大程度上被看作记账账户，体现为平台按某一个固定周期将资金流水记录发送至银行，只要双方能够匹配即可，由于银行无法获得投资者指令，因此该笔资金是用以投标还是平台自融，银行方不得而知。由银行进行资金托管，意味着投资者的资金将更安全，因为第三方支付机构有可能会“跑路”或挪用平台资金。

（四）强存管模式

在强存管模式下，银行和平台方建立双账户，投资者在平台注册账户的同时，在银行也会开设相应的弱实名电子账户，并且每一笔资金调拨均需要投资者确认，即在投标充值时自动转入该银行页面，资金在银行账户间流转，平台仅仅是记录账户，不经手资金。

据网贷之家不完全统计，截至 2016 年 5 月 13 日，超过 82 家平台与银行签订了资金存管协议。而截至 2016 年 4 月底，P2P 网贷行业累计平台数量达到 4029 家，其中，正常运营的平台 2431 家，由此计算，签约成功率约为 3.37%。

第二节　P2P 网贷平台的风险

一、流动性风险的定义及产生原因

P2P 网贷问题平台的显现首先表现为流动性风险加大导致的资金链断

裂。P2P 网贷平台的流动性风险产生的原因是 P2P 网贷平台的垫付超过其自身的偿付能力、期限错配与 P2P 网贷平台自融出现问题，资金周转失灵。

（一）流动性风险的定义

这里所说的流动性风险，是指 P2P 网贷平台无法及时获得充足资金或无法以合理成本及时获得充足资金以支付到期债务的风险。保持流动性，才能保证 P2P 网贷平台不断有足够的资金来源，进而使 P2P 网贷平台正常运转，保证业务经营不断延续。在我国，P2P 网贷平台不能吸收存款，没有资本充足率保障，也没有像商业银行那样的同业拆借、中央银行再贷款，因此不得不面临可能爆发的流动性风险。

（二）流动性风险产生原因

1. 平台的本金保障模式

为了增加自身的竞争力，使投资者能够放心将资金投资到平台上，从而占有更大的市场份额，国内部分 P2P 网贷平台对出资人的本金提供一定的担保，但这种本金保障的模式很有可能将投资者面临的信用风险转嫁给网贷平台，给平台带来流动性风险。许多 P2P 网贷平台承诺对部分投资者逾期无法收回的本金进行先行垫付。

这种模式下，本金的保障主要来源于平台自身的风险准备金或者借款者借款时支付的一定比例的小额担保费。但是，P2P 网贷平台的受众群体本身就是信用等级并不足够高的中小企业或者个人，甚至还有一部分是“次级类”的借款者，其本身就存在着一定的信用风险，如果平台的贷款审批和贷后管理等风险控制环节不够强大的话，很容易造成平台的垫付超过其自身的偿付能力，产生流动性风险。

2. 拆标

拆标是指某些 P2P 网贷平台为了迎合投资者偏好期限短、额度小、满额快的心理，将一个期限较长或者金额较大的借款标的拆成期限较短和金额较小的多个借款标的，继而形成期限和金额错配。当然，金额和期限错配也有其积极的一面：降低风险，起到鸡蛋放在不同的篮子里的效果；可以满足投资者偏好投资期限较短的投资标的的需求。然而，对于 P2P 网贷平台而言，拆标实际上就是建造了一个资金池，进行期限错配、短贷长投，在现实操作中，往往平台拆开的标的到期，而真实借款却尚未到期，从而导致投资者提取现金出现问题，如果提现问题加剧会引起投资者挤兑，进而最终爆发流动性危机。

3. 自融

自融是指借贷平台自身通过 P2P 网贷平台进行融资，满足平台自身发展和运营的需要。一旦平台自身运作出现问题，资金周转不灵，将引发流动性风险。

二、操作风险及其产生的原因

操作风险是由于内部程序、人员和系统的不完备或失效，或由于外部事件造成损失的风险。业务规模大、交易量大、结构变化迅速的金融业务领域，受操作风险冲击的可能性最大。

相对于传统的金融服务，互联网金融业务操作风险的特殊性主要体现在：大数据的经营、操作主体的变换、互联网金融账户的授权使用、操作流程设计对网络系统的依赖，以及真假电子货币识别等方面。

互联网金融风险控制的核心在于对数据的整合、模型构建和定量分析，由于平台数据获取主要是基于业务的交易数据，形成维度单一，再加上实际操作中还存在“刷信用”、“改评价”等行为，使得互联网金融的大数据风险控制在操作中存在风险“有偏”隐患；互联网金融环境下的操作主体大都由客户在自有计算机上实现，如不熟悉具体的操作规范与要求，可能会引起不必要的损失，同时，互联网交易系统的设计缺陷、安全性以及运行的稳定性等，也可能引发金融业务的操作风险；互联网金融可能会存在由于没有树立良好的信誉而导致的各项业务不能在良好的信用环境下有序展开而面临风险；互联网由于时效性和快捷性特点，往往一步小小的操作过失就会带来无法挽回的巨大损失，而且互联网通过媒介对信息的传播速度非常快，操作风险会很快传播进而导致声誉风险。

三、P2P 网贷平台违约风险溢价及其确定模型

在金融市场上，P2P 网贷问题平台的出现，导致一些融资项目出现违约。运用大数据分析技术，使用合理的计量模型，可以确定 P2P 网贷平台上的借款违约风险溢价，从而促进 P2P 网贷平台健康发展。

（一）违约风险溢价

如果借款者不遵守承诺，在约定时刻无法满足支付，那么这项借款会遭到违约，投资者的收益比约定的要少。为了补偿违约的潜在损失，投资者会索取更好的利率。投资者认为违约风险越高，要求的利率就越高。鉴于投资者总是能够购买到违约风险更低的资产，为了吸引投资者，借款者需要支付较高的利率。

在其他条件全部相同的情况下，一笔有违约风险的借款与一笔无违约风险之间的利差，代表了具有违约风险借款的违约风险溢价（DRP）。

$$DRP = i_n^R - i_n \qquad (7.1)$$

其中，i_n^R 是 n 年到期的具有违约风险的借款利率，i_n 是 n 年到期的无违约风险的借款利率。

式（7.1）计算的违约风险溢价反映了市场对违约可能导致的损失的一致预期。这一溢价部分恰好使得投资者对有违约风险借款和无违约风险借款无差异，或者正好能够诱使投资者放弃无风险借款转而投向有风险借款，当然，在现实中，投资者也有可能出现错误，所理解的违约损失高于或者低于违约风险溢价覆盖的部分。

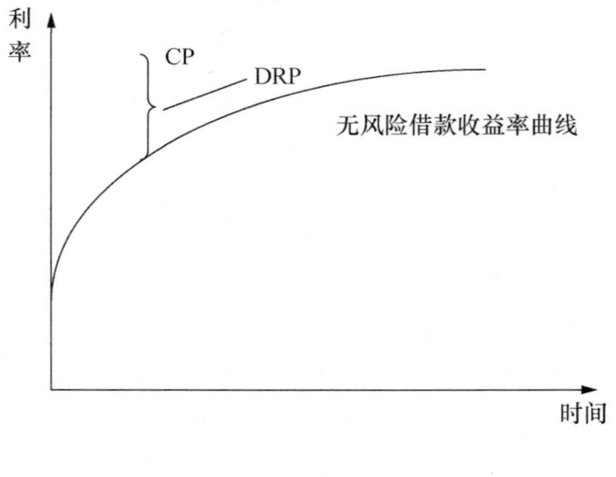

图 7-1　违约风险溢价

注：CP 表示有违约风险借款的收益率；DRP 表示违约风险溢价。

如图 7-1 所示，具有违约风险的借款的定价被认为是游离于无风险借款收益率曲线的。对于一笔具有违约风险的借款，其利率距离期限相同的无风险借款的收益率曲线越远，则投资者对其预期的违约损失越大。评估特定借款的违约风险溢价的大小，投资者必须分析融资条件、借款者的前景和借款合同的条款等因素。其中，融资条件与借款者的前景反映借款违约的可能性，借款合同反映出如果违约投资者的潜在损失。

为了降低损失，投资者会关注借款项目的信用等级。对于大多数小投资者而言，相对于投资收益，信用评估的成本可能太高。为了将市场向更多的投资者开放，信用评估的费用由被评估的公司承担。借款者（被评估的公司）希望通过吸引更多的投资者和降低利息成本来补偿评估费用。当然，不是所有的借款都会进行评级，有些小的借款者认为潜在的利息成本节约不能补偿评级的费用，而有些借款者只对大的机构投资者做私下发行，这些大的机构投资者拥有它们独立的信用分析。

（二）确定违约风险溢价：基于Logit模型

Logit模型形式简洁，拟合方便，是银行业在企业、个人信用评估方面最常用的模型之一。Logit模型属于非线性概率模型，其推导基于隐性变量模型。

用取值为0或者1的二元变量表示客户信用状况，其中，Y=1表示发生违约，Y=0表示不发生违约。用向量X表示客户特征、属性和历史信息，比如基本情况、财务状况、行为信息等。

假如变量Y和向量X之间通过隐性变量Y^*联系在一起。我们观察不到Y^*的具体值，但是，可以知道：

$$Y^* = X'\beta + \varepsilon \tag{7.2}$$

式（7.2）中，$X'\beta$为线性的指示函数，系数β为指示系数，随机扰动项ε的累积分布函数记为F(·)。

Y的取值由Y^*的情况决定：

$$Y = \begin{cases} 1, & Y^* > 0 \\ 0, & Y^* \leqslant 0 \end{cases} \tag{7.3}$$

因此，Y的概率分布是：

$$P(Y=1 \mid X) = P(\varepsilon > -X'\beta) = 1 - F(-X'\beta) \tag{7.4}$$

如果ε的累积分布函数为logistic函数$F(\varepsilon) = \frac{e^{\varepsilon}}{1+e^{\varepsilon}}$，则式（7.4）可

以表示为：

$$P(Y=1|X)=\frac{e^{X'\beta}}{1+e^{X'\beta}} \tag{7.5}$$

式（7.5）就是 Logit 模型的核心。根据数据库信息，比如客户特征、属性和历史信息等以及违约数据，再结合模型设定、检验方法，先确定 X 中包含哪些变量，再去估计系数 β，就能用来估计违约概率，确定违约风险溢价。

在自变量的选择上，Logit 模型非常灵活。比如，对非零售客户一般有 7 大类、100 多项指标：①财务杠杆指标，包括资产负债率、调整后的资产负债率、全部资本化比率等；②偿债能力和流动性指标，包括流动比率、速动比率、现金比率等；③收益性指标，包括营业利润/销售收入比率；④获利能力指标，包括总资产收益率、股东回报率等；⑤营运效率指标，包括总资产周转率等；⑥规模指标，包括总资产、净资产、销售收入、营业利润等的近三年平均值；⑦成长性指标，包括总资产增长率、销售收入增长率、利润增长率、成立时间等。对于网上客户，还可以使用网上销售量、客户点击浏览情况、客户评价、发货速度、物流记录、社交联系和活跃度等具有互联网特色的指标。

第三节　问题平台及相关刑事风险探讨

一、问题平台的运营模式与风险特征

前两节我们从平台的模式、风险管理、定价、资金存管等方面对国内 P2P 网贷平台的运作进行了全面的介绍，并指出了其中可能存在的种种问题；随后又着重探讨了国内 P2P 网贷平台可能面临的流动性风险、借款违约风险与操作风险。虽然这些问题和风险都有可能使一家平台陷入困境，然而从曝光出来的问题平台来看，更多的则是集中于自融模式的 P2P 网贷平台或者诈骗模式的 P2P 网贷平台。无论是简单自融模式、多平台自融自担保模式还是诈骗模式的 P2P 网贷平台，它们普遍通过发

布虚构的借款信息、采取高息的手法吸收资金，构建资金池，并将资金用于个人经营。

（一）简单自融模式及其风险特征

自融模式平台为了吸引投资者，大多采取高息、拆标[①]的手法，一方面承诺高收益，另一方面放出大量金额大、周期短的标的，利用投资者的逐利心理进行融资。以钱海创投为例，据媒体报道，该平台大部分借款者都是浙江瑞安的，而用以抵押的房产、车以及土地也全部位于瑞安。根据其交易资金链图我们可以发现，该公司只有一个账户，其余均为平台控制人王某的个人账户，大部分资金都经由王某的个人账户流向浙江，是一个典型的自融平台。

这类平台风险特征包括：

其一，母公司主业为资金密集型行业，例如汽车租赁、房地产、采矿等行业。

其二，平台融资通常直接流入控制人的个人账户运作，具有典型的资金池特征。

其三，一旦关联企业运营不善，出现资金短缺，或者出现大规模提现的挤兑潮，平台往往就会陷入提现困难的状况，严重的甚至会倒闭。

其四，资金交易存在周期性，短期内大量放标进行集中交易。

其五，资金流向具有典型的分散转入、集中转出的特征：大笔资金直接从平台控制人账户进入平台关联企业的账户用于企业运作或者流向银行、企业上下游以及民间借贷机构。

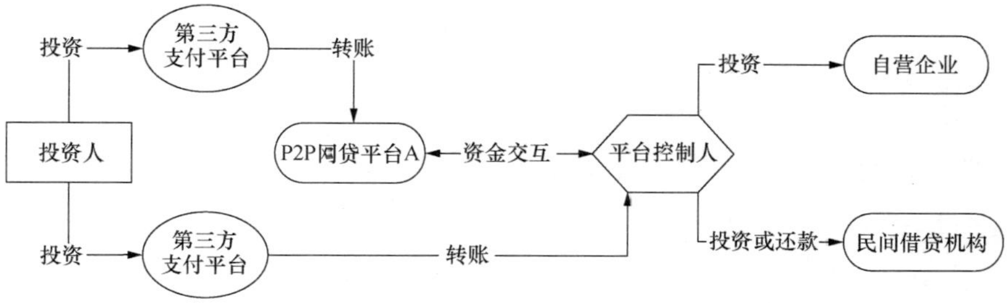

图 7-2　简单自融模式交易流程

① 拆标是指长期借款标的拆成短期，大额资金拆成小额，从而造成了期限和金额的错配。

（二）多平台自融自担保模式及其风险特征

与单一平台的自融模式不同，有的 P2P 网贷平台控制人同时建立了多个平台，平台之间资金互相拆借，用于满足自融需求。为了吸引更多的投资者，P2P 网贷平台大力宣传担保公司为平台做担保赔付，实际上，这些平台和担保公司属于同一个老板或集团公司，本质上就是平台自己给自己担保，投资者无法辨别，资金安全无法保障。以“怀民贷”、“聚宝贷”、“及时雨”三个 P2P 网贷平台为例，包括担保公司、资产管理公司、财务咨询公司、借贷服务等 7 家公司成立时间非常接近，其中 5 家公司是同一法人（称之为 A）。资金通过第三方支付公司进入 P2P 网贷平台账户和平台法人 B 账户，然后资金在关联公司之间流转，大笔资金直接流向法人 A 的个人账户及其控制的账户，然后转给多个个人。而对于一些金额特别大的资金流入账户，我们可以看到该账户的资金交易有明显的民间借贷的特征，平台控制人可能将融到的资金用于民间借贷。

这类平台有以下风险特征：

其一，多个平台之间资金交易频繁，平台自身账户数量较少，且大量资金汇集到控制人的个人账户中。

其二，担保公司与平台之间高度关联。

其三，担保公司业务特点不突出，主要为平台间资金流转服务。

其四，除了用于关联企业经营以外，大量资金交易具有民间借贷特征。

（三）诈骗模式

典型的诈骗类 P2P 网贷平台大多数也采用资金池的做法，但是与自融不同，投资者的资金基本直接进入了平台和控制人的账户，没有进行实际的投资，交易对手几乎都是投资者。诈骗模式依据时间长短的不同一般包括两种：一种是短期诈骗，另一种是“庞氏骗局”。以“淘金贷”为例，上线仅一周就倒闭，资金通过第三方支付直接到了公司账户，并且立即转移到私人账户。其网站上包括公司名称、地址等几乎所有的信息都是虚假信息。

短期诈骗平台风险特征：

其一，多利用投资者赚快钱的心理，采用充值返现、“秒标”、“天标”等形式吸引客户投资。

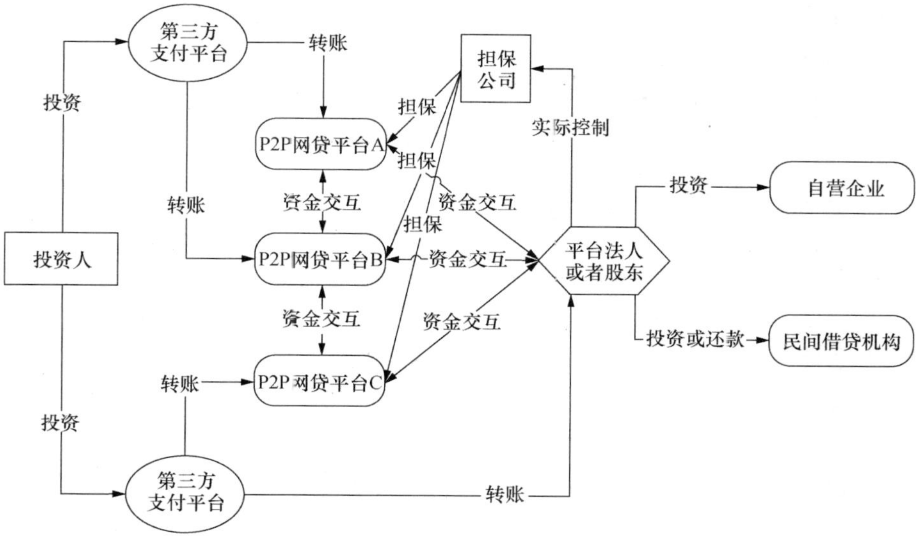

图7-3 多平台自融自担保运营模式

其二，平台公开信息，如公司地址、母公司名称等，存在很多虚假内容。

其三，平台会在第一个还款周期到来之前便卷款潜逃，存活时间很短，最短的仅1天。

其四，资金流入网贷平台后很快转移到平台控制人的账户，控制人随后卷款潜逃。

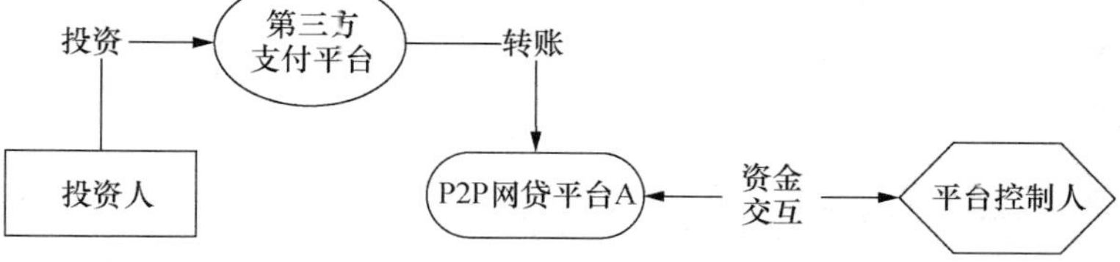

图7-4 短期诈骗模式

“庞氏骗局”以“鹏城贷”为例，平台收益率一直在 30% 以上，平台所属第三方支付平台将款项直接汇入了平台老板账户，但平台除了提供部分资金给虚假投资者和还款以外，并没有汇款给任何借款者，资金基本处于空转的状态，尤其是在平台倒闭前两个月时间里，这种趋势更加明显。

“庞氏骗局”的风险特征包括：

其一，平台运营看起来也比较正规，利率大大高于正规平台，前期还款及时。

其二，平台控制人尽力展现自己的资金实力，如豪华办公环境、豪车、大肆宴请投资者等，用以掩人耳目。

其三，平台上的标的，尤其是假标的大多都声称有抵押物，如车贷、房贷等。

其四，这类平台资金也都汇总到平台控制人的账户中，但是投资者的款项并没有进入真实的借款者手中，而是在平台进行空转，资金始终控制在平台控制人和股东的账户中，最后平台支持不下去或者得到足够收益以后，实际控制人就卷款潜逃。

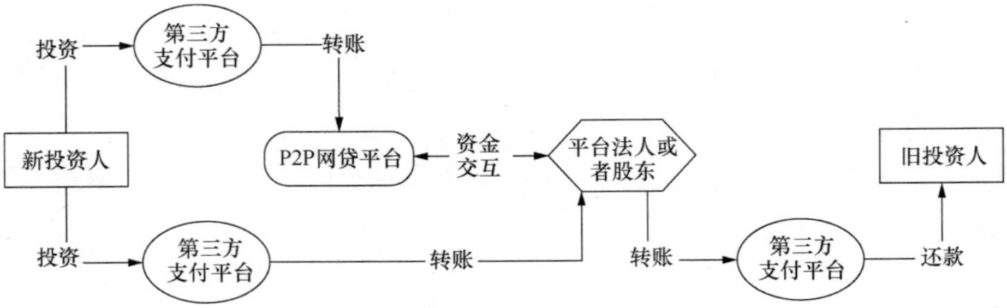

图 7－5 “庞氏骗局”模式

二、典型自融平台刑事司法判例汇总

（一）“中财在线”非法吸收公共存款案

2014 年 6 月 29 日，湖北省武汉市江汉区人民法院对“中财在线”平台甘昌武非法吸收公众存款做出一审判决。被告人甘昌武（湖北中财时代投资顾问有限公司法定代表人）犯非法吸收公众存款罪，判处有期徒刑 5 年，并处罚金人民币 10 万元。[①] 投资者与“中财在线”公司签订的合同为网站根据具体项目自动生成的制式的电子合同，合同规定的监管人、见证人均为“中财时代公司”，电子合同落款处为“中财在线电子合同专用章”。此合同借款者信息与网站上发布的借款信息完全不符，存在故意隐瞒借款信息的行为，被告人甘昌武通过虚构借款者的方式，通过网贷平台向不特定多数人募集资金，后以个人名义将资金借贷给他人。该平台是典型的债券转让模式，存在资金池，平台先以虚假借款者的方式获取资金，而后将资金以个人名义借贷给他人。该模式存在的主要原因是资产端优质资产的缺乏，平台从资金端得到的资金不能匹配合适的优质资产，只能先沉淀到平台资金池，而后等待优质的资产进行投资。

（二）“东方创投”非法吸收公众存款案

2014 年 7 月 15 日，深圳市罗湖区人民法院对“东方创投”平台邓某、李某某非法吸收公众存款一案做出判决，因非法吸收公众存款罪判处邓某（深圳市誉东方投资管理公司法人）有期徒刑 3 年，并处罚金人民币 30 万元，李某某（深圳市誉东方投资管理公司运营总监）因非法吸收公众存款罪判处有期徒刑 2 年，缓刑 3 年，并处罚金人民币 5 万元。[②] 经查证，该平台只在前期发行了极少的真实融资项目，后来的标的均为虚构的投资项目。据邓某证词，该平台在运营过程中因坏账太多为降低风险而转向自融。

（三）“天力贷”非法吸收公共存款案

2014 年 9 月 1 日，湖北省孝感市孝南区人民法院对“天力贷”平台刘明武、刘江蓉非法吸收公众存款案做出一审判决，判处孝感天力贷投资有限公司犯非法吸收公众存款罪，判处罚金人民币 50 万元整；刘明武犯非法吸收公众存款罪，判处有期徒刑 7 年，判处罚金 20 万元整；刘江蓉犯非法吸收公众存款罪，判处有期徒刑 4 年，并处罚金 10 万元整；对

① （2014）鄂江汉刑初字第 01125 号。

② （2014）深罗法刑二初字第 147 号。

被告单位孝感天力投资有限公司及被告人刘明武、刘江蓉违法所得的一切财物，依法予以追缴并返还被害人。[①] 被告人刘明武以原判部分事实不清、证据不足，量刑过重为由提出上诉，2014 年 10 月 30 日，湖北省孝感市中级人民法院做出二审终审判决，驳回上诉，维持原判。[②] “天力贷”平台也是典型的自融平台，并且存在拆标行为，对于借款者信息的披露十分模糊，仅以“旅游公司借款”或“金属制造公司借款”的方式发出，其中一个用户名为“liusq”的借款者在该平台的融资次数超过 490 次。[③]

（四）优易网集资诈骗案

2014 年 10 月 9 日，江苏省如皋市人民法院开庭审理优易网集资诈骗案。江苏法院网和如皋市人民法院网站的信息显示，优易网被告人缪某、黄某近日被如皋市人民法院一审判决分别判处有期徒刑 14 年和 9 年，并责令继续退赔违法所得人民币 1517 万元，发还相关被害人。[④] 该平台在运营过程中通过虚构借款标的的方式在平台上向不特定多数人募集资金，而后将投资者资金挪作他用，进行股票、期货投资，最终因投资失败无法偿还投资者资金而东窗事发。

（五）“通联贷”非法吸收公众存款案

2014 年 12 月 10 日，广东省深圳市中级人民法院对“通联贷”平台王全江、姚银龙非法吸收公众存款罪案做出二审终审判决，对一审判决[⑤]进行改判：“一、维持深圳市福田区人民法院（2014）深福法刑初字第 997 号刑事判决第一项及第三项中对上诉人王全江的定罪、量刑以及对冻结款项的处理；二、维持深圳市福田区人民法院（2014）深福法刑初字第 997 号刑事判决第二项中对上诉人姚银龙的定罪部分；三、撤销深圳市福田区人民法院（2014）深福法刑初字第 997 号刑事判决第二项中对上诉人姚银龙的量刑部分；四、上诉人（原审被告人）姚银龙犯非法吸收

① （2014）鄂孝南刑初字第 00177 号。

② （2014）鄂孝感中刑终字第 00177 号。

③ 零壹研究院（2015）：《中国 P2P 借贷服务行业白皮书》，东方出版社。

④ http：//www. rong360. com/gl/2015/07/17/74225. html.

⑤ “一、被告人王全江犯非法吸收公众存款罪，判处有期徒刑六年，并处罚金人民币五万元；二、被告人姚银龙犯非法吸收公众存款罪，判处有期徒刑四年，并处罚金人民币五万元；三、冻结的款项人民币 1384. 03 元，依法发还被害人。”

公众存款罪，判处有期徒刑二年，并处罚金人民币五万元。”① 在未经国家金融管理部门批准的情况下，该平台对外宣称经营贷款中介业务，利用“通联贷”网络贷款平台，以约4%的月利率吸引社会不特定对象投资。投资者通过第三方支付平台或者银行直接转账的方式，将出借款汇入被告人王全江、姚银龙等人的个人账户中，其中资金部分用于归还投资者的本金和利息，其余则由被告人王全江支配挪用。

（六）“平海金融”非法吸收公众存款案

2014年12月23日，安徽省明光市人民法院对“平海金融”平台严庆海非法吸收公众存款案做出一审判决，判处被告人严庆海（明光市平海金融信息服务有限公司法人）犯非法吸收公众存款罪，判处有期徒刑8年，并处罚金40万元。② 该案中，被告人严庆海以高额利息为诱饵，通过平台上发布虚假借款标的吸引网民投标，并与投标人签订电子借款协议书，承诺按期结算，以事先确定的不同借款利率返本付息。投资者在该平台注册成为会员后，可根据借款标的信息，通过线上和线下两种方式进行充值，然后进行投资。经查，被告人严庆海将吸收的公众资金用于投资房地产开发及高息借贷他人，属于典型的自融行为。

（七）“诚意创投”非法吸收公众存款案

2015年3月10日，安徽省铜陵市铜官山区人民法院对“诚意创投”平台宋某非法吸收公众存款案做出一审判决，判处被告人宋某（安徽车易电子商务有限公司法人）犯非法吸收公众存款罪，判处有期徒刑2年6个月，并处罚金人民币7万元。责令被告人宋某退赔被害人蔡某某、曾某等89人共计经济损失2983134.8元。③“诚宜创投”平台以发布虚假的借款投资标的募集资金，并与投标人签订电子借款协议书，承诺按期结算，以月息3%~4%不等的利率还本付息，并根据投资金额的多少及投资期限的长短分别给予不同的奖励。经查，宋某将高利率吸收的资金转账至自己的银行账户用于生产经营和归还债务等。

---

① （2014）深中法刑二终字第731号。

② （2014）明刑初字第00259号。

③ （2015）铜官刑初字第00009号。

（八）“铜都贷”非法吸收公众存款案

2015 年 4 月 14 日，安徽省铜陵市铜官山区人民法院对“铜都贷”平台非法吸收公众存款案做出一审判决，被告单位铜陵苏信投资管理有限公司犯非法吸收公众存款罪，判处罚金人民币 50 万元；被告人陈玉根（铜陵苏信投资管理有限公司法人）犯非法吸收公众存款罪，判处有期徒刑 9 年，并处罚金人民币 30 万元；被告人吴某（铜陵苏信投资管理有限公司经理）犯非法吸收公众存款罪，判处有期徒刑 2 年 6 个月，并处罚金人民币 10 万元。[①]“铜都贷”网站在运营过程中，被告人陈玉根指使被告人吴某不断在网站上发布虚假的借款标的，以年息 18%~22% 以及给予投资者其他形式奖励（最低年回报率 27%，最高年回报率 41%）的方式吸引投资者充值投资；网站收到投资者投资款项后全部转入公司基本账户或陈玉根个人账户，除部分用于支付提现投资者本金及利息外，其余款项先后被陈玉根以个人名义进行投资、购买房产、转借他人等。

（九）“力合创投”非法吸收公众存款案

2015 年 5 月 20 日，浙江省绍兴市越城区人民法院对“力合创投”平台徐某某等人非法吸收公众存款案做出一审判决。判处被告人徐某某犯非法吸收公众存款罪，判处有期徒刑 4 年 6 个月，并处罚金人民币 40 万元；被告人余某犯非法吸收公众存款罪，判处有期徒刑 3 年，缓刑 3 年，并处罚金人民币 10 万元；被告人陶某犯非法吸收公众存款罪，判处有期徒刑 2 年，缓刑 2 年 6 个月，并处罚金人民币 5 万元；被告人陈某甲犯非法吸收公众存款罪，判处有期徒刑 1 年 6 个月，缓刑 2 年，并处罚金人民币 2 万元；被告人许某犯非法吸收公众存款罪，判处有期徒刑 1 年 6 个月，缓刑 2 年，并处罚金人民币 5 万元；被告人宋某犯非法吸收公众存款罪，判处拘役 5 个月，缓刑 10 个月，并处罚金人民币 2 万元；被告人郑某犯非法吸收公众存款罪，判处罚金人民币 2 万元；被告人徐某甲犯非法吸收公众存款罪，判处罚金人民币 2 万元。[②] 2013 年 5 ~ 10 月，被告人徐某某在被告人余某及蒋希杰、王艺（均另案处理）三人协助下以徐某

---

① （2014）铜官刑初字第 00189 号。

② （2015）绍虞刑初字第 229 号。

某实际所控制的力合公司设立“力合创投”平台，对外宣称为 P2P 网贷系统。通过宣传、推介、协助运营等工作，该平台在 2013 年 7 月底至 10 月中下旬，以年息加奖励 19%~50% 并由徐某某任法定代表人的凯锐公司以 1∶1 进行担保为诱饵，向全国 1200 余人非法吸收公众存款达 5195 万余元。徐某某通过该方式吸收的存款部分用于支付平台投资者利息、奖励，部分用于凯锐公司经营，部分以高额利息借贷给上虞、慈溪等地的企业及个人，并从中获利。

（十）“汇宝信贷”非法吸收公众存款案

2015 年 07 月 14 日，江苏省常州市中级人民法院对“汇宝信贷”平台石某某等人非法吸收公众存款案做出二审终审裁定。[①] 维持原审人民法院以犯非法吸收公众存款罪判处被告人石某某有期徒刑 4 年 6 个月，并处罚金人民币 30 万元；以犯非法吸收公众存款罪判处被告人王某犯非法吸收公众存款罪，判处有期徒刑 3 年，并处罚金人民币 20 万元；判处继续追缴被告人石某某、王某的违法所得，发还被害人的判决。[②] 该平台虚构借款项目，以每年 20% 投资收益为诱饵，并在“网贷之家”、“网贷天眼”等网站及“汇宝信贷官方群”QQ 群针对不特定人群进行宣传、推广，非法吸收公众存款共计人民币 1750 余万元。

（十一）“德赛财富”非法吸收公众存款案

2015 年 7 月 29 日，浙江省瑞安市人民法院对“德赛财富”平台徐芳、郑某甲等犯非法吸收公众存款罪做出一审判决：“一、被告人徐芳（温州市乾伟特电子商务有限公司法人）犯非法吸收公众存款罪，判处有期徒刑三年六个月，并处罚金人民币 300000 元。罚金限判决生效之日起十日内缴纳。二、被告人郑某甲犯非法吸收公众存款罪，判处有期徒刑二年六个月，缓刑三年，并处罚金人民币 50000 元。罚金限判决生效之日起十日内缴纳。三、被告人叶某甲犯非法吸收公众存款罪，判处有期徒刑一年六个月，缓刑二年，并处罚金人民币 10000 元。罚金限判决生效之日起十日内缴纳。四、责令被告人徐芳退赔人民币 13581794 元，发还给

① （2015）常刑二终字第 44 号。
② （2015）新刑二初字第 00028 号。

各被害人；其中被告人郑某甲承担退赔额 1296000 元。”被告人徐芳与郑某甲、叶某甲预谋通过 P2P 网贷投资平台向投资者进行直接融资，将融得的资金用于被告人徐芳的经营投资。

三、关于自融行为刑法定性问题研究

通过对已判决生效案件的梳理可知，自融行为是导致非法吸收公众存款行为的主要原因，为此，下面以案例解析的方式对平台自融行为的刑法定性问题进行深入阐释。

简要案情：邓某于 2014 年 5 月出资注册成立上海市某投资管理有限公司，在 2014 年 6 月 19 日创建“发展创投”网络投资平台，向社会公众推广其 P2P 网贷投资模式，宣称投资的项目主要是企业经营借款、应收款、信用贷款等。公司以提供资金中介服务为名，对投资者承诺 3% ~ 4% 月息的回报，同时由邓某担任法定代表人的上海市某担保公司提供还款担保。截至 2014 年 12 月 31 日，该投资平台共吸收投资者资金 6.5 亿元，已兑付 4.8 亿元。另查明，邓某自 2014 年 6 月至 2014 年 12 月陆续虚构了 34 个借款者（发标人），并利用上述虚假身份大量发布假标，将吸收来的人民币 9000 万元投资到上海市某地产有限公司，该款现已被公安机关冻结，邓某等人被公安机关刑事拘留。

该案中，邓某向社会公众推广其 P2P 网贷业务，对投资者承诺 3% ~ 4% 的月息回报，并以其名下担保公司为投资者提供担保，以虚构借款者、借款标的的方式通过“发展创投”平台向社会吸收公众存款 9000 万元并投资某地产公司的行为是典型的自融行为。

（一）关于自融行为的探讨

自融，即平台实际控制人或关联人通过网络平台向社会公众募集资金，或用于自身企业的发展，或为自己所用投资其他社会项目。2015 年 12 月 28 日，自融行为作为《网络借贷信息中介机构业务活动暂行管理办法（征求意见稿）》中“十二条禁止行为”的首条行为被列出，可见自融行为对 P2P 网贷行业负面影响之大。近来，P2P 网贷行业因自融行为而引发的平台“跑路”事件屡见不鲜。通过对已判决生效案例的梳理发现，一些企业在经营之初还在从事正常的 P2P 网贷业务，但由于资产端资产质量变差，坏账率激增等原因，通过平台吸收到的资金找不到优质借款者，平台为规避风险转为自融模式。其中，有的用于自身实体企业的扩大生产，有的用于投资房地产项目。平台认为，相比于借贷给不知情的陌生人，自融产生坏账的风险更低。进而，有一种观点认为，自融源于企业融资渠道不畅、融资成本较高，自己开办 P2P 网贷平台可有效降低融资成本，如果企业正常运营，那么这部分借款应该更安全。然而，笔者对此不以为然，上述观点忽略了 P2P 网贷平台应有的中立地位，并妄图为自融的刑事违法行为开脱罪名。

第一，自融平台违背了国家的监管意见，没有明确自身信息中介的角色定位。在《关于促进互联网金融健康发展的指导意见》中，监管机构对 P2P 网贷平台的性质和职能做了明确的阐释。“网络借贷包括个体网络借贷（即 P2P 网贷）和网络小额贷款。”“个体网络借贷要坚持平台功能，为投资方和融资方提供信息交互、撮合、资信评估等中介服务。个体网络借贷机构要明确信息中介性质，主要为借贷双方的直接借贷提供信息服务，不得提供增信服务，不得非法集资。”在《网络借贷信息中介机构业务活动暂行管理办法（征求意见稿）》中对 P2P 网贷平台的功能属性做出明确提示：“网络借贷信息中介机构是指依法设立，专门从事网络借贷信息中介业务活动的金融信息中介企业。该类机构以互联网为主要渠道，为借款者与出借人（即贷款人）实现直接借贷提供信息收集、信息公布、资信评估、信息交互、借贷撮合等服务。”信息中介是指利用市场信息的不对称性，依靠提供信息而收取服务费用的企业或者行业。P2P 网贷平台在注册资本、团队专业化程度等方面都相对薄弱，没有能力承担起信用中介的职能，在现有刑法框架内，只要脱离了信息中介的属性，就有可能涉嫌非法经营、非法吸收公众存款、集资诈骗等刑事犯罪，因此，P2P 网贷平台只能从事信息中介服务。在自融行为导致的非法集资案件中，平台实际控制人利用平台以虚构借款标的方式套取资金的行为已经超出了信息中介的职能范畴，其为借款标的提供担保实为一种增信行为，其平台职能已演变为具有金融属性的信用中介，已经突破了现有的刑事司法防线。

通过对已倒闭的自融型问题平台的分析可见，自融平台的核心领导层一般不具备金融专业的知识背景、缺乏专门的风控团队，甚至一些平台的管理层竟只具备初中学历。这类架构简单的平台既不具备相应的从业资质又不具备开展借贷业务的能力，尤其在不具备专业审贷机制的情况下，平台管理者很难驾驭此类经营模式，仅靠熟人关系而开展放贷业务，一旦发生流动性危机，极容易发生“跑路”事件，进而引发刑事犯罪。

第二，自融平台充当了中介和资产端借款者的双重角色，易引发道德风险和信用风险。自融平台一旦扮演双重角色就很难对自融借款标的风险等级做出客观的评价，进而引发信用风险，并有可能虚构借款的实际用途而引发道德风险。一些投资者认为，有实业背景的平台更可靠。事实并非如此，有实业企业做背景的平台自融风险更高。由于平台建立之初获取投资者资金是需要付出获客成本的，在运营过程中，当资产端需求量小于资金端供应量时，平台出于前期投入和客户黏性的考虑往往不会回绝投资者的资金，只能将盈余的投资者资金先吸收上来再寻找出路，而资金在平台账户停留期间平台又要向投资者支付利息，为了不使资金长期闲置，在资产端没有优质项目的情况下，平台容易发生自融行为，从而增加投资者的风险。

第三，平台自融行为会增加流动性风险，进而引发“庞氏骗局”。一般情况下，平台实际控制人先是在平台虚构借款者和借款标的吸收资金，而后投资地产等项目。根据常理分析，投资的地产项目的回款周期必然要大于虚假标的的兑付期限。在投资者需进行到期兑付的时候，平台账户上并没有资金。为此，平台只能通过借新还旧的方式周转资金，再次发放数额更大的虚假标的，偿付上一轮到期的投资者，直到地产投资项目资金回笼后才能从根本上偿还投资者本息。但需要注意的是，平台可能会发生投资地产项目的预期收益率与实际收益率不匹配的情况，对于一些高收益率的平台，平台吸收存款的利率成本可能高于地产项目的实际收益率，造成平台亏损。一旦亏损，平台为应对到付的标的会继续借新还旧，进而引发新一轮“庞氏骗局”。

由此可见，平台的自融行为违背了国家的监管意见，易引发道德风险和信用风险，随着自融行为所带来的流动性风险的增加，有可能触发刑事犯罪。

（二）关于自融行为定性问题的探讨

对于邓某自融行为的定性问题，理论界和实践中存在着激烈的交锋。一种观点认为，邓某自融过程中有虚构借款者和借款标的行为，并在自身平台不具备担保能力的情况下，对投资者承诺保本付息，客观上有“虚构事实、隐瞒真相”的行为，是以欺骗的方式获取了投资者的资金，具有“非法占有”的主观故意，应认定为集资诈骗罪。另一种观点认为，在该案中，邓某虽然虚构了借款者，虚构了投资标的，其行为具有欺骗性，但确实将募集到的资金用于投资项目，没有用于个人挥霍，通过邓某投资房产项目的行为可以看出，邓某的投资行为具有保证投资者收回本金并享有一定收益的主观意愿，邓某是希望通过稳健的投资行为而回报投资者的，因此，应当认定为非法吸收公众存款罪。

非法吸收公众存款罪与集资诈骗罪的本质区别是看行为人是否“以非法占有为目的”。在司法实践中，在具备了认定非法吸收公众存款罪证据规格的基础上，证明行为人客观行为中表现出“以非法占有为目的”的证据是否充足，成为行为人是否构成集资诈骗罪的关键，即非法吸收公众存款 + 非法占有的主观故意 = 集资诈骗。具体来讲，若法院认为检方提供的证据不足以表明被告人具有“以非法占有为目的”，则法院将以非法吸收公众存款罪定罪。按照两种观点的共识，我们首先对邓某非法吸收公众存款的行为进行探讨。我国明确对工商企业和金融行业实行分业经营、分业管理制度，即工商企业不得开展金融业务，金融机构不得开展工商业务，以防止风险传递、保障金融安全。国家对金融业的管控是非常严格的，除了须经监管部门批准并依法颁发金融业务经营许可证才能开展金融业务外，设立金融机构需要的门槛更高。P2P 网贷平台作为信息中介本身不具备吸收公众存款的资格，该案中，邓某注册成立的上海市某投资管理有限公司并非金融机构，不具有公开向社会公众募集资金的能力，而该平台在自融过程中却具备了“吸存放贷”的金融职能。向社会公众推广其 P2P 网贷投资业务，对投资者承诺 3% ~4% 月息的回报，并以自己名下的担保公司为网贷平台的交易标的提供担保；通过网贷平台在互联网上向不特定多数人吸收投资者存款的行为，同时具备了

《最高人民法院关于审理非法集资刑事案件具体应用法律若干问题的解释》中关于“非法吸收公众存款或者变相吸收公众存款”的四个要件，邓某的行为确已构成非法吸收公众存款罪。

对于邓某是否具有非法占有的主观故意，笔者认为，单纯的欺骗行为不能作为认定“非法占有”的客观依据，对于“非法占有”的认定应结合行为人的客观行为做出综合判断。邓某根据自己的投资经验选择了与自己投资专业水平匹配的地产投资项目，地产投资项目具有相对稳定的回报率，但流动性稍差，即使在地产项目的实际收益率没有高于承诺投资者的回报率的情况下，邓某也能保证投资者本金不受损失。因此，邓某自融的投资事项没有表现出邓某占有投资者资金并使资金永久性排除于投资者之外的意思，不具有非法占有的主观故意，因此不构成集资诈骗罪。

（三）通过邓某非法吸收公众存款案与优易网集资诈骗罪的比较而引发的思考

虽同为自融行为，但判处罪名却相差悬殊，与邓某非法集资案不同的是，在优易网集资诈骗案中，缪某某将自融资金用于炒股、炒期货，隐瞒了资金用途的高风险，其主观恶意性更强、社会危害性更大。

因非法吸收公众存款罪与集资诈骗罪的本质区别在于是否具备“以非法占有为目的”的主观故意，也就是张明楷老师提出的对投资者资金是否具有“永久性排除的意思表示”。我们结合案例分析，故意犯罪是主观认识因素和意识因素的统一，在优易网集资诈骗案中，行为人缪某某在缺乏专业投资经验的情况下对自己投资股票期货行为的性质应该有明确的认识，缪某某应明知自己的投资行为会给广大投资者造成损失且这种危害结果发生的概率会因自己不具备专业投资能力而变大。缪某某在明知危害结果可能会发生的情况下而采取放任的态度，即没有明确表现出确实不希望甚至阻止这种行为的发生，而是有意纵容其发生。最终造成投资者损失这种危害结果的发生，其行为已经具备了间接故意的主观心态。

在司法实践中，对于“以非法占有为目的”的认定常使用推定的方法，例如在认定贷款诈骗罪中可以结合以下事实推定行为人“以非法占有为目的”，即“改变贷款用途将贷款用于高风险的经济活动，造成重大经济损失，致使贷款无法偿还的；未将贷款按用途使用而是挥霍致使贷款无法偿还的”。一般情况下，投资者进行投资常考量四个要素，即风险、收益、流动性和税负。风险与收益成正比，风险越高收益越高，投资过程中要坚持投资者风险承受能力与投资产品风险相匹配的原则。除专业投资者外，对于一般投资者而言，投资者会根据自己的风险承受能力选择适合的投资项目，不建议盲目投资高风险、高回报的投资项目或超过投资者自身风险承受力的项目。P2P网贷作为一种普惠金融，所面对的客户群体投资风险意识还很薄弱，国家一再强调要求P2P网贷行业做好投资者的投资风险教育工作，防止其盲目投资。优易网作为信息中介，应消除或降低投资者和投资标的的信息不对称性，根据投资者的投资意愿（风险承受力和预期收益率）匹配合适的投资标的，而非虚构事实、隐瞒资金用途，将高风险、低收益的投资标的兜售给投资者，使投资者拿着平台许诺的百分之十几的收益率而承担PE、VC的高投资风险，这显然是有悖于公理，有失公平的。优易网在不具备专业投资经验、不具备承担投资失败损失能力的情况下（简而言之，就是不具备投资高风险行业取得回报的能力），而用这种转嫁高风险、吸收投资者的资金炒股炒期货，并从中牟利获取利差的行为就可以推定为“以非法占有为目的”。其行为就如月收入1000元的工薪阶层恶意透支信用卡购买了超出自身的消费能力的10万元的某奢侈品挎包，不具备贷款偿还能力的企业虚构购销合同将银行贷款挪作他用或清还企业老总的个人债务，都应被认定为“以非法占有为目的”。当然，推定必须以客观事实为根据，应允许被告人提出相反证据以克服推定在特殊情况下的虚假性。例如，甲是私营企业厂长，认为某个项目具有良好的发展前景，但一直不能取得贷款。甲便与某房屋装修公司联系，声称自己需要装修房屋，利用该装修公司为自己在银行办理装修贷款，而且使用了真实姓名。甲取得10万元后，全部用于企业项目，但由于经营不善，未能按合同归还本息。甲编造虚假贷款理由的事实，可以作为推定其具有“以非法占有为目的”的依据。但是，甲提出的“因为不能正常取得贷款，就通过办理装修贷款的方式取得贷款发展企业，然后归还贷款”的反证具有合理性和说服力。所以，甲具有“以非法占有目的”的推定不能成立。

与非法吸收公众存款罪相比，集资诈骗罪的行为人具有永久性的排除意思，也就是完全没有回报出资人的意图，而是将筹集的资金彻底据为己有，将资金暗中转移或携款潜逃，或挥霍殆尽。因此，判断“以非法占有为目的”，不仅要看行为人是否非法占有了出资人的资金，更重要地还要看行为人是否将资金投入可以回报或者打算回报出资人的生产经营过程。优易网集资诈骗案中，投资者不具备从股票期货市场获取回报的能力，将投资者的资金置于高度的风险之中，以赌博的心理希望获取额外收益，这种剥离风险从中牟利的行为确有非法占有的主观故意，相比邓某案对法益的侵害程度也更深。根据《民法通则》，金钱作为物权的客体，谁占有谁所有，而所有权与债权、股权不是等同的概念。集资诈骗罪的行为人非法占有了出资人的资金，因而不法所有了出资人的资金。在优易网非法集资案中，平台表面上也将出资人对金钱的所有权转移为债权或股权，但是，这种债权、股权不是真实的，而是虚假的，与邓某非法集资案相比，行为人没有履行债务和回报出资人的意思，没有行为和意识上通过自身努力或运用专业知识积极主动的回报投资者，在认识到自己的行为将会使投资者的资金发生损失这一危害结果发生的情况下采取放任的态度，是该案被认定集资诈骗罪的关键。

此外，在计算犯罪数额时，需要注意的是，在自融案件中，一些平台在设立之初是正常经营的，由于各种原因才转为自融模式，在认定犯罪数额时应将正常经营的数额排除在外。在非法吸收公众存款行为和集资诈骗行为交织的案件中，根据行为与责任同时存在的原理，集资诈骗罪的非法占有目的，应当存在于行为时。如果行为人在非法集资过程中，产生非法占有目的，并继续进行集资活动，那么在认定该行为构成集资诈骗罪时，必须将犯罪目的产生之前的集资行为所筹集的款项排除在本罪认定的犯罪数额之外。

在此，笔者未能对自融行为一一列举，只能以个案分析的方式，对自融行为进行粗浅的剖析并提出自己的观点以起到抛砖引玉的作用。对自融行为的刑法评价不应局限于将行为人表面上是否具有欺骗行为，是否造成投资者经济损失的结果作为认定是否具有“以非法占有为目的”

的主观故意的标准。而应结合客观事实，如根据投资者专业知识水平、投资经验与投资事项的关系，对行为人是否具有积极主动的回报投资者的意愿做出综合评判。虽然《网络借贷信息中介机构业务活动管理暂行办法（征求意见稿）》还在意见征求期，对于第十条列举的十二项“禁止行为”还有待商榷，但笔者认为，自融行为的形式绝不仅仅局限于“利用本机构互联网平台为自身或具有关联关系的借款者融资”的形式。监管机构只是以负面清单的形式对平台自融行为进行风险提示，希望平台尽早整改。在此，不排除一些抱有侥幸心理的平台采用第三方借款者的名义进行变相自融。此种情况下，平台要额外承担第三方借款者的道德风险，并且在司法实践中，根据“民法重形式、刑法重实质”的原则，司法机关根据资金的使用情况、项目与平台关系等证据也可以追究变相自融的行为人的刑事责任。

第四节　本章小结

在 P2P 网贷中，新的平台使得传统银行业不再充当将储户和投资匹配起来的中介，而 P2P 网贷正在快速增长。但是，随着 P2P 网贷行业的发展和竞争的加剧，过去单纯以高收益吸引客户的模式已经难以为继，从 2015 年 12 月起，我国的 P2P 网贷平台步入淘汰期，其明显标志是新增 P2P 网贷平台低于新增 P2P 网贷问题平台数量，导致 P2P 网贷平台的风险逐渐释放。P2P 网贷平台风险至少源于以下几个方面：

一是 P2P 网贷平台进入门槛过低，市场风险承受能力不强。其业务发展规模与注册资本往往极不相称，以数百万元注册资金撬动上亿元交易量，即使只有 1% 的坏账率也可能将所有注册资金吞噬。更有甚者，有的 P2P 网贷平台名不副实，是“伪 P2P”，其成立目的就是为了圈钱，自融、搞资金池，最后倒闭或者“跑路”，在 2015 年的 1120 家问题平台中，恶意“跑路”和诈骗平台这两类平台共占 34. 35% 的比重，此种情形应该引起各界的高度关注。

二是多层次的信息披露机制有待健全。由于囊括所有 P2P 网贷平台的数据统计分析系统尚未建成，且尚未确定信息披露的指标定义、内容、形式频率、范围等，从业机构不能时时向监管部门披露风险考核信息，也未定期向社会公众通过统一的信息平台和可比较的模式披露与投资项目相关的信息，同时，监管部门未将一些从业机构的风险类信息定期向社会公布，金融消费者风险偏好、风险认知和风险承受能力评估制度也有待完善，上述问题的存在导致 P2P 网贷平台行业信息披露标准亟须完善。

三是 P2P 网贷平台自身资金和项目资金不能有效隔离。P2P 网贷平台主要通过第三方支付平台进行资金托管，第三方支付平台对资金的来源、流向、结算、归属等的真实性缺乏有效调查，从而导致 P2P 网贷平台易于挪用平台资金，忽视流动性风险与违约风险的防范，增加了投资者资金的风险。

四是多元化的征信体系有待完善。尽管我国的征信体系建设取得很大进展，但是互联网信用体系建设还有待加强，征信体系的不完善，导致大数据技术不能有效地运用，不能识别、计量投资项目的风险，并对其定价，不利于计量风险能力的提升与信贷质量的改善。

在多元化的征信体系不断完善与适当提高准入门槛的背景下，P2P 网贷平台需要运用大数据技术，对筹资者进行信用评估及贷款的风险定价，同时做到充分披露信息、做好风险提示、引导投资者分散投资、提供专业的投资工具为投资者提供投资组合，有效隔离 P2P 网贷平台自身资金和项目资金，充当信息中介的平台，而投资者的投资需自己判断风险，如果筹资者发生违约，则由投资者本人承担风险。在 P2P 网贷平台加强内部管理的同时，还需要加强行业自律组织的同业监督。行业协会不仅要代表业内企业发声，维护企业合法权益，也要从整个行业发展的大局出发，制定自律规则，进行相互监督。例如，对于 P2P 网贷平台不按规则发布借贷信息，造成虚假信息泛滥，或暗中做出担保承诺，进行不正当竞争的行为，行业协会要严肃批评，实行处罚。行业协会也要研究提高信息真实性、完整性、及时性的措施和办法，例如，行业协会可以建立集中的黑名单库，各 P2P 网贷平台与之联网，以提高披露信息的真实性。

第八章　促进 P2P 网贷行业健康发展的多重思考

第一节　国外 P2P 网贷行业监管经验借鉴

一、美国 P2P 网贷行业监管方式

目前，美国政府对 P2P 网贷的监管也仍在探索之中。不过，美国 P2P 网贷平台在运营之初就采取了很高的标准来减少风险。2008 年金融危机以前，P2P 网贷平台已经服从于大量的联邦和州法律法规的监管，确保借款人和放款人的利益和隐私。在借贷准入条件方面，一些州引入了对放款人的财务可行性测试。以 Lending Club 为例，该平台的投资准入条件为：放款人在 P2P 网贷平台上的投资额不得超过其个人净资产的 10%。在资金账户管理方面，为确保放款人资金和平台自有资金隔离开来，放款人资金通常存放在由 FDIC 承保的金融机构的单独账户中。

2008 年金融危机爆发后，P2P 网贷平台违约率高企，Prosper 借款人违约率高达 1/3，美国证监会为防止风险进一步扩大，曾一度勒令该网站关闭休整。直至后来，专门跟踪 Prosper 与 Lending Club 贷款数量和投资收益的网站 Lendstats 上线运营，P2P 行业自律及监管才逐渐走向正轨。当前，美国的监管模式是多部门分头监管，联邦和州政府共同管理，主要监管机构包括 SEC、FTC 以及 CFPB（消费者金融保护局）。起初，Prosper 和 Lending Club 发行的收益权凭证都没有到 SEC 登记，然而 SEC 认为 Prosper 出售的凭证属于证券的范畴，因此于 2008 年 10 月采取措施，

下达了暂停 Prosper 业务的指令。经过数月的磋商过程，最终要求 Prosper 提交有效的注册申请才可继续开业。登记注册的要求也阻止了其他潜在的市场进入者。据悉，Lending Club 在 SEC 注册的资本为 400 万美元，而 Zopa 也因如此高额的门槛放弃进入美国市场。最终，Prosper 和 Lending Club 两家平台均注册成为证券经纪商，并取得了证券发售资格，才重新开始运营。两家平台在 SEC 登记之后，发售的凭证都可以在 Foliofo 这个线上交易市场交易，二级市场也形成了。此外，SEC 要求两家信贷公司提供季度年度财务报告和收益权凭证发行说明书，就投资的风险及常见问题提供说明，至此，两家 P2P 公司才步入合法经营的轨道。除了需要在 SEC 登记之外，P2P 网贷平台若要在某州出售收益权凭证，还需要在该州的州证券监管部门登记。

此外，某些州还要求设置放款者与借款者的个人财务相关标准，如最低收入、资产净值、单个投资者投资比例上限等。如 Lending Club，对于其经营范围内的各州，除加利福尼亚州和肯塔基州外，其他各州的投资者必须满足以下条件：①总收入在 7 万美元以上，且个人除住宅、汽车外的净资产在 7 万美元以上；②个人除住宅、汽车外的净资产在 25 万美元以上。而在加利福尼亚州和肯塔基州还必须满足额外的要求，即不能将个人财富 10% 以上的资金投资于 Lending Club 上。

目前美国把 P2P 的融资行为界定为公开发行票据，由 SEC 和州证券监管机构对 P2P 网贷平台实行信息披露、反欺诈要求和其他责任监管，以此达到对放款人的保护。由 FDIC 和州金融机构部门对相关第三方银行业金融机构进行监管。而消费者金融服务和金融产品保护条例则对借款人予以保护。然而，此种监管架构监管成本较高，效率低下，因而有业内专家建议将所有监管部门的职责集中于一个机构，如 CFPB，全权负责网贷监管的职责，这样在明确责任的前提下，可以保证监管的效率，并避免出现监管协调不畅等问题。

二、欧洲国家 P2P 网贷行业监管方式

首先，英国监管方面，英国对 P2P 网贷平台的监管相对较弱，英国的 FCA（金融行为监管局）是 P2P 行业主要监管者，P2P 由 OFT（公平

表 8-1　美国金融业监管及执行的主要机构及职责

监管机构	主要职能	具体职责
SEC（美国证监会）	负责保护投资者的联邦机构	SEC 并不全面监管和检查上市公司，而是针对于特定的证券，通过披露要求和反欺诈条款来保护投资者。在披露要求和反欺诈条款下，公司要为其向投资者发布的不实信息或者误导性信息承担责任。一般来说，各州证券监管机构主要负责特定的证券产品的注册，并且和 SEC 一起调查证券欺诈行为
CFPB（消费者金融保护局）	新成立的联邦消费者保护法律的主要执法力量	CFPB 主要履行以下职能：①从其他联邦机构中接过对现有超过 12 个联邦消费者金融法律下的规则制定权。②监管特定的非储蓄类金融服务提供商，包括业务涉及居民抵押信贷、私人学生贷款、工薪贷款的公司，以及“消费者金融产品和服务市场的主要参与者”，以确保这些机构会遵守联邦消费者保护法律。具体的机构定义取决于 CFPB。③监控总资产超过 100 亿美元的银行及其分支机构，确保其商业行为遵守联邦消费者金融法案。④研究、监控和报告消费者金融产品和服务市场的发展，向消费者提示风险
FSOC（金融稳定监督委员会）	识别金融风险，并对危及金融稳定的威胁做出反应	FSOC 的主席职务由财政部长兼任，成员还包括 CFPB、FDIC（联邦存款保险公司）和 SEC 的三管，拥有投票权或者无投票权的各州银行监管者或者证券委员会成员。FSOC 的职责包括：监管金融服务市场，发现影响美国金融稳定的潜在威胁；协调联邦和州的金融监管机构在政策制定和监管活动中的信息共享与合作；发现在监管体系中可能引起金融风险的缺陷；为新兴市场的发展和金融监管事项的讨论与分析提供座谈

交易办公室）监管，仅适用一些业内认可的基本原则。另外，2011 年 8 月成立的英国 P2P 金融协会作为行业协会，也对规范 P2P 的发展起到一定作用。尽管英国 P2P 规模有限，但业界普遍希望政府制定规范的市场规则和行业竞争标准，并制定一些存款税收的豁免措施，业界对监管的呼声较高。但至今 FCA 也没有对 P2P 的发展出台具体的法规。不过，英国 P2P 行业自律性较强，P2P 行业协会在规范行业竞争方面起到了良好的促进作用，

如 Zopa 的业务受到英国金融租赁协会的监督，并且需要办理英国消费信贷许可证。另外，各行业协会也比较注重消费者权益的保护。

其次，其他欧洲国家监管方面。在德国和法国，监管较为审慎，需要现行法规指引行业发展。P2P 网贷机构必须获得银行执照或与银行合作，才可以开展经营。在法国，P2P 网贷属于“参与融资”的范畴，法国金融审慎监管局（ACPR）对行业中的机构准入、个体行为等进行监管，法国金融市场监管局（AMF）对行业规范和涉及金融市场的产品进行监管。在德国，根据《德国银行法》（KWG）的规定，任何吸收存款或进行放贷的机构，均应从德国联邦金融监督管理局申领银行牌照。德国目前尚未制定针对 P2P 网贷的监管法律，网络借贷被视为一般信贷业务而适用《银行法》。

三、韩国 P2P 网贷行业监管方式

韩国 P2P 网贷市场跟海外相比还处于起步阶段。在韩国，P2P 网贷平台被视为一般商品中介公司，以网络电商为定位来进行监管。主要的监管法律是《电信法》、《电子商务基本法》、《消费者权益保护法》以及《促进信息通信网络利用集信息保护法》等。虽然 P2P 网贷在韩国是原则性监管，但韩国消费者保护法设有禁止性条款：如通过告知虚假或夸张的信息，或使用欺诈手段，诱导消费者进行交易，或妨碍要约撤回、合同终止的行为。由于目前韩国 P2P 网贷并没有相关法律，所以注册为“贷款业务”，直接进行贷款。而银行协议型 P2P 网贷由银行参与贷款、审查、对账等，安全性较高。在韩国，从 2008 年开始有了以低信用贷款者为对象的 P2P 网贷企业，但是因为年销售额低于 10 亿韩元（560 万元人民币），一度要关门。由于没有相关法律制度，消费者的印象也不好，而且获得了投资也要遵守制约条款，获得贷款的个人（法人）如果偿还不了贷款的话，投资者有承受损失的风险。

第二节　我国对于 P2P 网贷的监管思路

党的十八届五中全会指出“规范发展互联网金融”，2016 年 3 月的政

府工作报告提出："促进互联网金融健康发展，完善金融监管协调机制。"这是党中央、国务院对互联网金融发展做出的重要工作部署，也是互联网金融首次被写入政府工作报告。对于 P2P 网贷，在 2015 年 7 月中国人民银行等十部委《关于促进互联网金融健康发展的指导意见》（以下称为《指导意见》）中已提出了总体要求和监管原则。2015 年 12 月，中国银监会会同工业和信息化部、公安部、国家互联网信息办公室等部门研究起草了《网络借贷信息中介机构业务活动管理暂行办法（征求意见稿）》，进一步明确了 P2P 信息中介定位，并采用以负面清单为主的管理模式，明确了包括不得吸收公众存款、不得设立资金池、不得提供担保或承诺保本保息等十二项禁止行为。伴随国家和相关监管机构对于互联网金融的重视程度与日俱增，行业自律越发完善和有效，投资人投资心态日趋成熟，互联网金融的内在价值将真正得以发挥。如前文所述，中国 P2P 业务模式归纳起来，主要围绕信息中介模式、担保模式和信用中介模式三种。大部分 P2P 网贷平台属于后两种，而真正属于信息中介模式的较少。针对《指导意见》明确的 P2P 信息中介定位，需要对于 P2P 网贷平台的中介性质重新审视和明确。

一、作为信息中介的 P2P 定位

为防范 P2P 网贷平台自融、非法集资，《网络借贷信息中介机构业务活动管理暂行办法（征求意见稿）》要求网贷平台定位于信息中介性质。该模式最大的特点在于 P2P 网贷平台仅提供借贷信息服务，而不提供担保、资金池等信用中介服务，这意味着 P2P 网贷平台主要为借款人和投资人提供信息中介服务，而平台自身不承担借贷风险，也不承担信用、期限转换等职能，借贷风险由投资人自己承担。①

实际上，P2P 网贷平台作为信息中介具有不同于一般信息中介的特质，这种特质主要表现在 P2P 网贷平台功能的金融性，正是由于 P2P 网贷平台携带金融基因而附带金融属性致使这种信息中介不同于一般的纯

① 谢平、陈超、陈晓文等（2015）：《中国 P2P 网络借贷：市场、机构与模式》，中国金融出版社。

信息平台，可将其理解为金融信息中介，以保障将其纳入金融类业务进行监管的正当性。此外，在本质上，P2P 网络借贷平台是资产流转平台（包括信用流转），从这个角度看，P2P 网贷平台可分为两个方向，即 To B（企业端导向）和 To C（用户端导向）。考虑到平台未来的长远和良性发展以及对于资产的风控成本，未来 P2P 网贷平台对于优质资产的争夺将更加激烈，To B（企业端导向）的平台将有相对更大的机会脱颖而出。

由此可见，由于 P2P 网贷平台的信息中介属性，传统的监管手段将不完全适用于平台的监管，所以未来行业监管将更加依赖更先进的信息监控、数据监控手段以及适合互联网金融行业的法律法规的制定和实施。《网络借贷信息中介机构业务活动管理暂行办法（征求意见稿）》中也强调建立网络借贷行业中央数据库、加强与征信机构的合作，也表明政府对于 P2P 网贷平台的数据监控和外部征信服务结构的重视。但是，这毕竟是一个长期的过程，需要长时间对于大量数据的积累和分析，建立适合互联网金融特别是 P2P 网贷的监管模型和监控机制。同时，需要建立国家权威的征信平台，能够将全行业数据进行监管和分析。此外，行业内所有的征信服务机构的数据若能被央行征信系统所吸收，将使得征信数据能够获得极大丰富并且也能够实现对行业状况的实时监控和预警。

二、不得提供增信服务的 P2P 规定

《关于促进互联网金融健康发展的指导意见》明确提出不得提供增信服务。这主要是由于以第三方担保、抵质押担保、资金信托、信用准备金等常见方式对目前 P2P 网贷增信，反而可能会更加刺激投机者过度投机。实际上，P2P 行业主流增信手段——担保，就因风险事件频发而饱受质疑。除了担保，备付金制度、资金托管等增信手段，也各有其履约问题等硬伤。

不得提供增信服务的规定，有利于提高投资者的投资谨慎性，也能使 P2P 网贷平台始终以提供客观、全面的信息吸引投资者为发展目标。从内容上看，《网络借贷信息中介机构业务活动管理暂行办法（征求意见稿）》延伸并细化了“四条红线（平台的中介属性、不得提供担保、不得

搞资金池、不得非法吸收公众存款）”的底线监管思维。虽然，其中没有提及资本金等行业准入门槛，但分类监管和资金的银行存管实质上对 P2P 网贷平台资质提出了严格要求。为防止网贷平台卷款“跑路”，要求资金由银行存管；为防范平台自融、非法集资，要求网贷平台定位于信息中介性质；为防范盗刷和挪用，个人网络支付账户根据风险不同设定了不同交易额度。

三、对 P2P 网贷机构如何实施备案管理制度的探讨

在金融监管模式上，一般主要是注册制、备案制、审批制或核准制等模式。其中，审批制在市场经济条件下不宜采用，注册制被认为是成熟资本市场普遍采用的发行制度，备案制不是作为一项行政许可，而是经过备案提示，提供给投资者更多的市场选择空间。在《网络借贷信息中介机构业务活动管理暂行办法（征求意见稿）》中规定所有网贷机构均应在领取工商营业执照后向注册地地方金融监管部门备案登记，该备案不构成对机构经营能力、合规程度、资信状况的认可和评价。

在监管主体上，《网络借贷信息中介机构业务活动管理暂行办法（征求意见稿）》明确了地方金融监管部门对机构实施先发照后备案，并分类管理的规定，属于事后备案，减少事前行政审批，着眼于加强事中事后监管，有利于行业的创新和发展。同时，为加强事中事后监管，地方金融监管部门根据本办法和相关监管规则对备案后的机构进行分类评估管理，将分类结果在官方网站上公示，促进网贷机构规范整改，约束其经营行为，防范风险，保护投资者合法权益。此外，《网络借贷信息中介机构业务活动管理暂行办法（征求意见稿）》规定网贷机构应当申请相应的电信业务经营许可并接受相关部门监管。在《网络借贷信息中介机构业务活动管理暂行办法（征求意见稿）》正式实施后，银监会将对网贷机构备案登记、评估分类等制定实施细则，以便各地统一规则，加强可操作性，为下一步加强网贷机构事中事后监管奠定基础。[①]

---

① 《网络借贷信息中介机构业务活动管理暂行办法（征求意见稿）》有关问题的解答，http：//www. gov. cn/xinwen/2015 -12/28/content_ 5028564. htm。

第三节　调动各方积极性共同促进行业健康发展

P2P 网贷平台数量的井喷式增长并没有带来业务上的持续繁荣；相反，平台数量的增加反而造成了我国 P2P 网贷行业平台资质良莠不齐。大量 P2P 网贷平台风险爆发直至倒闭的原因虽然有外部环境的影响，但真正导致平台风险聚集并爆发的根本原因，是平台自身发展理念的畸形。因此，对于 P2P 网贷行业，不能因为包容创新就采取自由放任的监管态度，对于互联网金融，金融的外部性和脆弱性等概念仍然适用，利用信息不对称侵犯金融消费者权益的问题仍然存在，应该坚持包容而不放纵的态度。按照《关于促进互联网金融健康发展的指导意见》提出的“鼓励创新、防范风险、趋利避害、健康发展”的总体要求和“依法监管、适度监管、分类监管、协同监管、创新监管”的监管原则，建立多层次的监管体系并落实各方管理责任，为行业划定监管红线，在鼓励互联网金融创新的同时防范金融风险、保护金融消费者合法权益。同时更有效地推进 P2P 网贷平台自身和行业自律体系的建设，实现良性循环。

一、加强法律法规建设，完善 P2P 网贷监管体系

互联网金融本质仍然是金融，没有改变金融风险隐蔽性、传染性、广泛性和突发性的特点。加强互联网金融监管，是促进互联网金融健康发展的内在要求。同时，互联网金融是新生事物和新兴业态，在对不法行为严厉打击的同时，要制定适度宽松的监管政策，恩威并举，为互联网金融创新留有余地和空间。通过鼓励创新和加强监管相互支撑，促进互联网金融健康发展，更好地服务实体经济。互联网金融监管应遵循“依法监管、适度监管、分类监管、协同监管、创新监管”的原则，科学、合理界定各业态的业务边界及准入条件，落实监管责任，明确风险底线，保护合法经营，坚决打击违法和犯罪行为。

对于问题较多的 P2P 网贷行业，则应建立逐步规范的监管模型，对于不同模式的 P2P 网贷平台和网贷业务参与主体实行不同的监管措施，

做到事前、事中、事后全程监管和监督。尽力将风险扼杀在摇篮中，构建完善的互联网金融业务监管体系，促进这一新兴行业的健康良性发展。应尽快出台相关法律法规，以法律的形式明确网络借贷是信息时代金融体系的有益和必要补充，构建 P2P 行业法规体系，制定行业管理规范，明确 P2P 网贷行业的准入标准，并对网络借贷的性质、组织形式、经营范围、业务指标等予以规定，对于符合信贷行业发展的网贷业务模式应该积极鼓励，对于风险无法防控的模式应予以限制，使 P2P 网贷平台不仅可以享受银行同业拆借利率，从而降低融资成本、增强盈利能力，还可以享受国家给予小微企业的税收优惠。另外，应将民间借贷和正规金融机构借贷加以区分，从法律层面防止银行资金流入民间借贷市场，承担被转嫁的各种风险。

（一）加强 P2P 网贷行业监管体系建设

由于 P2P 网贷平台模式的复杂性及跨区域性，其监管应由单线监管向多线监管的方向发展，可由央行和银监会作为主要监管部门，充分发挥地方政府的金融监管职能，金融办、工商、政法、税务、公安、通信等部门共同合作，联合建立企业和个人信用资料库，实现信息共享，规范网络借贷平台的总体运作。同时，也可通过各个机构的长期监控数据收集，搭建 P2P 网贷平台评估模型，对相关企业进行日常监管和监控预警，使得违规和跑路风险可控。

在不影响 P2P 网络贷款平台正常发展的前提下，可考虑将 P2P 网贷平台作为准金融机构来实施监管，平台及其分支机构的设置，须经监管部门审批并在分支机构所在地监管部门备案后才可开业经营。除了单纯为借贷双方提供借贷信息服务的公司类型外，应由各地的央行分支机构和银监会派出机构对其实施有效监管，此外，指定工商、税务、公安的经侦和网监部门协同管理。并且由监管部门颁发经营许可证，凭该许可证向工商行政管理部门申请注册登记。任何单位和个人未经监管部门批准不得从事 P2P 网贷业务。

在准入条件的具体设置上，首先要确定 P2P 网贷平台的业务范围。对于目前已有的，对借款提供担保性质保障的服务，贷款平台自身参与到借贷关系中的业务模式，以及将来可能出现的新型业务模式，立法者都应当保持谨慎但开放的态度，在成熟可行的基础上进行确认，考虑业务设置有差异性的准入条件。应按照《关于促进互联网金融健康发展的指导意见》“依法监管、适度监管、分类监管、协同监管、创新监管”的原则，确立互联网支付、网络借贷、股权众筹融资、互联网基金销售、互联网保险、互联网信托和互联网消费金融等互联网金融主要业态的监管职责分工，落实监管责任，明确业务边界。

此外，可以考虑联合各地金融办、工商、税务、公安等相关监管部门成立巡视组，到所在地经营 P2P 网贷平台的企业或者分支机构进行实地考察和调研，并进行不定期抽查和约谈访问，通过实地考察和情况了解，确保所在地区 P2P 网贷平台业务的合法性、时效性和合规性，避免事后平台“跑路”带来的外部性损失。

为实现多方位监管体系的建立和实施，应本着中央和地方相结合的原则，实行中央统管、地方监管的方式。国务院银行业监督管理机构负责对网络借贷信息中介机构业务活动制定统一的规范发展政策措施和监督管理制度，指导地方金融监管部门做好网络借贷规范引导和风险处置工作。工业和信息化部负责对网络借贷信息中介机构业务活动涉及的电信业务进行监管。公安部牵头负责对网络借贷信息中介机构业务活动进行互联网安全监管，打击网络借贷涉及的金融犯罪工作。国家互联网信息管理办公室负责对金融信息服务、互联网信息内容等业务进行监管。

地方金融监管部门负责本辖区网络借贷信息中介机构的规范引导、备案管理和风险防范、处置工作，指导本辖区网络借贷行业自律组织。《网络借贷信息中介机构业务活动管理暂行办法（征求意见稿）》明确规定：“地方金融监管部门依照法律法规和《关于促进互联网金融健康发展的指导意见》等文件要求，加强沟通、协作，并履行下列监管职责：（一）建立网络借贷信息中介机构及其股东、合伙人、实际控制人、从业人员的执业记录，建立并管理行业有关数据信息的统计，开展风险监测分析，并按要求定期报送国务院银行业监督管理机构，有关统计数据与中国人民银行及网络借贷行业中央数据库运行机构共享；（二）对网络借贷信息中介机构业务活动中的信息披露进行监督，制定实施信息披露、风险管理、合同文本等标准化规则，促进机构信息披露和增强经营管理透明度；（三）受理有关投诉和举报，自主或聘请专业机构对辖内网络借贷信息中介机构进行现场检查和非现场监管；（四）对网络借贷信息中介机构及其从业人员违反本办法和相关监管规定的，视情节轻重对其采取相关措施；（五）建立舆情监测制度，对网络借贷信息中介机构业务活动中可能涉及非法集资等违法违规行为进行监测，并及时报告省级人民政府，涉嫌犯罪的，依法移交公安司法机关查处；（六）定期向省级人民政府、国务院银行业监督管理机构报送本辖区备案和网络借贷行业年度监管与发展情况报告。地方金融办公室为负责地方金融发展、金融服务和金融市场建设工作的政府直属机构。在金融监管领域，地方金融办公室主要承担小额贷款公司的审核和监督管理职责；同时对融资性担保机构的设立、变更等行为进行审批并对日常经营行为进行监管。"同时地方金融办公室也承担对金融中介机构的指导和管理工作。笔者通过对我国地方金融办公室制定的金融政策进行整理和汇总时并未发现有地方针对 P2P 网贷平台出台专门的针对性监管措施，所以这方面还有待加强和完善。

（二）加强 P2P 网贷行业监管制度建设

1. 建立信息披露制度

当前 P2P 网贷行业乱象丛生的主要原因是信息不对称，P2P 网贷行业的大多数投资者缺少应有的投资风险意识，并且信息不对称加剧了投资者的风险，违规平台利用信息不对称虚构借款人，从投资者手中套取资金挪作他用，在一些情况下，投资者承担了 PE、VC 的巨大风险而仅仅获得了百分之十几的收益率，违背了金融投资风险定价的规律，严重侵害了投资人的合法权益。为此，建立信息披露制度，保护金融消费者权益，是规范网贷行业的首要任务。

P2P 网贷的信息披露应包含三个方面：一是借款人的信用情况，二是借款项目的借款使用情况，三是平台公司的经营情况。原则上平台应向投资人披露有助于其进行投资决策的全部信息，从我国的实践来看，信息披露严重不足，且存在大量误导行为。对于借款人的信用情况，目前大部分平台仅披露了借款人的姓名与身份证号等信息，但此类信息对于评估风险几乎没有任何帮助，此外部分平台甚至未做任何披露。平台旨在以此弱化产品之间的差异性，实现产品的标准化，并暗示产品的刚性兑付特征。但实际上，大部分平台的保障能力有限，借款人的信用状况作为第一还款来源，对投资风险起到最为重要的保障作用。对于平台公司的经营情况，仅有部分业内领先公司披露了其基本的商业模式与公司的审计报告，但对于运作细节、交易文件以及不良率等敏感指标几乎都没有披露。对于公司自身的信息披露并不涉及保护隐私的法律限制，平台的审慎行为可能主要出于两方面的考虑：第一，我国 P2P 网贷的逻辑还是监管套利，离监管的距离越远，政策风险就越小。在没有信息披露要求的情况下，信息披露越多，越有可能受到监管的处罚。第二，投资者风险意识相对较弱，在信息不对称的情况下，平台通过各种宣传，可以使投资人对平台产生信任。大多数 P2P 网贷平台的实际收益远低于投资人的预期，信息披露将会影响其市场形象。从 P2P 网络借贷的国际经验来看，强制性信息披露是各国监管的主要内容。在美国，SEC 要求 P2P 网络公司在发行说明以及附属材料中分别对平台公司的经营情况和借款人的信用情况进行详细的披露。在英国，虽然政府对于 P2P 网贷采取了较为自由的态度，但是在信息披露方面也存在严格要求。降低信息不对称程度，防范金融欺诈是规范我国 P2P 网贷行业的必由之路。

具体而言，P2P 网贷平台应当遵循真实性、准确性、及时性和可比性的原则，向投资人、监管方以及其他参与到平台交易中的主体披露信息，并鼓励社会公众对公开披露的信息进行监督。具体内容包括但不限于以下方面：①公司概况，主要为公司简介，经营计划，经营范围与模式，股权结构，股东介绍，组织架构，分支机构设置及人员情况，第三方托管方情况等。②公司治理和内部控制，主要为公司股东或实际控制人基本情况及变动情况，股东（大）会重要决议，董事会、监事会、高级管理层的构成及工作情况，公司的内部控制建设和执行情况。③风险管理，包括信用风险、流动性风险、市场风险、操作风险和其他风险的管理情况。④业务情况，包括借贷数额、资金使用、违约比例、担保业务中的代偿情况、参与借贷业务中的放大倍数等方面。此外，还要披露年末资金构成及年度资金运用明细，披露财务会计报告及公司发生的重大事项等情况。

2. 建立第三方存管制度

建立第三方存管制度，实现平台自有资金和投资者资金的有效隔离，既可以防范平台挪用投资人资金的道德风险，又可以防范平台携款跑路的事件发生。《网络借贷信息中介机构业务活动管理暂行办法（征求意见稿）》明确规定，借款人、出借人、网络借贷信息中介机构、资金存管机构、担保人等应当签订资金存管协议，明确各自权利义务和违约责任。资金存管机构对出借人与借款人开立和使用资金账户进行管理和监督，并根据合同约定，依照出借人与借款人向网络借贷信息中介机构发出的指令，对出借人与借款人的资金进行存管、划付、核算和监督。资金存管机构承担实名开户和履行合同约定及借贷交易指令表面一致性的形式审核责任，但不承担融资项目及借贷交易信息真实性的实质审核责任。资金存管方应当按照网络借贷有关监管规定报送数据信息并依法接受相关监督管理。

第三方资金存管制度是网贷公司在第三方金融机构开设专门账户，将投资人的资金放入其中实现正常业务的资金流动，即使网贷公司先行垫付资金也要接受金融机构的监管。作为监督机构，要认真履行职责严格控制网贷公司使用账户内的资金，网贷公司只能看到资金往来明细而不能调用资金，从根本上杜绝了网贷公司挪用资金和“跑路”现象。

为了避免 P2P 网贷公司随意挪用借贷过程中沉淀在中间账户上的资金，须使平台的运营资金与所服务的出资人、借款人的资金完全分离。目前，监管部门可考虑在 P2P 网贷行业推行清算结算分离制度，从而保证平台在任何时候都无法以任何理由和方式接触客户资金，充分保障了客户资金的安全性及平台服务的独立性和经营的合规性，有效地避免了 P2P 网贷平台随意卷款“跑路”，介入非法集资或者商业诈骗，也利于相关部门进行社会融资统计和监测分析。

3. 建立可共享的征信体系

P2P 网贷行业的征信质量直接关乎着平台的发展命运，若征信质量不合格，所带来影响就是导致借款人违约率的上升，使得投资人遭遇重大损失，而且在我国当下的 P2P 网贷运作模式下还极大地侵蚀了 P2P 网贷平台的利润。我国目前面临的征信现状是：银行自己的征信系统并没有对 P2P 网贷平台开放，而民间的商业征信业务刚刚起步，同时由于个人的征信体系不健全，商业征信活动开展的过程较为困难，P2P 网贷平台自身参与征信审核加大了运营的成本，目前 P2P 网贷平台的信息采集和处理，主要包括线上和线下两条渠道来收集客户的信息，对大部分平台而言，首先在线下对客户信息进行收集整理，然后再通过线上的评估方式来确定线下所收集信息的准确性，真正完全采用纯线上征信的平台目前国内只有拍拍贷这类少数平台。由于在线下征信的成本很高，需要投入太多的人力和物力，因此很容易把这些数据视作商业机密，从而阻碍了征信数据的共享，形成数据孤岛。此外，不同平台对同一用户进行信用等级评价，也造成了整个行业的资源浪费。为解决以上问题，提出如下建议：

第一，明确 P2P 网贷平台的服务性质，建立征信数据对接机制。对于解决征信困境问题，首先应该从法律上明确 P2P 网贷平台的服务身份，目前想要让 P2P 网贷平台接入央行征信系统，无论是从法律法规上还是实际操作上都存在很大的阻碍，主要原因就是 P2P 网贷平台的定位不明确。应当结合当下的 P2P 网贷平台的实际情况给予 P2P 网贷平台身份上的肯定，出台相关行政法规确立其金融信息服务平台的性质，进而允许平台在经过授权的情况下，利用技术接口获取数据化的信用报告，并支付数据使用费用。

第二，发挥商业征信机构和行业组织的积极作用。先由商业征信机构促进 P2P 网贷平台之间的信息共享，将这些平台的信息接入商业征信机构的数据库，机构通过对这些数据的分析和整理，进而可以对各个 P2P 网贷平台的征信质量做出分析，对其征信能力做出评级。央行随后可以根据商业征信机构对于 P2P 网贷平台的征信能力评级来筛选达到标准的 P2P 网贷平台，并对其放开接入权限，允许这些符合条件的 P2P 网贷平台进入央行征信系统提供和查询所需信息。

第三，充分利用大数据征信技术。大数据征信的出现，很好地弥补了传统征信方式数据及时性和还款能力判断上的不足，从而提升了 P2P 网贷平台的反欺诈能力，当然，现在的数据环境还不够成熟，大数据公司对于数据获取也不够方便。但是，以 P2P 网贷为代表的小额信贷市场对低成本高质量的征信技术非常渴求，因而大数据征信最有希望在这一市场产生突破，所以大数据征信将在不久以后成为 P2P 网贷平台的核心竞争力。

第四，我国个人信用认证体系应逐步将个人家庭背景、工作情况、信用卡消费记录等信息纳入认证系统，合理划分信用等级，对于低等级的个人用户应及时进行风险警示，并将信用等级的真实情况或变动及时公开。例如，Prosper 就具有完备而透明的个人信用认证体系，个人信用记录、社会保障号、银行账号等信息均可以得到有效验证。

4. 建立消费者信息保护制度

市场效率与消费者保护的权衡是 P2P 网贷监管的重要考量指标。从美国的监管实践来看，在 SEC 关于 P2P 网贷的“证券”认定之前，监管相对宽松，此后监管则变得非常严格。严格的监管可以更好地保护消费者的权益，但又会为 P2P 网贷带来较多的监管成本，从而降低了市场效率。目前美国对于 P2P 网贷的监管，在联邦政府层面是否有必要从分头监管向统一监管转变，表面上看是对于监管主体的讨论，以及对于投资人与借款人保护的讨论。但笔者认为争论的实质是是否降低目前颇为严格的监管要求，即在市场效率与消费者保护方面如何进行权衡。

加强金融消费者权益保护是金融监管的一项重要目标，也是许多国家互联网金融监管的重点。加强互联网金融消费者教育，有利于公众了解互联网金融产品、提升互联网金融风险意识、增强消费者对互联网金融的信心。事实上，互联网金融发展得好，有助于解决一些金融消费者保护的难题。例如，在金融产品销售中，传统金融机构时常会发生销售人员夸大收益、误导销售或风险提示不充分等方面的问题。而通过互联网销售的金融产品，通常不与客户见面，只要客户阅读过相关产品信息和风险提示等内容后在线点击“已阅读风险提示，并同意接受”等即可。如果网上销售的金融产品能够全面、准确地披露收益特征，风险提示充分且足够醒目，完全可以做到既切实保护金融消费者权益，又有效管控金融产品销售中的合规风险。当前我国互联网金融领域消费者教育的重点是引导消费者加强对互联网金融的理解，厘清互联网金融业务与传统金融业务的区别，使广大消费者知悉互联网金融业务和产品的主要性质和风险。在此基础上，切实维护金融消费者在互联网金融产品和业务办理中的合法权益，包括放贷人、借款人、支付人、投资人等在内的金融消费者权益均应得到保障。金融消费者保护的重点是，加强客户信息保密，维护消费者信息安全，依法加大对侵害消费者各类权益行为的监管和打击力度。例如，针对第三方支付中消费者面临的交易欺诈、资金被盗、信息安全得不到保障等问题，应针对性地加强风险提示，及时采取强制性监管措施。

5. 建立市场准入与退出机制

在英国，P2P 网贷平台的设立由金融行为监管局批准。金融行为监管局将对 P2P 网贷平台的最低资本标准和风险控制等项目进行检查，以避免网贷平台通过捏造贷款条件或者误导消费者而将出资人的资金借给高风险的借款人。在美国，网络借贷作为证券类理财产品，其准入由美国证券交易委员会批准。P2P 网贷平台必须取得由证券交易委员会颁发的证券经纪交易商牌照方可营业。由于我国 P2P 网贷行业尚无市场准入门槛，导致行业内部良莠不齐、鱼龙混杂。为保证 P2P 网贷平台的活跃性，防范相关风险，监管部门应考虑设置一定的市场准入门槛，内容应包括 P2P 网贷平台的资本要求、内控机制、管理人员和工作人员任职要求以及技术力量等。另外，还可明确要求 P2P 网贷平台的资本金不能用于放贷，注册资本须全面覆盖坏账风险，这样，尽管注册资本不用于赔付，但仍可作为一项风险控制的措施，预防风险。

监管部门也应及时对有问题的 P2P 网贷平台采取关闭或破产清算措施，将其淘汰出市场，防范风险扩散，净化金融市场。在进行市场退出监管时，应遵循合法合规原则。任何 P2P 网贷平台的市场退出行为都必须在监管部门的直接监管控制下依法公开进行。在既有的法律体系框架内，退出行为必须具有足够的透明度，依法向社会公布 P2P 网贷平台市场退出的原因、方式和相关制度的安排。在进行 P2P 网贷平台市场退出监管时，还应充分考虑出资人的利益。例如，可要求 P2P 网贷平台建立出资人风险基金，在出资人利益受到损害时，可利用此风险金，在一定程度上补偿出资人的经济损失。

在设立过程中，P2P 网贷平台自身需要根据自己的定位提交申请书、可行性报告、经营发展战略和规划等。其中值得注意的是，对于业务中担保性质方面的安排需要在其中重点阐述。笔者认为，关于担保业务的法律安排不宜做"一刀切"的规定，更不能任由贷款平台采用足额信用担保的方式，而是要在降低贷款人风险与控制贷款平台风险之间谋求平衡。各P2P网贷平台可以根据自身的特点、注册资本等具体情况，选择是否提供担保保障条款，以及如何设计具体的担保条款方案，可以是控制在借款额一定比例内并限于一定比例的自有资金可覆盖范围的保障金模式，或者与违约率挂钩并设有预警机制的浮动模式等，但都应通过专门监管部门的审批并受到日常监管。

建立日常监管机制，对所有从事网络借贷业务的平台进行日常监控，从网站技术结构、信息安全以及日常业务交易等各个方面进行监控和监督，一旦出现问题，监管机构的数据可作为立案举证的依据纳入公安执法环节使用，同时也可通过监控和检测，实际建立预警检测模型和指数，方便进行事前预警和监管，减少因平台严重逾期、"跑路"导致的群体性事件发生。

二、有效推进P2P网贷平台自身和网贷行业自律体系建设

（一）重视平台人才培养和业务规范

P2P网贷平台作为金融信息服务媒介，应有效保证融资人信息的准确性，加强对融资人信息审核与评级等风险控制工作，打造自身在行业内的口碑与良好信誉，提升品牌效应。同时，注重平台人才培养。加强专业人才引进和培养，完善企业风控、资产端管理等环节。P2P网贷平台作为互联网背景下金融创新成果，从其出现至今存续时间还不足10年，在我国的发展时间更为短暂。因此，P2P网贷平台不但尚未形成相对成熟的风险控制体系与方法，而且P2P网贷整个行业的人才配置也不够完善。由于目前整个P2P网贷行业缺乏准入门滥，很多资质很差的平台大量进入市场。其进入市场的初衷只是为了赚取利润，甚至趁乱浑水摸鱼牟取暴利。其组织架构中缺乏专业的信贷风险管理人员，不具备贷款风险管理的有效资质，因此很难把握和处理好平台运营过程中所出现的问题，产生大量的坏账，最终只能倒闭。因此，专业的信贷管理人才需求日益

凸显。综观目前市场上风险控制良好的平台，其幕后都有出色的信贷管理团队，其中团队成员毕业于名校的比比皆是，更有来自传统金融机构的风控精英。这是 P2P 网贷平台在目前行业内竞争白热化的大环境下取得成功的重要因素。

此外，作为基于互联网而产生的 P2P 网贷平台，其本身的载体——网站或者 APP——本身的安全性也是需要重视的关键因素之一。由于不少 P2P 网贷平台是由传统小贷公司转型或者由某几个人组建团队而成立的创业项目，为了低成本快速度搭建起 P2P 网贷平台实现业务发展，企业创立初期只是通过购买开源代码或者外包方式进行的平台搭建，导致不少平台存在信息和支付安全隐患。P2P 网贷交易涉及大量的用户真实信息和资金的交易和存储信息，需要非常安全的网络环境来保证交易的安全、便捷和及时。这需要企业在技术和产品方面的极大投入，而很多平台出于成本方面的考虑，并未给予足够重视。

在重视人才培养的同时，需要注意对业务的规范性要求。这种要求包括两个方面：①人员。团队成员必须包含互联网产品技术人员以保证平台信息和交易的安全性，也必须包括足够比例的专业信贷从业人员进行风控、信贷沟通、资产端评估、法律法规审核等工作。切实做到专业的人做专业的事，确保网络安全和金融安全。②合规。在具备专业团队的同时，需要秉承合规原则，踏实做好平台服务和业务规范。从国内纷纷上线的 P2P 网贷平台来看，存在更多的不是立志做好金融媒介，保障投资人权益，努力开发优质借款人的优质平台，而是企图利用市场“三无”情形想大肆捞一笔的劣质平台。大量 P2P 网贷平台为了迅速把交易规模做上去，往往通过提升投资收益率、活动补贴等方式争夺用户，吸引投资者眼球，有些甚至发布虚假标的或者期限错配、拆标等情况，完全不顾投资者收益的安全性和法律法规的相关规定，赤裸裸地进行欺诈行为。这种以提高投资者收益率的方式固然能够吸引一些投机性较强的投资者（“羊毛党”），但是这类投资者往往属于专业“薅羊毛”的套利者，并不是真正的投资用户，其稳定性较差，难以为平台带来持续稳定的交易规模。因此，国内大量 P2P 网贷平台管理团队还应该树立正确的平台经营理念，在强化平台实力、把控投融资者资质等诸多方面下功夫，才能有效防范风险的积累和爆发，在市场竞争中占据一席之地。

（二）完善 P2P 网贷平台风控手段

1. P2P 网贷平台风险识别与预防

首先，健全借款人审核体系，降低借款人信用风险。借款人信用风险是 P2P 网贷平台面临的首要风险，也是最主要的风险。对借款人审查过松造成的信用偿付风险是我国 P2P 网贷平台风险事件爆发的最主要因素之一。P2P 网贷平台的借款者都是从传统正规金融渠道难以融到资金的小微企业和个人，其信用等级低、偿债能力弱，因此对应的信用风险也较高。具体而言，P2P 网贷平台至少要在借款人基本信息、偿债能力、历史信用情况、借款条件等四个层面对借款方进行全面的信息审核。对于借款方提供的信息和数据，要进行充分的审核与鉴别，避免借款人通过提供虚假信息而获得严重超出自身能力借款额度的情形。

其次，建立平台投资者审核机制。相对于对借款方的审核，对网贷业务投资者的审核工作更容易忽视。目前，我国 P2P 网贷平台均未建立投资者审核机制与制度，对投资者的审核处于空白期。在平台交易量较小、融通资金量有限的情况下，投资者利用 P2P 网贷平台进行洗钱的风险较小。但是，随着 P2P 网贷平台交易量和交易参与者的增多，P2P 网贷平台极有可能成为不法分子进行洗钱的场所和工具。为了维护社会公众的利益，同时也为了平台自身免受损失，P2P 网贷平台要加强对投资者的审核工作。

2. 风险化解与转移

风险化解与转移是 P2P 网贷平台在风险发生后所采取的应对措施，措施的有效性决定了平台风险最终的爆发与否。为了防止平台倒闭甚至跑路等极端风险事件的爆发，P2P 网贷平台要从以下方面建立风险化解转移机制。

首先，建立科学、有效的逾期借款支付机制。从平台风险产生直至最后平台风险爆发的传播过程来看，投资者对平台公信力的认可程度起到了决定性作用。在逾期借款支付机制缺失的情况下，平台投资者为了自身利益免受侵害，在自身投资项目或者其他项目出现逾期的情况下，会立即将自己在平台的剩余资金取出。投资者的这种羊群行为会导致平台风险的快速扩大并以倒闭等极端形式爆发出来。而科学、有效的逾期支付机制对于平台公信力有极大的维护作用。就目前的情况来看，P2P 网贷平台要通过建立风险准备金、合理的催收机制等方式加强对逾期借款的垫付与催收工作。

其次，强化坏账风险转移机制。为了降低平台自身的运营风险，P2P 网贷平台要综合运用社会服务体系中的配套服务机构进行坏账风险的转移工作。一般来说，平台自身要加强与担保公司以及保险公司的合作，同时，也要设置坏账准备金，加强自身的坏账消化能力。

最后，建立贷款重组机制。第一，适度允许贷款展期，对于借款人不能按期归还贷款的情况，如若借款人提出申请，审查人员确定其近期有还款能力的，可对贷款进行一定期限的延期，即贷款展期。但平台审查人员必须对借款人进行严格审查，如确因其临时资金周转困难或应收账款未到等情况，且在可预见的时期内能够完成资金周转或收回应收账款，则可批准其贷款展期。另外，可要求其提供担保或抵押等，为贷款展期提供保障。另外，对于此类借款人，在以后的借款过程中，应加以重点关注。第二，如同 Lending Club 在 SEC 登记注册后，投资者的收益权凭证就可像股票一样在二级市场进行交易。国内众多债权转让 P2P 模式，也应建立相应的二级交易平台，从而为 P2P 网贷带来更多的流动性。

（三）加强自律体系建设

P2P 网贷行业自律组织职责主要包括：政策倡导、行业自律、从业培训、信息交流；具体而言，政策倡导就是要通过政策研究、宣传、沟通的方式将政策下达至机构，同时将行业发展中出现的问题上传至监管部门，有利于促进金融政策和监管框架的不断改善；行业自律就是要通过制定、推广、落实行业标准，开展机构评估评级，实现行业自律，促进信息披露的及时公开、透明和规范化；从业培训就是要为会员机构和从业人员提供以需求为导向、以发展为目标的培训和技术支持，提高互联网金融机构的管理和运营能力；信息交流就是要规范整合现有的或新建的互联网金融行业门户网站，纳入会员管理，出版内部刊物，组织会员年会、研讨会、考察和访问等活动，促进信息交流。

2016 年 3 月 25 日，中国互联网金融协会的正式挂牌，标志着国家对于行业自律的鼓励和重视。自律体系不但承担着规范平台自身健康发展的职能，还承担着向监管部门反馈平台信息，协助监管部门实施监管政策的职能。从我国金融行业监管现状来看，行业协会是承担自律监管体系的主要职能机构。但是，我国目前尚没有全国统一的 P2P 网贷平台行业自律协会，行业自律体系的建设显得尤为重要。应组建行业自律组织，建立自律规范和约束惩戒机制，在经营资格、业务运转、信息披露、资金管理等方面制定行业自律规则，建立市场认可的机构信誉机制，接受公众监督。

第九章　结束语：P2P 网贷之路通往何方

在现有学术文献中，一般认为，一个事件如果具有“系统性”，一方面是指该事件影响了整个体系的功能；另一方面是指该事件让不相干的第三方也付出了一定的成本（即存在外部性）。与此相适应，金融学意义上的“系统性风险”则是指一个事件在一连串的机构和市场构成的金融系统中引起一系列连续损失的可能性。因此，系统性风险是一种“外部性”，是单个机构强加于全社会的高于其实际价值的成本，风险的溢出和传染是系统性风险发生时最为典型的特征，而且系统性风险的这一特征不仅仅局限于一国的经济、金融领域。系统性风险的另一个重要特征就是风险和收益的不对称性。

互联网金融的本质仍然是金融，自然也存在着发生系统性风险的可能性。如第二章所述，相较于传统金融模式，互联网金融是新技术与金融业务相融合的创新模式，其独特的技术特征与运营模式使得互联网金融产生了新的风险特征：

一是金融风险扩散速度较快。互联网金融主要依托于云计算、物联网等信息技术平台进行金融活动，高科技可能会加快金融风险的扩散速度，从而增大了金融风险的扩散范围和防范成本。

二是金融监管难度增加。互联网金融中的交易、支付与服务均在互联网的虚拟世界里完成，交易的虚拟化使金融活动的交易对象变得模糊，交易过程更加不透明，金融风险形式更加多样化。由于被监管者和监管者之间信息不对称，金融监管机构难以准确了解金融机构资产负债实际情况，难以针对可能的金融风险采取切实有效的金融监管手段。

三是金融风险交叉传染的可能性增加。随着金融机构混业经营趋势的快速演进，金融机构的综合金融业务频繁开展，互联网金融业主与客户之间逐渐相互渗透，使得金融机构间、各金融业务种类间、国家间的风险相关性日益增强，互联网可能引发的金融危机的突发性概率自然也会相应增加。

以上三个特性表明，互联网金融蕴含的风险较传统金融更为复杂，且爆发局部区域性风险的可能性更大（当然，由于 P2P 网贷在我国金融体系中的规模占比并不高，单个机构的风险爆发未必会直接引致系统性风险），故而对于监管政策提出了更高的要求。

回到现实，我国 P2P 网贷行业的诸多乱象似乎正印证着上述判断。将时间往回追溯，中国 P2P 网贷起源于 2006 年，由宜信等互联网创业公司首先引入，2007 年拍拍贷和宜信网络借贷平台先后上线，从此开启了中国 P2P 网贷大发展的序幕。此后，2013 ~ 2015 年，P2P 网贷行业出现爆炸式增长，仅 2015 年当年，我国就新增 P2P 网贷平台 1500 多家，各类机构和大量金融资本蜂拥而至。民营机构是该行业最大的参与者群体，占现有平台数量的 92%，其他平台则由国资、银行、上市公司和风投等参与、投资或持有。互联网金融的快速扩张既是创新驱动的产物，也是金融压抑的印证。从居民角度看，在投资渠道有限的情况下，回报率超过 10% 的产品对大众投资者是有很大吸引力的。从企业角度看，它满足了那些无法从银行获得信贷的中小企业的贷款需求，而且其利率通常比民间借贷利率还要低一些，起到了为实体经济服务的作用。

然而，在 P2P 网贷模式呈现出蓬勃生命力的同时，监管的缺失和各类配套制度的不完备却使得该行业鱼龙混杂、乱象丛生，长期处于野蛮生长状态。2014 年之后，以 P2P 网贷平台倒闭风潮为代表的互联网金融区域性风险突然飙升，P2P 行业出现了跑路、提现困难、停业、经侦部门介入等各种问题，并且引发了一系列经济社会领域的连锁反应，导致各界人士对 P2P 网贷行业蕴藏的系统性风险充满担忧。根据网贷之家的统计，自 2011 年 P2P 网贷平台开始上线到 2016 年 3 月，我国累计成立了 3984 家 P2P 网贷平台，其中已有 1523 家倒闭或跑路，问题平台占比高达 38%。

尤为恶劣的是，许多机构打着 P2P 网贷的旗号，通过互联网平台来开展所谓投资理财业务，其实质是高息圈钱，根本就没有标的资产。换言之，网贷企业鱼龙混杂，一些非法集资、“庞氏骗局”趁机披上了互联网金融的“外衣”，以高额回报为诱饵面向社会大量募集资金，然后靠扩大客户规模借新还旧。一旦资金链断裂，这些公司就会“跑路”消失，使百姓理财变成“破财”，给社会稳定带来负面影响。特别是在近期爆发的“e 租宝”事件中，“e 租宝”通过假项目、假三方、假担保的手法制造骗局，非法吸收存款 500 多亿元，涉及投资人 90 万人，非法获得的资金中很大一部分已经被挥霍。虽然，P2P 网贷机构的风险溢出对于整个金融系统的系统性风险贡献还较小，但爆发区域性风险的可能性却并不低，其对经济社会稳定的影响不可不察。

P2P 网贷平台的上述乱象引起了决策层的高度关注。2016 年李克强总理的《政府工作报告》指出，要“规范发展互联网金融”，并且要“扎紧制度笼子，整顿规范金融秩序，严厉打击金融诈骗、非法集资和证券期货领域的违法犯罪活动，坚决守住不发生系统性区域性风险的底线”。值得注意的是，这是互联网金融连续三次出现在《政府工作报告》中。与前两年不同，2016 年政府对互联网金融的态度由“促进健康发展”变为“规范发展”，“监管”与“整治”取代“创新”与“包容”，成为互联网金融行业 2016 年的主题词。这表明，政府鼓励金融创新的政策必须要在风险可控的前提之下来制定和实施，合法合规成为当前互联网金融平台创新与改革的重点。

遵循这一思路，2016 年 4 月 14 日，国务院组织 14 个部委召开电视会议，宣布将在全国范围内启动为期一年的互联网金融专项整治工作。当日，国务院批复并印发与整治工作配套的《互联网金融风险专项整治工作实施方案》等相关文件。P2P 网贷是此次整治的重点之一，网络借贷的专项整治细则由银监会负责。正在征求意见的《P2P 网络借贷暂行管理办法》已暂时搁置，将吸收此次整治经验，修改完善后再发布。据媒体报道，此次整治将建立“负面清单”并严格管理准入。在 P2P 网贷方面，这些清单包括：要求 P2P 网贷平台不得设立资金池、自融自保、期限错配、期限拆分；除了信用信息采集、核实、贷后跟踪、抵质押管理等业务外，P2P 网贷平台不得从事线下营销；未经批准，P2P 网贷平台均不得从事资产管理、债权转让、股权转让、股市配资等业务。当然，这些政策事实上都是早已划定的监管红线，但在此次整治中将会得到更为严格的执行。

在这样的现实背景下，我们更需要因地制宜，认真研究中国 P2P 网贷行业的风险点及其形成机理，探讨爆发区域性和系统性风险的可能性。只有做好了这项工作，我们才能及时总结经验教训，冷静思考未来行业监管规则的思路、取向与细则，尽力防范和化解区域性和系统性风险。

P2P 网贷的优势在于，能够凭借互联网技术更好地为借贷双方提供信息沟通、信用评价、投资咨询等促进交易完成的金融服务。在美、英等发达经济体，金融体系比较完备，信用体系比较健全，风险管理的内控机制业已建立，放贷组织机构体系层次分明，相关法律法规制度也比较成熟。例如在美国，P2P 网贷平台的角色主要定位于信息中介，同时也从事债券交易和流转平台业务，其所有经营活动接受证监会监管。

中国的 P2P 网贷行业则不然。它是在经济转轨、金融压抑的特殊制度环境之中出现并快速发展的特殊物种，从诞生之日开始，其发展模式就存在鲜明的“中国特色”。从积极的一面来说，中国 P2P 网贷行业在传统模式的基础上，衍生出了很多具有中国特色的商业模式，有的相对于传统模式甚至产生了很大程度的便利。然而，这也使得 P2P 网贷平台内部风险管理和外部金融监管变得更加复杂，风险与挑战是巨大的。

从我国的发展阶段和体制特征来考察，当前可能引发 P2P 网贷行业风险的制度与技术隐患至少来自以下六个方面：

第一，我国征信系统不发达，信息不完备现象普遍存在。在缺乏全国统一的信息查询和审核系统的情况下，P2P 网贷平台之间的信息无法共享。信息的缺失严重影响了贷款的质量和效率，例如，信息匮乏使得一人多贷、一人注册多个账号骗贷等扰乱市场秩序的现象普遍存在。值得注意的是，《征信业管理条例》并未将 P2P 网贷纳入监管体系之内。监管规则的缺失令大量 P2P 网贷平台无原则无底线地对投资者承诺资金安全，即便平台引入第三方担保，也可能出现因杠杆过高和相互关联导致风险暴露和损失。

第二，我国 P2P 网贷从业者风险意识薄弱，组织机构不健全。我国

P2P 网贷平台的创设者职业素质参差不齐，平台管理者的风险意识也存在显著差异。风险意识较弱的平台公司组织机构不够完善，甚至没有设立风险评估或者法律合规部门，对投资人造成巨大的风险。

第三，我国 P2P 网贷平台的风险管理制度落后，内控机制尚未建立。目前国内大部分 P2P 网贷平台尚未建立起风险的量化指标体系和风险的动态评估系统，风控手段相对单一，只有线下征信、引入第三方担保机制、提取风险金等初级手段，整体上处于零散化、简单化状态，建立在完善的公司治理基础上的内控组织尚未建立。

第四，我国 P2P 网贷平台 IT 技术手段落后，信息安全没有保障。目前我国 P2P 网贷平台的许多从业者既非来自金融机构，也非来自互联网行业，没有自身的技术力量及核心技术。一方面极易遭受不法分子黑客的攻击，另一方面使得信息泄露的风险加大。

第五，我国与 P2P 网贷行业有关的法律体系比较薄弱，《合同法》、《民法通则》和最高法院《关于人民法院审理借贷案件的若干意见》等相关法律法规对 P2P 网贷平台的定义、准入、信息披露等都没有界定，导致监管处于规则不明确的混乱状态。

第六，“资金池”这一特殊业务模式是诱发我国 P2P 网贷平台频发卷钱“跑路”和集资诈骗的重要原因。我国 P2P 网贷平台的出借人将资金借给借款人时，通常会将资金先转到网贷平台的银行账户，由网贷平台再转给借款人，通常资金会在平台账户上沉淀一段时间，“资金池”就此产生。在这种模式下，P2P 网贷平台可随意挪用客户资金，随时可能卷钱“跑路”，或者某项目无力还款时，平台拿新用户的资金代偿，营造出“平台无坏账”的假象，甚至明明已经入不敷出，但仍旧借新还旧，延续“击鼓传花”游戏。其中的风险隐患不容低估。

上述种种缺陷使得我国 P2P 网贷行业的发展面临着许多特殊的风险与挑战。目前暴露出来的各种乱象正是这些风险的现实写照。

许多重要的金融业内人士对 P2P 网贷行业的发展与监管有着自己独到的看法。例如，中国银监会原主席刘明康提出，目前对于 P2P 网贷平台采取严格监管是不必要、应当避免的，因为 P2P 网贷造成系统性风险的可能性比较小。他建议实行灵活的监管方式，采用“分层管理”的思路，即信息中介平台几乎不需接受任何监管，但是提供存贷业务的平台应被视同为银行。中国人民银行原副行长吴晓灵也认为“标准的 P2P 网络借贷平台应该是一个点对点的信息平台，现在的一些 P2P 公司先将资金集纳到自己手里，然后去投资。这就是没有金融业务的牌照，却做了金融机构的业务，这就是违法违规行为”。互联网金融领域的重要学者谢平在 2016 年博鳌论坛上强调，“网络贷款在金融学中是非存款机构，它一不吸收任何存款，二不参加同业市场，在这两个硬化的约束条件下，真正的 P2P 网络借贷平台是没有多少系统性风险的，因为就算倒闭也只是小机构出问题。此外，真正的互联网金融在风控方面可以更好地通过新型技术手段来识别风险，不过监管部门的许多领导是文科出身，没有学过计算机基础知识，对这种新型模式难以理解”。①

这些观点虽然各有侧重，但其内在实质与我们上面的分析是一致的：以信息中介为主要业务的纯 P2P 网贷平台的系统性风险很低，我国 P2P 网贷平台的风险主要源自其在特殊的发展阶段、制度背景和技术条件之下，超越了自身能力，从事了存贷等银行业务，却没有受到有效的监管。尽管我国 P2P 贷款仅占总贷款余额的 0.51%，触发经济金融体系系统性风险的可能性较低，但是在日益市场化的金融体系之下，好的金融监管（必要的集中、有力的协调、有效的预警监测）对防范化解 P2P 网贷行业的风险至关重要。

从我国当前面临的经济金融形势来看，P2P 网贷平台还面临着新的风险与挑战。

随着中国经济步入新常态，经济增长速度从原来的 9% 左右的高速增长转入 6.5% ~7% 的中高速区间，原来被高速度所掩盖的一些结构性矛盾和体制性问题已经或者正在逐渐暴露出来。产能过剩、僵尸企业、高杠杆、地方政府债务、宽货币紧信用……水落石出的种种震荡效应使得“十三五”期间防范与化解金融风险的任务变得异常严峻。

就 P2P 网贷行业而言，其原本就存在着逆向选择效应：由于风险难

---

① 谢平：“真正的网贷行业是不会出现系统性金融风险的”，2016 年博鳌亚洲论坛“互联网金融：痛并成长着”分论坛。

以识别，所以利率很高；高利率挤出了优质借款人，导致越是高风险，借款人越愿意去 P2P 网贷平台借款。当前我国不少平台借款人的实际成本高达 20% ~30% 的年化利率水平。在实体经济投资回报率跌至 5% 左右的今天，这样的高利率必然导致逆向选择效应增大，高风险人群涌入 P2P 网贷平台来借款，致使违约“跑路”风险骤升。

与平台跑路相比，行业的高杠杆率隐患更加令人担忧。从理论上看，金融学家们的研究早已认定，高信贷或高杠杆容易增加系统性风险或诱发危机。从现实角度看，我国的 P2P 网贷平台所管理的资产都是有风险的资产，在近年来平台扩张速度过快的背景下，P2P 网络借贷行业资产管理方的杠杆率正不断高企。可以想见，P2P 网贷平台利用自身的信用担保融资，将资金投入到小额信贷市场，本身就蕴藏着巨大的信用风险。再加上我国金融体系中普遍存在的金额错配和期限错配问题，平台的融资杠杆自然会被持续放大。虽然在中国经济运行积极向好的大背景下并不会爆发系统性风险，但如果中国经济持续下行，那么 P2P 网贷行业的风险将会快速暴露。该行业势必面临一定程度的重构，行业集中度会上升。另外，随着监管收紧、竞争加剧，平台倒闭数量可能还会增加。潜在的流动性问题会更加严重。一旦风险集中暴露，则可能导致较大规模的资金赎回和抽贷，引发流动性冲击。避险情绪若蔓延至其他市场，则又会进一步降低风险偏好，收紧整体流动性条件。

因此，对于 P2P 网贷平台而言，必须要严控平台杠杆，控制好借贷规模，只有将风险把控在能力范围之内，才能在水落石出之际获得一席生存之地。

对于监管当局而言，要充分认识到金融风险隐蔽性、传染性、广泛性和突发性等特点，把握好金融业务的外部性和混业经营趋势，仔细分析中国 P2P 网贷行业发展的一般规律与特殊性，以此次金融监管体制改革为契机，重新搭建适应互联网金融属性的监管架构，力求制定统一、开放、透明的监管规则，从“管机构”向“管业务”转变，构建“更好的”而非“更强的”P2P 网贷监管体系。

参考文献

Acharya, V., T. Cooley, M. Richardson and I. Walter (2010), "Manufacturing Tail Risk: A Perspective on the Financial Crisis 2007 - 2009", *Foundations and Trends in Finance*, 4 (4), pp. 247 - 325.

AdMaster (2015):《P2P 投资者行为白皮书》。

Agrawal, A. K., C. Catalini and A. Goldfarb (2011), "The geography of crowdfunding", *National bureau of economic research*, pp. 1 - 56.

Akerlof, G. A. (1970), "The Market for 'Lemons': Quality Uncertainty and the Market Mechanism", *Quarterly Journal of Economics*, (84), pp. 488 - 500.

Allen, F., J. Qian and M. Qian (2005), "Law, Finance, and Economic Growth in China", *Journal of Financial Economics*, (77), pp. 57 - 116.

Allen, F. and D. Gale (1994), *Financial Innovation and Risk Sharing*, Cambridge, Mass: The MIT Press.

Aveni, T. (2015), "New Insights Into An Evolving P2P Lending Industry: How Shifts in Roles and Risk are Shaping the Industry", http://www.planetfinancechina.org/.

Awrey, D. (2012), "Complexity, Innovation and the Regulation of Modern Financial Markets", *Harvard Business Law Review*, (2), 235 - 294.

Bank Of Japan (2016):《資金循環の日米欧比較》, https://www.boj.or.jp/statistics/sj/sjhiq.pdf。

Blommestein, H. J. (2012), "Financial Innovations and the Risk Paradox", SSRN working paper, No. 2033157.

Boz, E. and E. G. Mendoza (2014), "Financial Innovation, the Discovery of

Risk, and the U. S. Credit Crisis", *Journal of Monetary Economics*, (62), pp. 1 – 22.

Brock, W. A., C. H. Hommes and F. O. O. Wagener (2009), "More Hedging Instruments May Destabilize Markets", *Journal of Economic Dynamics and Control*, 33 (11), pp. 1912 – 1928.

Caccioli, F., M. Marsili and P. Vivo (2009), "Eroding Market Stability by Proliferation of Financial Instruments", http: //arxiv. org/pdf/0910. 0064.

Capon, N., G. J. Fitzsimons and R. A. Prince (1996), "An Individual Level Analysis of the Mutual Fund Investment Decision", *Journal of Financial Services Research*, 10 (1), pp. 59 – 82.

Chandler, A. D. Jr. (1954), "Patterns of American Railroad Finance, 1830 – 50", *The Bussicess History Review*, 28 (3), pp. 248 – 263.

Chen, Z. (1995), "Financial Innovation and Arbitrage Pricing in Frictional Economies", *Journal of Economic Theory*, 65 (1), pp. 117 – 135.

Cifuentes, R., G. Ferucci and H. S. Shin (2005), "Liquidity Risk and Contagion", *Journal of the European Economic Association*, (3), pp. 556 – 566.

Corsi, F., S. Marmi and F. Lillo (2013), "When Micro Prudence Increases Macro Risk: The Destabilizing Effects of Financial Innovation, Leverage, and Diversification", SSRN working paper, No. 2278298.

Crockett, A. and B. H. Cohen (2001), "Financial Markets and Systemic Risk in an Era of Innovation", *International Finance*, 4 (1), pp. 127 – 144.

Crowd Bank (2015):《業務再開のお知らせ》, https: //crowdbank. jp/news/20151127_ 001. html。

Cuny, C. (1993), "The Role of Liquidity in Futures Market Innovations", *Review of Financial Studies*, 6 (1), pp. 57 – 78.

Duffie, D. and M. O. Jackson (1989), "Optimal Innovation of Futures Contracts", *Review of Financial Studies*, (2), pp. 275 – 296.

Ely, B. (1995), "Financial Innovation and Risk Management: The Cross – Guarantee Solution", paper for "The U. S. Financial Structure in the Years Ahead: Domestiv and International Issues", No. 141.

FCA (2014), "Crowdfunding and the Promotion of Non – Readily Realisable Securities Instrument", http://www.fca.org.uk/.

Federal Reserve Bank of New York (2013), "Key Findings: Small Business Credit Survey, Q4 2013", https://www.newyorkfed.org/medialibrary/interactives/fall2013/fall2013/files/full – report.pdf.

Financial Conduct Authority (2014), "PS14/4: The FCA's Regulatory Approach to Crowdfunding Over the Internet, and the Promotion of Non – readily Realisable Securities by other Media", https://www.fca.org.uk/news/ps14 – 04 – crowdfunding.

Financial Conduct Authority (2016), "The FCA Asks for Views on Changes It Plans to Make to Its Rules and Guidance as a Result of the Introduction of the Innovative Finance ISA and the Regulated Activity of Advising on Peer – to – peer Agreements", https://www.fca.org.uk/news/innovative – finance – and – peer – to – peer – discussion – paper.

Gai, P., S. Kapadia, S. Millard and A. Perez (2008), "Financial Innovation, Macroeconomic Stability and Systemic Crises", *The Economic Journal*, (118), pp. 401 – 426.

Gai, P. and S. Kapadia (2010), "Contagion in Financial Networks", Bank of England working paper, No. 383.

Gennaioli, N., A. Shleifer and R. Vishny (2012), "Neglected Risks, Financial Innovation, and Financial Fragility", *Journal of Financial Economics*, (104), pp. 452 – 468.

Gompers, P. and J. Lerner (2001), "The Venture Capital Revolution", *The Journal of Economic Perspectives*, 15 (2), pp. 145 – 168.

Gwaunza, M. (2014), "Peer – to – Peer Lending: Banking Without Banks", *The Economist*, Feb 28.

Harris, M. and A. Raviv (1989), "The design of securities", *Journal of Financial Economics*, (24), pp. 255 – 287.

Henderson, B. J. and N. D. Pearson (2011), "The Dark Side of Financial Innovation: A Case Study of the Pricing of a Retail Financial Product", *Jour-*

nal of Financial Economics, 100 (2), pp. 227 – 247.

International Monetary Fund (2014), "Shadow Banking Around The Globe: How Large, and How Risky", https://www.imf.org/external/pubs/ft/gfsr/2014/02/pdf/c2.pdf.

Kero, A. (2013), "Banks' Risk Taking, Financial Innovation and Macroeconomic Risk", *The Quarterly Review of Economics and Finance*, (54), pp. 112 – 124.

Keys, B. J., T. Mukherjee, A. Seru and V. Vig (2010), "Did Securitication Lead to Lax Screening? Evidence from Subprime Loans", *Quarterly Journal Economics*, 125 (1), pp. 307 – 362.

Khwaja, A. I. and A. Mian (2011), "Rent Seeking and Corruption in Financial Markets", *Annual Review of Economics*, (3), pp. 579 – 600.

King, R. G. and R. Levine (1993), "Finance and Growth: Schumpeter Might Be Right", *Quarterly Journal of Economics*, 112 (2), pp. 443 – 477.

Klapper, L., A. Lusardi and P. Van Oudheusden (2015), "Financial Literacy Around the World: Insights from the Standard & Poor's Ratings Services Global Financial Literacy Survey", http://www.mhfi.com/.

Laeven, L., R. Levine and S. Michalopoulos (2015), "Financial Innovation and Endogenous Growth", *Journal of Financial Intermediation*, 24 (1), pp. 1 – 24.

Lerner, J. and P. Tufano (2011), "The Consequences of Financial Innovation: A Counterfactual Research Agenda", *Annual Review of Economics*, (3), pp. 41 – 85.

Mandelbrot, B. B. (1999), "A Multifractal Walk down Wall Street", *Scientific American*, 280 (2), pp. 70 – 73.

Merton, R. C. (1987), "A Simple Model of Capital Market Equilibrium with Incomplete Information", *The Journal of Finance*, (42), pp. 483 – 510.

Miriam Sega (2015), "Peer – to – Peer Lending: A Financing Alternative for Small Businesses", https://www.sba.gov/sites/default/files/advocacy/Issue – Brief – 10 – P2P – Lending_ 0.pdf.

Montesano, A. (2009), "Risk Allocateion and Uncertainy: Some Unpleasant Outcomes of Financial Innovation", *International Reiew of Economics*, 56 (3), pp. 243 -250.

Nouy, D. (2013), "Unintended Consequences of Supervision", In: A. J. Kellermann, J. de Haan and F. de Vries (eds.), *Financial Supervision in the 21st Century*, Springer.

Pagano, M. and P. Volpin (2010), "Credit Ratings Failures and Policy Options", *Economic Policy*, (25), pp. 401 -431.

Philippas, D. T. and C. Siriopoulos (2009), "Influence of Financial Innovation to the Validation of Operational Risk", *Managerial Finance*, 35 (11), pp. 940 -947.

Phillips, B. D. and B. A. Kirchhoff (1989), "Formation, Growth and Survival: Small Firm Dynamics in the U. S. Economy", *Small Business Economics*, 1 (1), pp. 65 -74.

Piazza, R. (2010), "Financial Innovation and Risk: The Role of Information", Temi di discussion (Economic working papers), Bank of Italy, No. 759.

Pricewaterhouse Coopers (2015), "Peer Pressure: how peer - to - peer Lending Platforms are Transforming the Consumer Lending Industry", http://www.pwc.com/us/en/consumer - finance/publications/assets/peer - to - peer - lending.pdf.

Rajan, R. G. (2006), "Has Finance Made the World Riskier?", *European Financial Management*, 12 (4), pp. 499 -533.

Rajan, R. G. and L. Zingales (1998), "Financial Dependence and Growth", *American Economic Review*, 88 (3), pp. 559 -586.

Renton, P. (2013):《Lending Club 简史》，中国经济出版社。

Rogalski, R. J. and J. K. Seward (1991), "Corporate Issues of Foreign Currency Exchange Warrants: A Case Study of Financial Innovation and Risk Management", *Journal of Financial Economics*, (30), pp. 347 -366.

Ross, S. A. (1991), "Presidential Addresss: Institutional Markets, Financial Marketing and Financial Innovation", *Journal of Finance*, 44 (3), pp. 541 – 556.

Simsek, A. (2013), "Financial Innovation and Portfolio Risks", *American Economic Review*, 103 (3), pp. 398 – 401.

Thakor, A. V. (2012), "Incentives to Innovate and Financial Crises", *Journal of Financial Economics*, 103 (1), pp. 130 – 148.

Tufano, P. (1995), "Securities Innovation: A Historical and Functional Perspective", *Journal of Applied Corporate Finance*, 7, (4), pp. 90 – 103.

Turner, A. (2010), "What do Banks Do? Why do Credit Booms and Busts Occur and What Can Public Policy Do about It?", In: A. Turner et al. (eds.), *The Future of Finance*, London School of Economics.

University of Cambridge Judge Business School (2016), "The 2015 UK Alternative Finance Industry Report", https://www.jbs.cam.ac.uk/fileadmin/user_upload/research/centres/alternative – finance/downloads/2015 – uk – alternative – finance – industry – report.pdf.

Vernon, R. (1966), "International Investment and International Trade in the Product Cycle", *The Quarterly Journal of Economics*, 80 (2), pp. 190 – 207.

W. 钱·金、勒尼·莫博涅（2005）：《蓝海战略》，商务印书馆。

Zopa (2013), "Zopa Launches Loans Under 5% Rep. APR", http://cdn.zopa.com/pressrelease/2013/4pt9percent – loan – release.pdf.

—— (1965), "The Railroads: Pioneersin Modern Corporate Management", *The Bussicess History Review*, 39 (1), pp. 16 – 40.

—— (1997), "Business Failure, Judicial Intervention, and Financial Intervention: Restructuring U. S. Railroads in the Nineteenth Century", *The Business History Review*, (71), pp. 1 – 40.

—— (2003), "Financial Innovation", In: C. Constantinides, M. Harris and R. Stulz (eds.), *The Handbook of The Economics of Finance*, North – Holland: Elsevier Science Ltd.

阿格尼丝·贝纳西—奎里、贝努瓦·科尔、皮埃尔·雅克、让·皮萨尼—费里（2015）：《经济政策：理论与实践》，中国人民大学出版社。

埃弗雷特·M. 罗杰斯（2002）：《创新的扩散》，中央编译出版社。

白建军（2009）:《金融犯罪研究》，法律出版社。

坂下晃（2014）:《ソーシャルレンディングによる金融仲介の事例研究》，《証研レポート》，1683 號。

彼得·德鲁克（1993）:《新现实》，中国经济出版社。

卜永祥（2016）:《互联网金融风险成因》，《中国改革》，第 2 期。

陈莉（2013）:《P2P 网络借贷平台的中介职能分析》，湖南大学硕士学位论文。

陈文等（2015）:《P2P 中国式高收益债券投资指南》，机械工业出版社。

陈霄（2014）:《民间借贷成本研究——基于 P2P 网络借贷的实证分析》，《金融经济学研究》，第 1 期。

戴维·斯托厄尔（2013）:《投资银行、对冲基金和私募股权投资》，机械工业出版社。

戴险峰（2014）:《互联网金融真伪》，《财经》，第 7 期。

戴相龙（2014）:《领导干部金融知识读本》（第三版），中国金融出版社。

狄卫平、梁洪泽（2000）:《网络金融研究》，《金融研究》，第 11 期。

樊云慧（2014）:《P2P 网络借贷的运营与法律监管》，《经济问题》，第 12 期。

冯娟娟（2013）:《互联网金融背景下商业银行竞争策略研究》，《现代金融》，第 4 期。

弗兰克·H. 奈特（2006）:《风险、不确定性与利润》，商务印书馆。

富兰克林·艾伦、道格拉斯·盖尔（2010）:《理解金融危机》，中国人民大学出版社。

高佳敏（2013）:《P2P 网络借贷模式研究》，西南财经大学硕士学位论文。

关东财务局（2015）:《日本クラウド証券株式会社に対する行政処分について》，http://kantou. mof. go. jp/rizai/pagekthpo32102500. html。

郭华（2015）:《互联网金融犯罪概述》，法律出版社。

河北金融学院课题组（2015）:《P2P 网络借贷的投资者保护机制研究》，《金融理论与实践》，第 3 期。

洪娟、曹彬、李鑫（2014）：《互联网金融风险的特殊性及其监管策略研究》，《中央财经大学学报》，第 9 期。

黄达（2012）：《金融学》（第三版），中国人民大学出版社。

黄国平（2015）：《模式“异化”的网络借贷风险管理与监管》，《财经问题研究》，第 11 期。

黄国平、伍旭川（2015）：《中国网络借贷行业发展报告（2014 ~ 2015）：P2P 网络借贷平台风险评级与分析》，社会科学文献出版社。

黄国平、伍旭川、胡志浩、王去非（2015）：《中国网络信贷行业发展报告（2014 ~ 2015）》，社会科学文献出版社。

贾丽平、邵利敏（2015）：《P2P 网络借贷的监管边界：理论探讨与中国的检验》，《经济社会体制比较》，第 5 期。

鞠春彦（2006）：《民间借贷的社会功能及其发展研究》，《理论探讨》，第 2 期。

雷蒙德·W. 戈德史密斯（1990）：《金融结构与金融发展》，上海三联书店。

李东荣（2015）：《中国互联网金融发展报告（2015）》，社会科学文献出版社。

李伟军（2013）：《我国 P2P 网络借贷的羊群行为研究——以拍拍贷为例》，西南财经大学硕士学位论文。

李晓明（2015）：《P2P 网络借贷的刑法控制》，《法学》，第 6 期。

李鑫（2015）：《金融共生发展中的异化问题研究》，中国社会科学院研究生院博士学位论文。

李鑫（2016）：《金融监管与中国 P2P 网贷的发展及异化》，《财经科学》，第 5 期。

李雪静（2013）：《国外 P2P 网络借贷平台的监管及对我国的启示》，《金融理论与实践》，第 7 期。

李阳月（2015）：《P2P 网络借贷与小额贷款公司的合作研究》，云南财经大学硕士学位论文。

廖理、李梦然、王正位（2014）：《中国互联网金融的地域歧视研究》，《数量经济技术经济研究》，第 5 期。

零壹财经（2015）：《P2P 借贷投资者手册》，东方出版社。

零壹财经、零壹数据（2014）：《中国 P2P 借贷行业白皮书 2014》，中国经济出版社。

零壹研究院（2015）：《中国 P2P 借贷服务行业白皮书（2015）》，东方出版社。

零壹研究院（2015）：《中国 P2P 借贷服务行业白皮书》，东方出版社。

零壹研究院（2016）：《2015 中国互联网众筹年度报告：43 个千万级别项目是如何炼成的》，http：//www. 01caijing. com/。

刘红忠（2003）：《投资学》，高等教育出版社。

刘绘、沈庆劼（2015）：《P2P 网络借贷监管的国际经验及对我国的借鉴》，《河北经贸大学学报》，第 3 期。

刘绘、沈庆劼（2015）：《我国 P2P 网络借贷的风险与监管研究》，《财经问题研究》，第 1 期。

刘丽（2015）：《P2P 监管细则拟扩大征求意见范围，年底前难出台》，《经济参考报》，10 月 28 日。

刘丽丽（2013）：《我国 P2P 网络借贷的风险和监管问题探讨》，《征信》，第 11 期。

刘秋根（1992）：《试论中国古代高利贷的起源和发展》，《河北学刊》，第 2 期。

刘权（2014）：《P2P 网络借贷犯罪及其刑法治理研究》，《中国人民公安大学学报》（社会科学版），第 12 期。

刘士余（2013）：《互联网支付的创新与监管》，《中国金融》，第 20 期。

刘思平（2015）：《个人征信与 P2P 网贷发展》，《金融博览》，第 2 期。

刘宪权（2012）：《刑法严惩非法集资行为之反思》，《法商研究》，第 4 期。

刘英、罗明雄（2013）：《互联网金融模式及风险监管思考》，《中国市场》，第 43 期。

刘宇梅（2013）：《P2P 网络借贷法律问题探讨》，《法治论坛》，第 2 期。

刘峙廷（2013）：《我国 P2P 网络借贷风险评估研究》，广西大学硕士学位论文。

卢馨、李慧敏（2015）：《P2P 网络借贷的运行模式与风险管控》，《改革》，第 2 期。
陆剑清（2002）：《金融营销管理》，立信会计出版社。
吕斌（2013）：《互联网金融监管寻路》，《法人》，第 7 期。
吕晖蓉（2009）：《民间借贷功能及运行机制的再认识》，《西南金融》，第 7 期。
罗伯特·希勒（2012）：《金融与好的社会》，中信出版社。
毛玲玲（2014）：《金融犯罪的实证研究——金融领域的刑法规范与司法制度反思》，法律出版社。
彭冰（2008）：《非法集资活动规制研究》，《中国法学》，第 4 期。
彭冰（2012）：《非法集资治理之道在法律之外》，《财经》，第 6 期。
乔纳森·巴伦·巴斯金、保罗·J. 小米兰蒂（2002）：《公司财政史》，中国经济出版社。
秦成德（2015）：《P2P 网络借贷的隐私权保护研究》，《现代情报》，第 1 期。
芮晓武、刘洪烈（2014）：《中国互联网金融发展报告（2013）》，社会科学文献出版社。
沈炳熙（2015）：《P2P 平台应向何处规范》，《当代金融家》，第 9 期。
矢野经济研究所（2016）：《国内クラウドファンディング市場に関する調查結果 2015》，https：//www. yano. co. jp/press/press. php/001429。
思拉恩·埃格特森（2004）：《经济行为与制度》，商务印书馆。
斯科特·梅森、罗伯特·默顿、安德鲁·佩德罗、彼得·图法诺（2001）：《金融工程学案例：金融创新的应用研究》，东北财经大学出版社。
松尾順介：《クラウドファンディングの投資家と地理的分散》，《証研レポート》，1685 號。
宋文（2013）：《P2P 网络借贷行为的实证研究》，上海交通大学硕士学位论文。
孙挥（2014）：《我国 P2P 网络借贷平台的监管建议》，《价格月刊》，第 11 期。

谈超、王冀宁、孙本芝（2014）：《P2P 网络借贷平台中的逆向选择和道德风险研究》，《金融经济学研究》，第 9 期。

王川（2012）：《P2P 网络借贷中投资者羊群行为研究及影响因素》，首都经济贸易大学硕士学位论文。

王国刚、张扬（2015）：《互联网金融之辨析》，《财贸经济》，第 1 期。

王利宾（2012）：《民间融资犯罪刑法治理研究》，《企业经济》，第 10 期。

王林清、鲁璐（2014）：《P2P 网络借贷合同效力及司法救济》，《净月学刊》，第 10 期。

王占军（2013）：《互联网金融及风险防范的国际借鉴》，《金融博览》，第 9 期。

王振（2012）：《P2P 网络借贷模式洗钱风险及应对措施探析》，《南方金融》，第 11 期。

网贷之家（2016）：《P2P 行业 2015 年度报告简报》，http：//www. wdzj. com/。

《网络借贷信息中介机构业务活动管理暂行办法（征求意见稿）》有关问题的解答，http：//www. gov. cn/xinwen/2015 – 12/28/contont_ 5028564. htm。

维克托·迈尔—舍恩伯格、肯尼斯·库克耶（2013）：《大数据时代：生活、工作与思维的大变革》，浙江人民出版社。

魏鹏（2014）：《中国互联网金融的风险与监管研究》，《金融论坛》，第 7 期。

吴晓光（2012）：《论 P2P 网络借贷平台的客户权益保护》，《金融理论与实践》，第 2 期。

吴晓求（2014）：《中国金融的深度变革与互联网金融》，《财贸经济》，第 1 期。

吴晓求等（2014）：《中国资本市场研究报告（2014）——互联网金融：理论与现实》，北京大学出版社。

夏灿华、王灿、夏启淮（2010）：《小额贷款公司风险管理与业务操作实务》，湖南人民出版社。

谢平、陈超、陈晓文（2015）：《中国 P2P 网络借贷：市场、机构与模式》，中国金融出版社。

谢平、邹传伟（2012）：《互联网金融模式研究》，《金融研究》，第 12 期。
阎庆民、杨爽（2015）：《互联网＋银行变革与监管》，中信出版集团。
杨涛（2015）：《互联网金融理论与实践》，经济管理出版社。
姚文平（2014）：《互联网金融》，中信出版社。
叶湘榕（2014）：《P2P 借贷的模式风除与监管研究》，《金融监管研究》，第 3 期。
壹零财经（2014）：《P2P 借贷投资人手册》，东方出版社。
殷剑峰（2014）：《“互联网金融”的神话与现实》，《上海证券报》，4 月 22 日。
约瑟夫·熊彼特（1990）：《经济发展理论》，商务印书馆。
张国文（2014）：《论 P2P 网络借贷平台的风险防范与监管》，《武汉金融》，第 4 期。
张宏波（2013）：《论 P2P 借贷的监管》，《金融财税》，第 9 期。
张雪楳（2014）：《P2P 网络借贷相关法律问题研究》，《法律适用》，第 8 期。
张正平、胡夏露（2013）：《P2P 网络借贷：国际发展与中国实践》，《北京工商大学学报》（社会科学版），第 3 期。
赵精武（2013）：《P2P 网络借贷的债权人保护问题》，《法制与社会》，第 8 期。
中国保险行业协会（2015）：《互联网保险行业发展报告》，中国金融出版社。
中国人民银行金融研究所（2015）：《新金融时代》，中信出版社。
朱睿（2014）：《P2P 网络借贷平台风险防范研究》，安徽大学硕士学位论文。
庄雷、周勤、伏玉林（2015）：《P2P 网络借贷用途、投资偏向效应与软信息价值》，《国际商务》，第 6 期。
兹维·博迪、罗伯特·C. 默顿、戴维·L. 克利顿（2010）：《金融学》（第二版），中国人民大学出版社。